백 가지 인연 이야기
찬집백연경撰集百緣經

백 가지 인연 이야기

찬집백연경

동국역경원 역경위원회 옮김

동국역경원

『백 가지 인연 이야기 – 찬집백연경』
간행에 즈음하여

'인연'은 불교의 중요한 가르침 중 하나입니다. 이는 모든 존재가 서로 연결되어 있으며, 과거의 원인과 현재의 조건들이 만나서 모든 현상과 사건이 발생한다는 것을 의미합니다.

인연은 인간 사이의 관계뿐만 아니라 모든 현상에서도 중요하게 작용하며, 이를 통해 인간은 자신의 행동과 의식이 어떻게 다음 생에 영향을 미치는지를 이해할 수 있습니다. 따라서 인연은 불교의 교리와 신념을 깊이 이해하고 실천하는 데 중요한 기초를 제공합니다.

『찬집백연경撰集百緣經』은 이러한 인연의 다양한 형태와 의미를 설명하고 있습니다. '백연百緣'은 백 가지의 여러 가지 인연을 의미하며, 이 경전에서는 부처님의 성불에서부터 아귀餓鬼 인연까지의 내용을 포괄적으로 다룹니다. 또한 중생이 성불의 인연을 쌓으면 향후에 부처가 될 가능성이 있고, 반면에 아귀의 업을 쌓으면 아귀의 몸으로 태어나 윤회가 계속된다는 가르침을 주고 있습니다. 이는 중생의 행동과 그에 따른 결과가 어떻게 현재와 미래의 인연을 결정짓는지를 설명하는 것입니다.

  이처럼 이 경전에서는 전생의 원인과 결과를 이해하고, 이를 통해 우리가 현재 겪고 있는 상황의 근본적인 원인을 깨닫게 합니다. 그리고 어떻게 하면 선행善行을 하고, 악행惡行을 피할 수 있는지를 가르쳐 주기도 합니다.

  『찬집백연경』에 나타난 인연은 단순히 과거의 사건이나 선택에 대한 이야기로 그치지 않습니다. 과거의 행동과 그 결과를 깊이 반성하고, 이를 통해 오늘날의 현실을 이해하며 미래를 준비할 수 있게 합니다.

  따라서 『찬집백연경』은 개인의 성장과 깨달음을 추구하는 동시에, 앞으로의 인생을 준비하는 희망의 내용이 담긴 경전이라 할 수 있습니다. 이런 측면에서 『찬집백연경』의 출간은 다른 어떤 경전의 번역이나 출판보다도 더 깊은 의미를 가질 수 있을 것입니다.

  『찬집백연경』의 출간을 위해 노력을 아끼지 않은 많은 분들의 노고에 심심한 감사를 표하면서 간행사를 가름하는 바입니다.

2024년 8월

동국대학교 불교학술원 동국역경원장 정묵

찬집백연경 해제撰集百緣經 解題

성재헌

1. 개요

이 경은 그 제목이 말하듯 100가지 인연을 모은 이야기이다. 인연因緣은 연기緣起 또는 인과因果와 동일한 의미로 과거와 현재와 미래의 사건들이 긴밀한 연관성을 가지고 있음을 밝힌 것을 말한다. 이 경에서는 부처님의 말씀을 통해 부처님과 부처님의 제자를 비롯한 다른 이들에게 일어난 사건의 인과관계를 밝힘으로써 선행善行을 널리 권장하고 악행惡行을 경계하고 있다. 선행 중 특히 '보시布施'를 권장하고, 악행 중 '간탐慳貪'과 '악구惡口'를 경계한 이야기가 수를 이룬다.

『찬집백연경撰集百緣經』은 『현우경賢愚經』·『잡보장경雜寶藏經』과 함께 불교 설화 비유 문학佛敎說話譬喩文學의 3대작大作으로 불린다. 불교 경전에는 많은 설화가 수록되어 있다. 그 설화들은 내용과 형식에 따라 다음 몇 가지 장르로 분류한다. 첫째, 석존釋尊께서 성도成道하여 부처님이 되기 이전 보살菩薩로서 수행하던 시기의 전생 이야기를 자타카jātaka, 즉 본생담本生譚 혹은 전생담前

生譚이라 한다. 둘째, 자타카처럼 석존의 전생前生 때 이야기이긴 하지만 주인공이 부처님이 아니라 다른 인물 즉 부처님의 제자 등이고, 전생의 사건과 현생現生에서 일어난 사건의 인과관계를 밝힌 이야기이다. 이를 아바다아나avadāna 즉 비유譬喩 또는 비유담譬喩譚이라고도 하고, 이띠브르따까itivṛttaka 즉 본사本事라고도 한다. 셋째, 부처님의 사적事蹟이나 그 밖의 여러 가지 사건의 인연과 까닭을 설화적으로 이야기한 것을 니다나nidāna, 즉 인연담因緣譚이라 한다. 이 밖에 짧은 우화寓話를 우파아마Upāma 즉 비유比喩라고 한다. 이처럼 설화문학의 영역에 속하는 다양한 이야기들은 처음에는 여러 장르로 분류되어 각각 독립된 문헌文獻을 형성하였다. 하지만 시대가 흐르면서 후대에 하나의 문헌으로 통합되었다. 이『찬집백연경』역시 마찬가지이다.

2. 성립과 한역

이 경이 언제 편찬되었는지는 명확하지 않다. 다만 이 경이 중국에서 번역된 시기가 3세기 중반 무렵인 점을 고려할 때 인도에서도 상당히 이른 시기에 편찬되었을 것으로 짐작된다.

이 경은 중국 삼국시대 오吳 나라 때 우바새 지겸支謙이 한역漢譯하였다. 지겸은 본래 대월지大月氏 사람인데 어린 나이에 친척을 따라 중국으로 건너와 하남河南에 기거하였다. 그는 6개국어에 통달한 천재였고, 또 지루가참支婁迦讖의 제자 지량支亮의 가르침을 받아 수많은 전적을 두루 열람하였다. 그래서 당시 사람들이 그를 '지혜 주머니(智囊)'라고 불렀다. 그리고 당대의 고승 지루가참, 지량과 더불어 '삼지三支'라 칭하였다. 그러다 훗날 전란을 피해 오나라로 들어가자, 오나라의 왕 손권孫權이 예의를 갖춰 그를 맞이하고 박사博士로 존대하며 태자 손량孫亮을 보좌하고 이끌게 하였다. 오나라 황무黃武 원년元年(222)부터 건흥建興 연간(253)까지 무려 30여 년 동안 불교 전적의 한역漢譯에 힘써 『유마힐경維摩詰經』·『태자서응본기경太子瑞應本起經』·『대명도경大明度經』 등 많은 경을 역출하였다. 『양고승전梁高僧傳』의 기록에 따르면 그가 49부를 역출하였다고 하였고, 『역대삼보기歷代三寶紀』의 기록에 따르면 129부를 역출하였다고 한다.

태자가 즉위하던 해(252) 지겸은 궁애산穹隘山에 은둔하여 부처님 계율을 청정히 수지하면서 마음을 고요히 하고 선정을 닦았는데, 그를 찾는 공경대부公卿大夫의 발길이 끊이지 않았다고 한다. 세수 60에 병으로 돌아가셨는데 그 생졸년은 분명하지 않다.

3. 이역본

이 경의 이역본은 없다.

4. 구성과 내용

이 경은 총 10권 10품으로 구성되어 있고 품마다 10가지 이야기가 있어 총 100가지 이야기가 담겨 있다.

제1권 「보살수기품菩薩授記品」에는 만현滿賢 바라문, 명칭名稱이라는 여인, 장자의 아들 난타難陀, 어느 상단의 우두머리, 베 짜는 사람 수마須摩, 파지가婆持加, 연못관리인, 부처님을 지극히 존경한 어느 범지, 부처님 설법을 듣고 출가한 왕, 파사닉왕을 대신해 7일 동안 왕 노릇을 한 장자 등 재가자들에게 미래에 보살행을 만족하여 부처님이 되리라고 수기하신 열 가지 이야기가 수록되어 있다.

제2권 「보응수공양품報應受供養品」에는 부처님께서 과거에 지은 공덕으로 현생에 인간과 천신들에게 뜻밖의 환대와 공양을 받게 된 열 가지 이야기가 수록되어 있다. 이를 통해 부처님께서 누리신 복락福樂 역시 인연의 소산임을 밝혔다.

제3권 「수기벽지불품授記辟支佛品」은 제목은 '벽지불이 되리라 수기하신 이야기'이지만 사실 열 가지 이야기 모두가 벽지불이 되리라고 수기하신 이야기는 아니다. 이 품에는 우두전단향을 탑에 보시한 공덕으로 벽지불이 된 장자의 아들 이야기, 부처님께 꽃을 뿌린 어린아이에게 미래에 부처님이 되리라 수기하신 이야기, 부처님을 뵙고 환희심이 일어나 금반지를 빼 보시한 여인에게 미래에 부처님이 되리라 수기하신 이야기, 부처님과 스님들께 공양한 공덕으로 아귀의 몸을 벗은 선애善愛, 부처님을 초청해 공양을 올린 공덕으로 미래에 벽지불이 되리라고 수기를 받은 함향舍香 장자 이야기, 부처님께 배삯을 요구했다가 참회하고 공양을 올린 갠지스강의 뱃사공에게 부처님께서 미래에 벽지불이 되리라고 수기하신 이야기, 걸식하는 부처님을 뵙고 환희심이 일어나 부처님 발등에 전단향을 바른 여자 노비에게 부처님께서 미래에 벽지불이 되리라고 수기하신 이야기, 숯을 한 짐 보시한 가난한 사람 발제拔提에게 부처님께서 미래에 벽지불이 되리라고 수기하신 이야기, 부처님을 뵙고 환희심이 일어나 춤과 노래로 찬탄한 사람들에게 부처님께서 미래에 벽지불이 되리라고 수기하신 이야기, 도둑이 삼보에 귀의하고 출가하여 아라한이 된 이야기가 수록되어 있다.

제4권 「출생보살품出生菩薩品」에는 부처님께서 전생에 보살행을 실천하던 시절의 열 가지 이야기가 수록되어 있다. 이는 자타카jātaka, 즉 본생담本生譚에 해당한다. 이 품에는 부처님께서 전생 연화왕蓮華王이었던 시절에 전염병에 걸린 백성들을 구제하기 위해 자신의 몸을 버리고 물고기가 되어 그 살을 먹임으로써 병을 낫게 한 이야기, 오랜 흉년과 기근으로 생명이 위태로운 순간에도 자신 몫의 곡식마저 백성에 보시한 범예왕梵豫王 이야기, 독수리에게 자신의 눈까지 보시한 시비왕尸毘王 이야기, 진리의 말씀을 듣기 위해 자신의 몸과 더불어 아내와 자식까지 나찰에게 보시한 선면왕善面王 이야기, 진리의 말씀을 듣기 위해 불구덩이에 몸을 던진 구법求法 태자 이야기, 부처님이 전생에 노름빚을 갚지 않은 과보로 금생에 터무니없이 돈을 내라고 독촉받은 이야기, 자신의 몸을 희생해 500마리 사슴을 사냥꾼들로부터 무사히 탈출시킨 사슴왕 이야기, 굶주림에 시달리는 수행자를 살리기 위해 자신의 몸을 희생한 토끼 왕 이야기, 항상 부처님을 질투하고 원한을 품은 제바달다와의 전생 인연 이야기, 스님의 음식을 빼앗으려다 감화되어 출가한 도둑 루타樓陀 이야기가 수록되어 있다.

제5권 「아귀품餓鬼品」에는 자신밖에 모르는 간탐慳貪의 과보로 아귀가 된 사람들의 열 가지 이야기가 수록되어 있다. 장자의 아내 부나기富那奇가 소갈증으로 사탕수수즙을 요구하던 벽지불에게 사탕수수즙 대신 오줌을 준 과보로 아귀가 된 이야기, 비구에게 보시하는 음식이 아까워 빈방에 가두고 음식을 주지 않았던 과보로 아귀가 된 어떤 장자 아내 이야기, 먼 길을 가던 사문에게 물 한 바가지도 아까워 보시하지 않은 과보로 아귀가 된 악견惡見이라는 여인 이야기, 벽지불의 발우에 음식 대신 똥을 담아 준 과보로 온몸에서 악취가 풍기는 아귀가 된 반타라槃陀羅 이야기, 친척과 권속들이 대신 보시한 공덕으로 아귀의 몸을 벗은 500명의 아귀 이야기, 찾아온 사문 바라문들에게 욕설을 퍼붓고 음식을 땅에 쏟아버린 과보로 아귀가 된 우다라優多羅의 어머니 이야기, 동료 수행자들을 비난한 과보로 눈 먼 아귀가 된 비구니 이야기, 출가하고도 욕심이 많아 보시를 독차지하고 동료 수행자들에게 베풀지 않다가 아귀가 된 야달다若達多 장자 이야기, 자기가 낳은 자식 500명을 잡아먹은 아귀 이야기, 아라한을 비난하고 욕한 과보로 지독한 악취가 풍기는 몸을 받은 담바라䒷婆羅 이야기가 수록되어 있다.

제6권 「제천래하공양품諸天來下供養品」에는 부처님의 교화로 하늘나라에 태어난 신들이 부처님께 다시 찾아와 공양을 올린 열 가지 이야기가 수록되어 있다. 인색하고 탐욕스럽던 현면賢面 장자가 그 과보로 독사로 태어나고도 자신의 재물을 지키며 사람들을 위협하다가 부처님을 만나 참회하고 하늘나라에 태어난 이야기, 절에 놀러갔다가 스님들이 외우는 게송 한 수를 듣고 신심을 일으킨 공덕으로 하늘나라에 태어난 바라문의 아들 월광月光 이야기, 귀족들의 꽃다발을 만들기 위해 꺾은 꽃을 부처님께 공양하고 하늘나라에 태어난 사람 이야기, 아사세왕의 금지령에도 불구하고 부처님의 머리카락과 손톱을 모신 탑에 공양을 올리고 하늘나라에 태어난 공덕의功德意라는 궁녀 이야기, 자신의 유일한 소유물인 담요 한 장을 보시하고 하늘나라에 태어난 가난한 여인 이야기, 부처님을 환영하고 자신의 숲에서 하룻밤 머물게 한 공덕으로 하늘나라에 태어난 앵무새 왕 이야기, 왕의 명을 받고 부처님을 찾아가 초청하고 수레로 모신 공덕으로 하늘나라에 태어난 파사닉왕의 사신 이야기, 부처님의 교화로 하늘나라에 태어난 사나운 물소 이야기, 재계齋戒를 깨트려 용으로 태어났다가 다시 재계를 지키고 하늘나라에 태어난 범지 이야기, 하늘을 날아가다가 부처님 설법을 듣고 환희심을 일으킨 공덕으로 하늘나라에 태어난 500마리 기러기 이야기가 수록되어 있다.

제7권 「현화품現化品」에는 전생에 지은 공덕으로 현생에 수승한 과보를 받은 비구들의 열 가지 이야기가 수록되어 있다. 과거 비바시 부처님의 사리를 모신 탑의 허물어진 곳을 진흙으로 보수하고 금박을 바른 공덕으로 현생에 황금색 피부로 태어난 금색金色 비구 이야기, 비바시 부처님 탑에 꺼진 부분을 진흙으로 메우고 그 위에 전단향을 뿌린 공덕으로 현생에 온몸에서 우두전단 향기가 나고 입에서는 연꽃 향기가 풍긴 전단향栴檀香 비구 이야기, 비바시 부처님 탑 주위로 나뒹굴던 꽃들을 주워 가지런히 정리해 공양한 공덕으로 현생에 세상에 드문 단정한 모습으로 태어난 위덕

威德 비구 이야기, 비바시 부처님 탑의 문설주를 세운 공덕으로 현생에 큰 힘을 가지고 태어난 대력大力 비구 이야기, 비바시 부처님 탑의 허물어진 곳을 수리한 공덕으로 현생에 모든 이에게 존경받는 과보를 받은 비구 이야기, 비바시 부처님 탑 꼭대기에 마니 구슬을 달아 장식한 공덕으로 마니 보배가 달린 일산이 머리 위에 드리워져 항상 따라다니는 과보를 받은 보개寶蓋 비구 이야기, 비바시 부처님 탑을 보고 환희심이 솟아나 탑을 돌면서 음악을 연주한 공덕으로 현생에 아름다운 음성을 타고난 묘성妙聲 비구 이야기, 비바시 부처님 탑에서 함께 노래하고 춤추며 향과 꽃을 공양한 공덕으로 현생에 함께 태어난 100명의 비구 이야기, 비바시 부처님 탑 문설주에 보배 구슬을 공양한 공덕으로 현생에 머리에 보배 구슬을 달고 태어난 보주寶珠 비구 이야기, 비바시 부처님 탑에 깃발을 단 공덕으로 현생에 태어나던 날 하늘에서 큰 깃발이 나타나 온 성을 뒤덮었던 파다가波多迦 비구 이야기가 수록되어 있다.

　제8권 「비구니품比丘尼品」에는 전생에 지은 공덕으로 현생에 수승한 과보를 받은 비구니들의 열 가지 이야기가 수록되어 있다. 비바시 부처님 탑 문설주에 보배 구슬을 단 공덕으로 현생에 보배 구슬이 달린 모습으로 태어나 온 성을 환히 비춘 보광寶光 비구니 이야기, 과거 가섭 부처님과 그 제자들께 공양한 공덕으로 현생에 태어나면서부터 말을 하고 생각만 하면 음식이 저절로 나타난 선애善愛 비구니 이야기, 가섭 부처님과 그 제자들께 담요 한 장을 보시한 공덕으로 현생에 깨끗한 옷을 입고 태어난 백정白淨 비구니 이야기, 가섭 부처님 열반 후 그 상법像法 시대에 항상 기쁜 마음으로 설법하고 교화한 공덕으로 현생에 탁월한 변재辯才를 타고난 수만須漫 비구니 이야기, 부처님과 청련화靑蓮華 비구니의 전생 인연 이야기, 과거 가나가모니 부처님과 그 제자들께 가사를 공양한 공덕으로 현생에 몸에 가시를 입고 태어난 가시손타리伽尸孫陀利 비구니 이야기, 가섭 부처님과 그 제자들께 구슬 장신구를 보시한 공덕으로 현생에 이마에 진주 장신구를 달고 태어난 진주만眞珠鬘 비구니 이야기, 가섭 부처님 상법 시대에 팔관재계를 지키며 발원한 공덕으로 태어나던 날 파사닉왕과 범마달왕을 화해시킨 차마差摩 비구니 이야기, 전생에 벽지불을 깔보며 모욕했던 과보로 현생에 추악한 모습으로 태어난 파사닉왕의 딸 이야기, 승방에서 도둑질하다가 엿들은 게송 한 수를 잘 기억한 공덕으로 죽음의 문턱에서 살아 돌아온 도둑 이야기가 수록되어 있다.

제9권 「성문품聲聞品」에는 그 외 전생의 선행으로 현생에 좋은 과보를 받은 제자들의 열 가지 전생 인연 이야기가 수록되어 있다. 해상무역을 하다가 출가한 500비구와 부처님의 전생 인연, 수만 꽃을 엮어 비바시 부처님 탑을 장식한 공덕으로 현생에 수만 꽃으로 만들어진 옷을 입고 태어난 수만나須曼那 사미 이야기, 가섭 부처님 탑 꼭대기에 돈을 공양한 공덕으로 현생에 손에 돈을 쥐고 태어난 보수寶手 비구 이야기, 태어나자마자 말을 하고 전생의 일을 기억했던 삼장 비구 이야기, 가섭 부처님과 스님들께 깨끗한 물을 돌린 공덕으로 현생에 어금니 사이에서 8공덕수가 솟은 야시밀다 비구 이야기, 화생化生한 비구가 부처님과 스님들께 하늘나라 음식을 공양한 이야기, 가손타 부처님 탑에 보배와 옷 등을 공양한 공덕으로 현생에 온갖 보물을 가지고 태어난 중보장엄衆寶莊嚴 비구 이야기, 부처님을 뵙고 그 위의에 굴복하여 출가한 계빈녕왕의 전생 이야기, 출가하여 아라한과를 얻은 석가족 왕 발제跋提의 전생 이야기, 부처님의 교화로 출가한 호국護國 왕자의 전생 이야기가 수록되어 있다.

제10권 「제연품諸緣品」에는 그 외 전생의 악행으로 현생에 나쁜 과보를 받은 제자들 이야기 일곱 가지와 전생의 선행으로 현생에 좋은 과보를 받은 제자들 이야기 세 가지가 수록되어 있다. 항상 분노를 품었던 수보리須菩提 비구의 전생 이야기, 모태에서 60년을 보내고 늙은 모습으로 태어났던 장로 비구의 전생 이야기, 조막손으로 태어난 비구의 전생 이야기, 늘 굶주림에 허덕인 리군지梨軍支 비구의 전생 이야기, 태어나자마자 "윤회하는 삶은 너무나 괴롭구나."라고 외친 생사고生死苦 비구의 전생 이야기, 악창惡瘡의 고통으로 늘 신음했던 신호呻號 비구의 전생 이야기, 외모가 극도로 추악했던 추루醜陋 비구의 전생 이야기, 아무리 죽으려 해도 죽지 않았던 긍가달恒伽達 비구의 전생 이야기, 사리불의 외삼촌 장조長爪 범지의 전생 이야기, 너무나 아름다운 외모를 가진 손타리孫陀利 비구의 전생 이야기가 수록되어 있다.

차례

『백 가지 인연 이야기-찬집백연경』 간행에 즈음하여 / 4
찬집백연경 해제 / 6

찬집백연경 제1권 ·········· 23
– 보살에게 수기하신 이야기(菩薩授記品)

1. 먼 곳에서 부처님을 초청한 만현 바라문 ··· 24
2. 부처님을 초청한 명칭 여인 ··· 28
3. 부처님을 만난 게으름뱅이 난타 ··· 31
4. 바다로 나가 보물을 채취한 500명의 상인 ··· 35
5. 부처님께 실을 보시한 가난뱅이 수마 ··· 39
6. 병에 시달리다가 부처님을 만난 파지가 ··· 43
7. 부처님께 꽃을 공양한 왕가의 연못 관리인 ··· 47
8. 여래의 수승함을 두고 논쟁한 두 범지 ··· 51
9. 부처님 설법을 듣고 출가한 두 나라의 왕 ··· 55
10. 7일 동안 왕 노릇을 한 징자 ··· 59

찬집백연경 제2권 ·········· 65
– 전생 과보로 공양 받으신 이야기(報應受供養品)

11. 뱃사공들의 초청으로 강을 건넌 부처님 ··· 66
12. 부처님을 초청해 공양을 올린 관정왕 ··· 69
13. 부처님을 초청해 목욕시켜 드린 법호왕 ··· 72

14. 전염병에서 백성을 구제하신 부처님 … 76
15. 부처님께 공양을 올린 제석천 … 80
16. 제석천의 모습으로 바라문을 교화하신 부처님 … 84
17. 음악으로 부처님을 찬탄한 건달바 … 88
18. 사형장에서 부처님을 만나 출가한 여원 … 94
19. 부처님을 초청한 빈바사라왕 … 97
20. 가란타 죽림을 변화시킨 제석천 … 101

찬집백연경 제3권 ⋯ 105
− 벽지불이 되리라 수기하신 이야기(授記辟支佛品)

21. 벽지불이 된 화생한 왕자 … 106
22. 꽃을 뿌려 부처님께 공양한 어린아이 … 111
23. 부처님 머리 위로 금반지를 던진 여인 … 113
24. 인색하고 탐욕스러운 노파 선애 … 116
25. 부처님을 초청한 함향 장자 … 119
26. 갠지스강에서 부처님과 스님들을 건네 드린 뱃사공 … 122
27. 부처님 발에 전단향을 바른 여자 노비 … 126
28. 부처님께 마른 나무를 보시한 가난한 사람 발제 … 128
29. 음악을 공양하고 벽지불이 된 사람들 … 131
30. 도둑 악노 … 133

찬집백연경 제4권 ······ 137
– 부처님의 보살 시절 이야기(出生菩薩品)

31. 몸을 버리고 붉은 물고기가 된 연화왕 ··· 138
32. 바라문에게 곡식을 보시한 범예왕 ··· 143
33. 자기 눈을 도려내 독수리에게 보시한 시비왕 ··· 147
34. 법을 구한 선면왕 ··· 152
35. 법을 구한 범마왕의 태자 ··· 156
36. 부처님께 빚 독촉한 바라문 ··· 163
37. 부처님께서 반열반에 드실 무렵 제도한 500명의 역사 ··· 165
38. 자기 몸을 선인에게 공양한 토끼 ··· 170
39. 어머니에게 살해당한 법호 왕자 ··· 173
40. 도둑 루타 ··· 176

찬집백연경 제5권 ······ 179
– 아귀가 된 사람들 이야기(餓鬼品)

41. 아귀가 된 부나기 ··· 180
42. 아귀가 된 현선 장자의 아내 ··· 184
43. 물을 보시하지 않아 아귀가 된 악견 ··· 187
44. 온몸에서 악취가 풍기는 아귀가 된 반타라 ··· 190
45. 목련이 성에서 만난 500아귀 ··· 193
46. 아귀가 된 우다라의 어머니 ··· 198
47. 나면서부터 눈이 먼 아귀 ··· 203

48. 인색하고 탐욕스러워 아귀가 된 야달다 장자 ⋯ 206
49. 자기가 낳은 자식 500명을 잡아먹은 아귀 ⋯ 210
50. 아라한에게 욕한 과보로 아귀가 된 담바라 ⋯ 213

찬집백연경 제6권 ⋯⋯⋯⋯⋯⋯⋯⋯⋯⋯⋯⋯⋯⋯⋯⋯⋯⋯ 221
- 하늘나라 신들이 공양한 이야기(諸天來下供養品)

51. 인색하고 탐욕스러운 마음 때문에 독사가 된 현면 ⋯ 222
52. 하늘나라에 태어난 월광 ⋯ 227
53. 꽃을 꺾어 부처님께 공양하고 하늘나라에 태어난 사람 ⋯ 232
54. 탑에 공양을 올리고 하늘나라에 태어난 궁인 공덕의 ⋯ 236
55. 코끼리를 타고 다니면서 보시를 권한 수달다 ⋯ 241
56. 부처님을 초청한 앵무새들의 왕 ⋯ 245
57. 부처님을 초청하고 하늘나라에 태어난 왕의 사신 ⋯ 249
58. 부처님의 제도로 하늘나라에 태어난 물소 ⋯ 252
59. 함께 재계를 받은 두 범지 ⋯ 258
60. 부처님 설법을 듣고 하늘나라에 태어난 500마리 기러기 ⋯ 265

찬집백연경 제7권 ⋯⋯⋯⋯⋯⋯⋯⋯⋯⋯⋯⋯⋯⋯⋯⋯⋯⋯ 269
- 현생에 과보가 나타난 비구들 이야기(現化品)

61. 황금색 피부로 태어난 금색 비구 ⋯ 270

62. 몸에서 향기가 난 전단향 비구 … 273
63. 큰 위엄과 덕망을 가진 위덕 비구 … 276
64. 큰 힘을 가지고 태어난 대력 비구 … 279
65. 보는 이마다 존경했던 비구 … 282
66. 머리 위에 보배 일산이 따라다닌 보개 비구 … 285
67. 아름다운 음성을 타고난 묘성 비구 … 288
68. 한꺼번에 100명의 아들을 낳은 여인 … 291
69. 머리에 보배 구슬이 달린 보주 비구 … 295
70. 부처님께 깃발을 보시한 파다가 비구 … 298

찬집백연경 제8권 ·· 301
- 현생에 과보가 나타난 비구니들 이야기(比丘尼品)

71. 태어날 때 빛으로 성을 밝힌 보광 비구니 … 302
72. 태어날 때 저절로 음식이 나타난 선애 비구니 … 305
73. 옷을 입고 태어난 백정 비구니 … 310
74. 뛰어난 말솜씨를 가진 수만 비구니 … 313
75. 비구니가 된 무용가의 딸 … 316
76. 몸에 가사를 입고 태어난 가시손타리 비구니 … 320
77. 이마에 진주 장신구가 있었던 진주만 비구니 … 323
78. 태어나던 날 두 국왕을 화해시킨 차마 비구니 … 327
79. 파사닉왕의 못생긴 딸 … 332
80. 도둑질을 즐기다가 출가한 사람 … 340

찬집백연경 제9권 ········ 347
– 성문들의 전생 이야기(聲聞品)

81. 상단의 우두머리 해생 ··· 348
82. 수만꽃 옷을 입고 태어난 수만나 ··· 352
83. 손에 돈을 쥐고 태어난 보수 비구 ··· 355
84. 전생을 기억한 삼장 비구 ··· 359
85. 어금니 사이에서 8공덕수가 솟은 야사밀다 비구 ··· 363
86. 화생하여 대중 스님께 공양한 비구 ··· 367
87. 온갖 보물과 함께 태어난 중보장엄 비구 ··· 370
88. 부처님을 뵙고 출가한 계빈녕왕 ··· 373
89. 비구가 된 석가족 왕 발제 ··· 379
90. 호국 왕자를 제도하여 출가시킨 부처님 ··· 384

찬집백연경 제10권 ········ 389
– 여러 가지 인연 이야기(諸緣品)

91. 성질이 포악했던 수보리 ··· 390
92. 모태에서 60년을 보낸 장로 비구 ··· 394
93. 조막손으로 태어난 비구 ··· 398
94. 늘 굶주림에 허덕인 리군지 비구 ··· 402
95. 생사는 너무나 괴롭다고 외친 생사 비구 ··· 408
96. 악창으로 고생했던 신호 비구 ··· 411
97. 너무 못생겼던 추루 비구 ··· 415

98. 아무리 죽으려 해도 죽지 않았던 궁가달 … 420
99. 손톱을 깎지 않았던 장조 범지 … 427
100. 너무나도 잘생긴 손타리 비구 … 436

찬집백연경

제1권

보살에게 수기하신 이야기
(菩薩授記品)

오吳나라 때 월지국月支國에서 온
우바새 지겸支謙이 한역하였다.

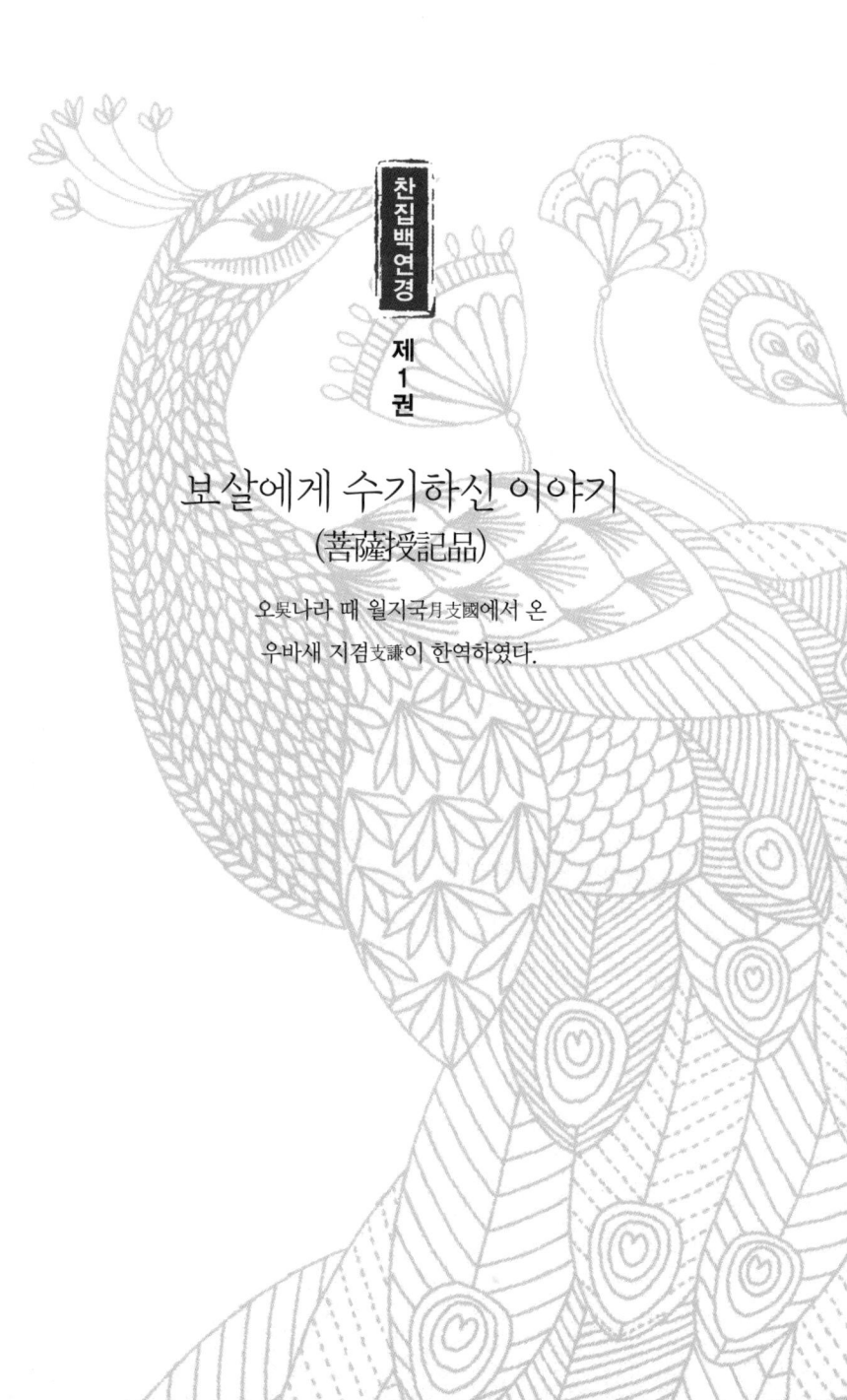

1

먼 곳에서 부처님을 초청한 만현 바라문

부처님께서 왕사성王舍城 가란타迦蘭陀 죽림竹林에 계실 때였다. 당시 남방에 만현滿賢이라는 한 바라문이 있었다. 그는 비사문천毘沙門天처럼 재산과 보물이 한량없어 헤아릴 수 없었으며, 덕과 신뢰가 있고 현명하고 선하였다. 그는 타고난 천성이 조화롭고 순하여 스스로 이롭고 다른 사람도 이롭게 하였으며, 어머니가 자식을 사랑하듯 모든 중생에게 자비를 베풀었다. 한편 이학異學들을 위해 크게 보시하는 자리를 마련해 갖가지 음식을 준비하고, 수많은 여러 외도外道에게 항상 공양을 올리면서 범천梵天에 태어나기를 희망하였다.

그러던 어느 날, 만현 바라문의 한 친구가 왕사성에서 그 나라로 왔다가 만현 바라문을 찾아와 불·법·승 삼보의 공덕을 찬탄하였다.

"명성이 멀리 퍼지신 분, 과거·현재·미래를 통달하여 아득한 세월을 훤히 들여다보시는 분, 바가바婆伽婆로 불리시는 분이 지금 왕사성 가란타 죽림에 계신다네. 모든 하늘과 용·야차·건달바·아수라·가루라·긴나라·마후라가·사람인 듯 사람 아닌 자(人非人) 등과 국왕·장자를 비롯한 모든 백성이 다들 공양을 올리면서 존중하고 찬탄한다네. 그분이 닦고 익힌 법은 그 맛이 정밀하고 오묘하여 온 세계에 우러러 흠모하지 않는 자가 없다네.'

그때 바라문은 부처님의 공덕을 찬탄하는 친구의 말을 듣고 깊은 신심을 일으켰다. 바라문은 곧 높은 누각으로 올라가 꽃과 향을 손에 들고 무릎 꿇어 합장하고서 멀리 계신 세존을 초청하며 이렇게 말하였다.

'여래가 이제 진실로 공덕을 갖춘 분이시라면, 제가 사른 이 향이 온 왕사성을 뒤덮게 하고, 제가 뿌리는 이 꽃이 부처님 정수리 위에서 일산으로 변하게 하소서.'

이렇게 발원하자, 향과 꽃이 곧 죽림까지 날아와 꽃은 부처님 정수리 위에서 일산이 되고, 향 연기가 온 왕사성을 뒤덮었다.

그때 아난阿難이 이 신통 변화를 보고는 부처님 앞에 나아가 여쭈었다.

"이 향기로운 구름은 어디서 온 것입니까?"

부처님께서 아난에게 말씀하셨다.

"남방에 금지金地라는 나라가 있다. 그곳에 사는 만현이라는 장자가 멀리서 나와 비구 스님들을 초청한 것이니라. 나는 이제 그곳으로 가서 그의 공양을 받을 것이다. 너희도 각자 신통력을 발휘해 그의 초청에 응하도록 하라."

비구들은 부처님의 분부를 받고 허공을 날아 그 나라로 갔다. 가까운 거리에 이르자, 부처님께서는 신통력으로 천 명의 비구들을 숨기고 홀로 발우를 들고서 만현의 집으로 가셨다.

부처님께서 오신다는 소식을 들은 장자는 각자 맛있는 음식을 든 500명의 무리를 거느리고 여래를 받들어 맞이하였다. 장자는 32상相 80종호種好를 갖춰 백천 개의 태양이 뜬 것처럼 휘황찬란하게 빛나는 세존께서 차분하고 우아한 걸음으로 다가오시는 위의를 보고는, 부처님 앞에 엎드려 예배하였다.

"잘 오셨습니다. 세존이시여, 저희를 가엾이 여겨 저희가 보시하는 음식을 이제 받아 주소서."

부처님께서 장자에게 말씀하셨다.

"보시하고 싶다면 이 발우에 담아주십시오."

장자를 비롯한 500명의 무리는 가져온 음식들을 각자의 손으로 직접 부처님 발우에 담아드렸다. 하지만 그 발우를 가득 채울 수 없었다. 장자가 "기이하도다. 세존의 신통력이여." 하며 진심으로 항복하자, 천 명의 비구들 발우에도 음식이 가득 채워졌다.

비구들이 홀연히 앞에 나타나 부처님을 에워싸자, 장자는 전에 없던 일이라고 찬탄하며 곧 온몸을 땅에 엎드려 예배하고 큰 서원을 세웠다.

"음식을 보시한 선근善根 공덕으로 제가 다음 세상에는 눈 어두운 중생의 눈이 되고, 귀의할 곳 없는 자들의 귀의처가 되고, 돌보는 이 없는 자들을 보호하고, 해탈하지 못한 자들을 해탈시키고, 편안하지 못한 자들을 편안케 하고, 열반에 이르지 못한 자들을 열반에 들도록 이끄는 자가 되게 하소서."

장자가 이렇게 발원하자, 부처님께서 곧 빙그레 웃으셨다. 그러자 그 얼굴에서 다섯 빛깔의 광명이 쏟아져 온 세계를 두루 비추었다. 그 빛은 갖가지 색깔이 되어 부처님을 세 바퀴 돌더니 다시 부처님의 정수리로 들어갔다.

이때 아난이 부처님 앞에 나아가 아뢰었다.

"존귀하신 여래께서는 자중하며 함부로 웃지 않는 분이십니다. 무슨 까닭으로 지금 빙그레 웃으신 것입니까? 세존이시여, 부디 자세히 말씀해 주소서."

부처님께서 아난에게 말씀하셨다.

"너는 지금 만현 장자가 나에게 공양하는 것을 보았느냐?"

아난이 아뢰었다.

"네, 보았습니다."

"저 사람은 미래세 3아승기겁 동안 보살행을 갖추고 대비심을 닦아 6바라밀을 만족할 것이며, 마침내 만현滿賢이라는 이름의 부처님이 되어 한량없는 중생을 제도할 것이다. 그래서 웃었느니라."

부처님께서 만현 장자의 인연을 말씀하셨을 때, 그 말씀을 듣고 어떤 사람은 수다원과須陀洹果를 얻었고, 혹은 사다함과斯陀含果, 혹은 아나함과阿那含果, 혹은 아라한과阿羅漢果를 얻었으며, 혹은 벽지불辟支佛이 되겠노라는 마음을 일으킨 자도 있었고, 혹은 위없는 깨달음을 얻겠노라는 마음을 일으킨 자도 있었다.

그때 모든 비구는 부처님의 말씀을 듣고 기뻐하면서 받들어 행하였다.

2

부처님을 초청한 명칭 여인

부처님께서 비사리毘舍離 원숭이 강(彌猴河) 언덕의 중각강당重閣講堂에 계실 때였다.

그때 세존께서 옷을 입고 발우를 들고 비구들과 함께 비사리성에 들어가 걸식하다가 사자師子 장자의 집에 도착하셨다. 마침 사자 장자의 며느리인 명칭名稱이라는 여인이, 부처님의 위엄스러운 얼굴과 그 몸을 장엄한 갖가지 상호相好를 보고는 시어머니에게 물었다.

"사람이 어쩌면 저런 모습일 수 있습니까?"

그러자 시어머니가 대답하였다.

"너도 이제 모든 공덕을 닦으면서 위없는 광대한 마음을 일으키면 저분과 같은 상호相好를 얻을 수 있다."

이 말을 들은 며느리는 곧 시부모님에게서 재물을 얻어 공양을 올리는 자리를 마련하고 부처님을 초청하였다. 부처님께서 음식을 다 드시자, 며느리는 들고 있던 갖가지 꽃을 부처님 정수리에 흩뿌렸다. 그러자 그 꽃들이 허공에서 꽃 일산으로 변하더니 부처님을 따라 움직이고 또 멈추었다.

며느리는 이 신통 변화를 보고 기쁨을 이기지 못해 온몸을 땅에 엎드려 절하면서 큰 서원을 세웠다.

"공양을 올린 이 공덕으로 제가 다음 세상에는 눈 어두운 중생의 눈이 되고, 귀의할 곳 없는 자들의 귀의처가 되고, 돌보는 이 없는 자들을 보호하고, 해탈하지 못한 자들을 해탈시키고, 편안하지 못한 자들을 편안케 하고, 열반에 이르지 못한 자들을 열반에 들도록 이끄는 자가 되게 하소서."

이때 세존께서 그 여인이 광대한 마음을 일으킨 것을 보시고는 곧 빙그레 웃으셨다. 그러자 그 얼굴에서 다섯 빛깔의 광명이 쏟아져 온 세계를 두루 비추었다. 그 빛은 갖가지 색깔이 되어 부처님을 세 바퀴 돌더니 다시 부처님의 정수리로 들어갔다.

그때 아난이 부처님 앞에 나아가 아뢰었다.

"존귀하신 여래께서는 자중하며 함부로 웃지 않는 분이십니다. 무슨 까닭으로 지금 빙그레 웃으신 것입니까? 세존이시여, 부디 자세히 말씀해 주소서."

부처님께서 아난에게 말씀하셨다.

"너는 지금 저 명칭 여인이 나에게 공양하는 것을 보았느냐?"

아난이 아뢰었다.

"그러하옵니다. 이미 보았습니다."

"저 명칭 여인은 광대한 마음을 일으킨 선근 공덕으로 3아승기겁 동안 보살행을 갖추고 대비심을 닦아 6바라밀을 만족할 것이며, 마침내 보의寶意라는 이름의 부처님이 되어 한량없는 중생을 제도할 것이다. 그래서 웃었느니라."

부처님께서 명칭 여인의 인연을 말씀하셨을 때, 그 말씀을 듣고서 어떤 사람은 수다원과를 얻었고, 혹은 사다함과, 혹은 아나함과, 혹은 아라한과를 얻은 자도 있었으며, 혹은 벽지불이 되겠노라는 마음을 일으킨 자도 있었고, 혹은 위없는 깨달음을 얻겠노라는 마음을 일으킨 자도 있었다.

그때 모든 비구는 부처님의 말씀을 듣고 기뻐하면서 받들어 행하였다.

3

부처님을 만난 게으름뱅이 난타

부처님께서 사위국舍衛國 기수급고독원祇樹給孤獨園에 계실 때였다.

그때 그 성에 한량없는 재물과 보물을 가진 한 장자가 있었다. 그 장자에게 난타難陀라는 외아들이 있었는데, 심한 게으름뱅이에다 항상 잠자는 것만 좋아해 걷거나 앉으려고도 하지 않았다. 그러나 그 총명함이 보통 사람을 훨쩍 뛰어넘어 침대에 누워서도 경론經論을 들으면 그 의미를 모조리 통달하였다.

이때 아버지인 장자가 그 아들이 총명하여 경론을 잘 이해하는 것을 보고 이렇게 생각하였다.

'내가 이제 부란나富蘭那 등 외도의 여섯 스승을 집으로 초청해 우리 아들을 가르치게 하리라.'

이렇게 생각하고는 여러 가지 음식을 준비해 곧 그들을 초청하였고, 그들이 음식을 먹고 나서 외도들의 여섯 스승에게 말하였다.

"저에게는 아들이 하나뿐인데, 이놈이 너무 게을러 잠만 자고 일어나질 않습니다. 부디 대사들께서 잘 가르쳐 가업家業을 익히고 경론을 배우도록 해 주십시오."

그리하여 외도들의 여섯 스승이 함께 아들의 처소로 찾아갔다. 하지만 아들은 드러누워 일어나지도 않았으니, 하물며 그들에게 가르침을 받기 위해 자리를 펴고 맞이했겠는가?

아들의 이런 모습을 본 장자는 손으로 턱을 괴고 매우 괴로워했으며, 걱정스러워 즐겁지가 않았다.

그 무렵 세존께서는 항상 대비하신 마음으로 낮이건 밤이건 중생들을 관찰하시다가 고뇌를 겪는 자가 있으면 곧 그에게 찾아가 법을 설하여 그들을 깨우쳐 주셨다. 세존께서는 문득 그 장자가 아들 때문에 괴로워 턱을 괴고 앉아 있는 것을 보시곤, 비구들을 데리고 장자의 집으로 찾아오셨다. 그러자 그 게으름뱅이 아들이 갑자기 놀라 일어나더니 부처님을 위해 자리를 펴고 부처님 발 아래 엎드려 예배하였다. 아들이 한쪽에 물러나 앉자, 부처님께서는 곧 그에게 갖가지 법을 설하시고 게으름의 많은 허물을 지적하며 꾸짖으셨다. 아들은 곧 스스로 뉘우치며 깊은 믿음과 존경심을 일으켰다.

부처님께서 그 게으름뱅이 아들에게 전단栴檀 나무 지팡이를 하나 주시면서 말씀하셨다.

"네가 지금부터 노력해 조금이나마 성심을 다한다면 이 지팡이로 두드리다가 매우 사랑스럽고도 좋은 소리가 나는 곳이 있을 것이고, 그 소리가 들리는 곳에서 땅속에 묻힌 보물창고를 발견할 수 있으리라."

　게으름뱅이 아들은 곧 그 지팡이를 들고 여기저기 두드려 소리를 내면서 땅속에 묻힌 보물창고를 모조리 찾아내었다. 아들은 기쁨을 이기지 못하고 이렇게 생각하였다.

　'나는 이제 조금만 노력하고도 이렇게 큰 이익을 얻었다. 하물며 부지런히 온 힘을 다한다면 미래에 더없이 큰 이익을 얻을 게 분명하다. 나는 이제 온 힘을 다해 바다로 나가 보물을 채취하리라.'

　이렇게 생각하고 곧 사람들에게 널리 알렸다.

　"바다로 나가서 값진 보물을 채취하실 분 없습니까? 제가 상단의 우두머리가 되겠습니다."

　그러자 많은 사람이 몰려들어 함께하겠노라고 맹세하였다. 그들은 바다로 나가 각자 값진 보물을 얻고 모두 무사히 돌아왔다. 돌아온 장자의 아들은 온갖 맛있는 음식을 마련해 부처님과 스님들께 공양을 올렸다. 공양이 끝나고 부처님께서는 장자의 아들에게 갖가지 법을 설해주셨고, 장자의 아들은 마음이 열려 그 뜻을 이해하게 되었다. 장자의 아들은 곧 땅에 엎드려 예배하고 큰 서원을 세웠다.

　"이렇게 공양을 올린 선근 공덕으로 제가 다음 세상에는 눈 어두운 중생의 눈이 되고, 귀의할 곳 없는 자들의 귀의처가 되고, 돌보는 이 없는 자들을 보호하고, 해탈하지 못한 자들을 해탈시키고, 편안하지 못한 자들을 편안케 하고, 열반에 이르지 못한 자들을 열반에 들도록 이끄는 자가 되게 하소서."

　장자의 아들이 이렇게 발원하자, 부처님께서 곧 빙그레 웃으셨다. 그러자 그 얼굴에서 다섯 빛깔의 광명이 쏟아져 온 세계를 두루 비추었다. 그 빛은 갖가지 색깔이 되어 부처님을 세 바퀴 돌더니 다시 부처님의 정수리로 들어갔다.

그때 아난이 이것을 보고 부처님 앞에 나아가 아뢰었다.

"존귀하신 여래께서는 자중하며 함부로 웃지 않는 분이십니다. 무슨 까닭으로 지금 빙그레 웃으신 것입니까? 세존이시여, 부디 자세히 말씀해 주소서."

부처님께서 아난에게 말씀하셨다.

"저 게으름뱅이가 바다로 나가 보물을 채취해 돌아와서 온갖 음식을 마련해 나에게 공양한 것을 네가 이제 보지 않았느냐?"

아난이 아뢰었다.

"네, 보았습니다."

"저 게으름쟁이는 미래세 3아승기겁을 지나 마침내 정진력精進力이라는 이름의 부처님이 되어 한량없는 중생을 제도할 것이다. 그래서 웃었느니라."

그때 모든 비구는 부처님의 말씀을 듣고 기뻐하면서 받들어 행하였다.

4

바다로 나가 보물을 채취한 500명의 상인

　부처님께서 사위국 기수급고독원에 계실 때였다.
　그때 그 성에 상단의 우두머리 한 사람이 있었다. 그는 500명의 상인을 이끌고 함께 큰 바다로 나갔다가 배(船)가 부서지는 바람에 돌아오고 말았다. 상단의 우두머리는 밤낮으로 정성을 다하며 온갖 신들에게 무릎 꿇고 절하면서 복을 내려달라고 빌었다. 그리고 다시 바다로 나갔지만 두 번째, 세 번째도 전처럼 배가 부서지고 말았다. 상단의 우두머리는 그래도 복덕의 힘이 있어 물에 빠져 죽지는 않았다. 고향으로 돌아온 그는 크게 고뇌하며 이렇게 생각하였다.
　'내가 일찍이 들은 바에 의하면, 부처님 세존께서는 일체 지혜를 얻어 모든 하늘과 세상 사람 그 누구도 미칠 수 없으며, 중생을 가엾이 여겨 자기와 다른 사람을 모두 이롭게 하신다고 했다. 내 이제 부처님의 명호를 부르면서 큰 바다로 나아가리라. 만약 무사히

돌아온다면 얻은 보물의 절반을 저 부처님께 받들어 보시하리라.'

이렇게 생각한 다음, 곧 상인들을 모아 부처님의 명호를 부르면서 함께 큰 바다로 나갔는데, 과연 값진 보물을 많이 얻어 무사히 돌아오게 되었다. 그러나 집으로 돌아와 보물들을 살펴보다 보니 사랑스럽고 아까운 생각이 들어 부처님께 보시하고 싶지가 않았다. 그래서 이렇게 생각하였다.

'이 보물의 절반을 덜어 보시하면 내 몫은 얼마 남지도 않는다. 그러니 이제 이 보물은 모두 아내에게 주고, 아내에게 몇 푼 얻어서 시장에 가 훈육향薰陸香을 사고 기원정사로 가서 그 향을 살라 공양해야겠다.'

상단의 우두머리는 자신의 계획대로 아내에게 돈 두 푼을 달라고 해 시장에서 훈육향을 사고 기원정사로 가서 그 향을 살라 공양하였다.

이때 부처님께서 신통력으로 그 향 연기를 자욱하게 하여 온 기원정사를 뒤덮게 하셨다. 상단의 우두머리는 그 향 연기를 보고 부처님 앞에서 깊이 후회하며 자책하였다.

'내가 어쩌자고 이까짓 보물이 아까워 부처님께 보시하지 않았을까? 지금 여래께서는 진실로 신비한 힘이 있어 이 향 연기가 온 기원정사를 뒤덮게 하셨으니, 매우 희유한 일이다. 나는 이제라도 온갖 맛있는 음식을 준비하고 부처님과 스님들을 집으로 초청해 공양을 올려야겠다.'

이렇게 생각한 다음, 곧 무릎을 꿇고 부처님 세존을 초청하였다. 그러자 부처님께서 묵연히 허락하셨다.

상단의 우두머리는 집으로 돌아와 음식을 준비하였고, 이튿날 시간이 되자 심부름꾼을 보내 부처님께 아뢰었다.

"음식 준비가 끝났습니다. 성인께서는 때가 되었음을 아소서."

그때 여래께서 옷을 입고 발우를 들고 비구들과 함께 그의 집으로 가 공양을 받으셨다. 공양이 끝나고 부처님께서 간탐慳貪의 나쁜 허물을 설법하시자, 상단의 우두머리는 마음이 열려 그 뜻을 이해하게 되었다. 상단의 우두머리는 곧 보배 구슬을 가져와 부처님 정수리 위에 뿌렸다. 그러자 그 구슬이 허공에서 보배 일산으로 변하더니 부처님을 따라 움직이고 또 멈추었다.

상단의 우두머리는 이 신통 변화를 보고 곧 온몸을 땅에 엎드려 예배하면서 큰 서원을 세웠다.

"이렇게 공양을 올린 선근 공덕으로 제가 다음 세상에는 눈 어두운 중생의 눈이 되고, 귀의할 곳 없는 자들의 귀의처가 되고, 돌보는 이 없는 자들을 보호하고, 해탈하지 못한 자들을 해탈시키고, 편안하지 못한 자들을 편안케 하고, 열반에 이르지 못한 자들을 열반에 들도록 이끄는 자가 되게 하소서."

이렇게 발원하자, 부처님께서 곧 빙그레 웃으셨다. 그러자 그 얼굴에서 다섯 빛깔의 광명이 쏟아져 온 세계를 두루 비추었다. 그 빛은 갖가지 색깔이 되어 부처님을 세 바퀴 돌더니 다시 부처님의 정수리로 들어갔다.

그때 아난이 부처님 앞에 나아가 아뢰었다.

"존귀하신 여래께서는 자중하며 함부로 웃지 않는 분이십니다. 무슨 까닭으로 지금 빙그레 웃으신 것입니까? 세존이시여, 부디 자세히 말씀해 주소서."

부처님께서 아난에게 말씀하였다.

"너는 이제 저 상단의 우두머리가 부끄러워하는 마음으로 나에게 공양하는 것을 보지 않았느냐?"

아난이 부처님께 아뢰었다.

"네, 보았습니다."

"이제 저 상단의 우두머리는 나에게 공양을 올린 공덕으로 지옥·아귀·축생에 떨어지지 않고 하늘나라나 인간세계에 태어나 항상 쾌락을 누리게 될 것이다. 그리고 3아승기겁을 지나 마침내 보성寶盛이라는 이름의 부처님이 되어 한량없는 중생을 제도할 것이다. 그래서 웃었느니라."

그때 모든 비구는 부처님의 말씀을 듣고 기뻐하면서 받들어 행하였다.

5

부처님께 실을 보시한 가난뱅이 수마

부처님께서 사위국 기수급고독원에 계실 때였다.

그때 그 성에 수마須摩라는 베 짜는 사람이 있었다. 그는 살림살이가 곤궁해 집에 한 되 한 말의 곡식조차 없어 항상 뜨내기 품팔이로 겨우 먹고살았다.

그러던 어느 날 이렇게 생각하였다.

'나는 전생에 보시하지 않았기 때문에 지금 이렇게 가난하고 곤궁한 처지가 되어 고통받는 것이다. 내가 지금 또 보시하지 않는다면 곧 미래에는 가난의 고통이 더 극심하리라. 나는 이제부터라도 힘써 노력해 작은 물건이나마 보시해야겠다. 그러면 미래에 그 과보를 받을 수도 있다.'

베를 짜는 사람은 곧 구걸하여 약간의 실을 얻게 되었다. 그리고 길을 걸어 집으로 돌아오다가 어느 거리에서 멀리 계신 세존을 뵙게 되었다. 세존께서는 옷을 입고 발우를 들고 비구들과 함께 성에 들어와 걸식하는 중이셨다. 그는 곧 부처님 앞에 나아가 가지고 있던 실을 세존께 받들어 보시하였다. 세존께서는 그 실을 받아 그 자리에서 떨어진 옷을 꿰매시는 데 사용하셨다.

수마는 부처님 세존께서 자신이 보시한 실로 떨어진 옷을 꿰매시는 것을 보고 마음속으로 기뻐하며 엎드려 예배하였다. 그리고 큰 서원을 일으켜 곧 부처님 앞에서 게송을 읊었다.

보시한 것은 비록 적지만
아주 좋은 복 밭을 만났으니
세존께 받들어 보시합니다.
서원을 세우고 부처님이 되어
어리석고 불쌍한 이 제도하리니
그 수는 헤아릴 수 없을 것입니다.
큰 위덕을 갖추신 세존이시여,
그럴 것이라고 증명해 주소서.

이내 세존께서 게송으로 대답하셨다.

그대 이제 나를 만나
성심을 다해 보시했으니
미래에 반드시 부처님 되리니
그 이름은 십연十綖.
명성이 시방에 자자하고

한량없는 중생을 제도하리라.

그때 수마는 부처님께서 읊으신 이 게송을 듣고 깊은 신심과 공경심을 일으켰다. 수마는 곧 온몸을 땅에 엎드려 예배하며 큰 서원을 세웠다.

"실을 보시한 이 공덕으로 제가 다음 세상에는 눈 어두운 중생의 눈이 되고, 귀의할 곳 없는 자들의 귀의처가 되고, 돌보는 이 없는 자들을 보호하고, 해탈하지 못한 자들을 해탈시키고, 편안하지 못한 자들을 편안케 하고, 열반에 이르지 못한 자들을 열반에 들도록 이끄는 자가 되게 하소서."

수마가 이렇게 발원하자, 부처님께서 곧 빙그레 웃으셨다. 그러자 그 얼굴에서 다섯 빛깔의 광명이 쏟아지더니 부처님을 세 바퀴 돌고 다시 부처님 정수리로 들어갔다.

그때 아난이 부처님 앞에 나아가 아뢰었다.

"존귀하신 여래께서는 자중하며 함부로 웃지 않는 분이십니다. 무슨 까닭으로 지금 빙그레 웃으신 것입니까? 세존이시여, 부디 자세히 말씀해 주소서."

부처님께서 아난에게 말씀하셨다.

"너는 이제 저 가난한 사람 수마가 내게 실을 보시하고 마음속으로 기뻐하면서 큰 서원을 세우는 것을 보았느냐?"

아난이 아뢰었다.

"네, 보았습니다."

"저 수마는 정중한 마음으로 나에게 실을 보시한 인연으로 미래에 십연十綖이라는 이름의 부처님이 되어 한량없는 중생을 제도할 것이다. 그래서 웃었느니라."

　그때 모든 비구는 부처님의 말씀을 듣고 기뻐하면서 받들어 행하였다.

6

병에 시달리다가 부처님을 만난 파지가

부처님께서 사위국 기수급고독원에 계실 때였다.

그때 그 성에 파지가婆持加라는 한 장자가 있었는데, 그는 성품이 매우 고약해 화내기를 좋아하였다. 그래서 그와 어울리고 가까이하는 사람이 하나도 없었다. 그러나 외도의 여섯 스승에겐 신심과 공경심이 많았다.

그러다 나중에 병을 얻어 앓아누웠는데, 들여다보는 사람도 없고 음식이나 약을 갖다 주는 사람도 없었다. 거의 죽을 지경이 되자 그는 생각하였다.

'내가 지금 이 고통을 겪는 것은 당연한 이치이다. 누가 내 목숨을 구할 수 있을까? 그런 분이 계신다면 내 죽을 때까지 잘 받들어 섬기리라.'

그러다 또 이런 생각이 들었다.

'오직 부처님 세존만이 내 생명을 구할 수 있다.'

파지가는 곧 부처님께 은근하고 정중한 마음을 일으키며 뵙기를 갈망하였다.

그 무렵 세존께서는 항상 대비하신 마음으로 낮이건 밤이건 중생들을 관찰하면서 이렇게 사유하셨다.

'누가 괴로워하는가? 내 그에게 찾아가 고통에서 구제하리라. 부드러운 말로 법을 설하여 그 마음을 기쁘게 하고, 혹 나쁜 세계에 떨어진 자가 있으면 방편을 시설해 그를 구제해 인간세계나 하늘나라에서 편안히 살며 도과道果를 얻게 하리라.'

때마침 여래께서 중생들을 관찰하다가 그 장자가 병에 시달려 초췌하기 짝이 없는데도 돌보는 이가 하나 없는 것을 보게 되셨다. 여래께서는 곧 병든 장자에게 빛을 비추어 그가 시원함을 느끼게 하셨다.

장자는 곧 이를 깨닫고 넘치는 기쁨을 이길 수 없었다. 그래서 온몸을 땅에 엎드려 예배하며 부처님께 귀의하였다. 그때 세존께서 파지가 장자의 선근이 이미 성숙하여 당신의 교화를 받아들일 것을 아시고 곧 장자의 집으로 찾아가셨다. 장자는 깜짝 놀라며 벌떡 일어나 합장하고 받들어 맞이하였다.

"잘 오셨습니다. 세존이시여."

장자가 자리를 펴자, 부처님께서 그 자리에 앉아 파지가에게 물으셨다.

"당신은 지금 어디가 가장 아픕니까?"

"저는 지금 몸과 마음이 다 고통스럽습니다."

그러자 부처님께서 혼자 속으로 말씀하셨다.

'나는 오랜 겁劫에 자비를 닦으면서 중생들의 몸과 마음에 깃든 모든 고통을 치료하겠노라고 서원하였다.'

이때 제석천帝釋天이 부처님께서 속으로 생각한 것을 알아차리고는 곧 향산香山으로 가 백유白乳라는 약초를 캐 세존께 바쳤다. 세존께서는 그 약초를 파지가에게 주며 복용하게 하셨다. 장자는 그 약을 먹고 병이 완전히 나아 몸도 마음도 쾌락하게 되었다.

이에 파지가 장자는 더욱 부처님께 신심과 공경심을 일으켰다. 장자는 곧바로 부처님과 비구 스님들을 위해 갖가지 맛있는 음식을 준비하였으며, 공양을 마치시자 다시 그 값이 백천 냥이나 되는 매우 좋은 옷들을 부처님과 스님들께 받들어 올렸다. 그리고 큰 서원을 일으켰다.

'이렇게 공양을 올린 선근 공덕으로 지금 세존께서 제 몸과 마음의 모든 병을 다 치료해 쾌락을 얻게 하신 것처럼, 저도 다음 세상에 모든 중생의 몸과 마음의 병을 치료해 안락을 얻게 하는 사람이 되게 하소서.'

이렇게 큰 발원하자, 부처님께서 곧 빙그레 웃으셨다. 그러자 그 얼굴에서 다섯 빛깔의 광명이 쏟아지더니 부처님을 세 바퀴 돌고 다시 부처님 정수리로 들어갔다.

그때 아난이 부처님 앞에 나아가 아뢰었다.

"존귀하신 여래께서는 자중하며 함부로 웃지 않는 분이십니다. 무슨 까닭으로 지금 빙그레 웃으신 것입니까? 세존이시여, 부디 자세히 말씀해 주소서."

부처님께서 아난에게 말씀하셨다.

"너는 이제 저 파지가 장자가 자신의 병이 회복되자 나와 비구 스님들을 초청해 공양을 올리는 것을 보았느냐?"

아난이 아뢰었다.

"네, 보았습니다."

"저 장자는 미래세에 석가모니라는 이름의 부처님이 되어 한량없는 중생을 널리 제도할 것이다. 그래서 웃었느니라."

그때 모든 비구는 부처님의 말씀을 듣고 기뻐하면서 받들어 행하였다.

7

부처님께 꽃을 공양한 왕가의 연못 관리인

부처님께서 왕사성 가란타 죽림에 계실 때였다.

그때 파사닉왕波斯匿王은 부처님이 계신다는 소문을 듣지 못해 낮이건 밤이건 향과 꽃을 바치며 천신天神을 받들어 섬기고 있었다. 세상에 출현해 정각을 이루신 부처님께서는 파사닉왕을 교화하시고자 옷을 입고 발우를 들고 파사닉왕에게 찾아가셨다.

이때 파사닉왕이 다가오는 부처님의 모습을 보니, 휘황찬란한 빛이 온 천지를 비추고 위엄스러운 모습에 차분하고 조용한 것이 매우 특출난 사람이었다. 파사닉왕은 마음속으로 기뻐하며 앉으시길 청하고 온갖 맛있는 음식을 대접하였다. 공양을 드신 다음, 부처님께서 국왕을 위해 갖가지 법을 설하시자 왕은 부처님에게 깊은 신심과 공경심을 일으켰다. 그래서 천신을 섬기던 일을 그만두고 마음으로도 받들어 경배하지 않았다.

이에 파사닉왕은 하루 세 번 꽃과 향을 여래께 공양하게 되었다. 그러던 어느 날, 꽃을 배달하던 사람이 왕에게 꽃을 바치고 나서 자신도 한 송이를 꺾어 시장으로 가다가 도중에 외도를 만났다.

외도가 물었다.

"당신이 가진 그 꽃은 팔려는 것입니까?"

"예, 팔려고 합니다."

마침 수달다須達多 장자가 곁으로 다가와 또 물었다.

"당신이 가진 그 꽃은 팔려는 것입니까?"

"예, 팔려고 합니다."

이렇게 두 사람이 경쟁이 붙어 그 가격을 서로 배나 불렀고 백천 냥이 되어도 멈추려 하질 않았다. 그러자 꽃을 가진 사람이 외도에게 물었다.

"당신은 이 꽃을 사서 어디에 쓸 겁니까?"

외도가 대답하였다.

"나는 이 꽃을 나라연천那羅延天에게 공양하고 복을 구하려 합니다."

다음엔 수달다 장자에게 물었다.

"당신은 이 꽃을 사서 어디에 쓸 겁니까?"

수달다 장자가 대답하였다.

"부처님께 공양할 것입니다."

꽃을 가진 사람이 다시 물었다.

"어떤 분을 부처님이라 합니까?"

수달다가 대답하였다.

"끝없는 미래를 보고 끝없는 과거를 보는 삼계에서 가장 존귀하신 분, 모든 하늘나라의 신들과 세상 사람이 다 함께 공경하는 분입니다."

꽃을 가진 사람이 이 말을 듣고는 속으로 기뻐하며 이렇게 생각하였다.

'수달다 장자는 차분하고 섬세하며 신중하고 진실하여 덜컥 일을 저지르지 않는 분이다. 그런데 오늘 백천 냥의 값을 치르고라도 이 한 송이 꽃을 가져가려고 한다. 지금 분명히 큰 이익이 되기 때문에 값의 고하를 따지지 않고 꼭 꽃을 사겠다는 것이리라.'

꽃을 가진 사람이 두 사람에게 말하였다.

"저는 이 꽃을 팔지 않겠습니다. 저는 이 꽃을 가지고 가 부처님께 공양할 것입니다."

이 말을 들은 수달다는 기쁨을 감출 수 없었다. 수달다는 곧 그 사람을 데리고 부처님 세존을 뵈러 갔다. 32상 80종호를 갖춰 백천 개의 태양이 뜬 것처럼 휘황찬란하게 빛나는 세존을 본 그는 깊은 신심과 공경심을 품고 자신이 가져온 꽃을 부처님 머리 위로 뿌렸다. 그러자 그 꽃이 허공에서 꽃 일산으로 변하더니 부처님을 따라 움직이고 또 멈추었다. 그는 이 신통 변화를 보고 나서 곧 온몸을 땅에 엎드려 예배한 다음 큰 서원을 세웠다.

"이렇게 꽃을 공양한 선근 공덕으로 제가 다음 세상에는 눈 어두운 중생의 눈이 되고, 귀의할 곳 없는 자들의 귀의처가 되고, 돌보는 이 없는 자들을 보호하고, 해탈하지 못한 자들을 해탈시키고, 편안하지 못한 자들을 편안케 하고, 열반에 이르지 못한 자들을 열반에 들도록 이끄는 자가 되게 하소서."

그가 이렇게 큰 발원을 하자, 부처님께서 곧 빙그레 웃으셨다. 그러자 그 얼굴에서 다섯 빛깔의 광명이 쏟아지더니 부처님을 세 바퀴 돌고 다시 부처님의 정수리로 들어갔다.

이때 아난이 부처님 앞에 나아가 아뢰었다.

"존귀하신 여래께서는 자중하며 함부로 웃지 않는 분이십니다. 무슨 까닭으로 지금 빙그레 웃으신 것입니까? 세존이시여, 부디 자세히 말씀해 주소서."

부처님께서 아난에게 말씀하셨다.

"너는 이제 이 정원의 연못 관리인이 한 송이 꽃을 나에게 뿌리는 것을 보았느냐? 이 사람은 미래세 3아승기겁을 지난 뒤에 화성 花盛이라는 이름의 부처님이 되어 한량없는 중생을 제도할 것이다. 그래서 웃었느니라."

그때 모든 비구는 부처님의 말씀을 듣고 기뻐하면서 받들어 행하였다.

8

여래의 수승함을 두고 논쟁한 두 범지

부처님께서 사위국 기수급고독원에 계실 때였다.

그때 그 성에 두 범지가 있었으니, 한 사람은 불법을 깊이 믿어 항상 여래의 공덕이 삼계에서 가장 존귀하고 제일이라며 찬탄하는 범지였고, 다른 한 사람은 삿된 소견에 깊이 집착하여 외도들의 여섯 스승이 제일이고 비교할 자가 없다고 말하는 범지였다.

이렇게 두 사람이 서로 끊임없이 논쟁하여 드디어 왕까지 알게 되었다. 어느 날 파사닉왕이 두 범지를 불러 논쟁하는 이유를 물었다.

먼저 외도를 믿는 범지가 말했다.

"제가 받들어 섬기는 부란나富蘭那 등은 실제로 저 구담瞿曇 사문보다 뛰어난 신통력을 가지고 있습니다."

왕이 다시 불법을 믿는 범지에게 물었다.

"이제 그대가 섬기는 구담 사문은 어떤 신통력을 가졌는가?"

불법을 믿는 범지가 대답하였다.

"제가 섬기는 구담 사문이야말로 그 누구도 따를 수 없는 절대의 신통력을 지니셨습니다."

파사닉왕이 두 범지의 말을 듣고 나서 말하였다.

"그대들이 이제 각자 섬기는 천신天神을 제일이라 칭찬하니 누가 더 뛰어난지 알 수 없구나. 내가 이제 그대들을 위해 7일 뒤 온 나라 백천만 백성을 넓은 곳에 집합시키고 그들의 신통을 시험할 것이니, 그대 두 사람은 각자 향을 사르고 꽃을 흩뿌리고 물을 뿌린 뒤 그대들의 스승을 초청하고 이 모임에 참석해 함께 공양을 받게 하라."

이때 두 범지는 왕의 말을 듣고 그렇게 하겠다고 서로 약속하였다. 7일째 되던 날, 왕이 백성들에게 명령하여 모두 모이게 하자 두 범지가 대중 앞에서 각자 서원을 세웠다.

먼저 부란나 외도를 믿는 범지가 향과 꽃과 깨끗한 물을 손에 들고 대중 앞에서 큰 서원을 세웠다.

"제가 받드는 부란나께서 신통력이 있으시다면 이 향과 꽃과 깨끗한 물이 허공을 날아 우리 스승님이 계신 곳에 이르게 하소서. 그리하여 저의 마음을 아시고 이 모임에 왕림하게 하소서. 만약 신통력이 없다면 이 향과 꽃과 깨끗한 물이 이 자리에 머물며 움직이지 않게 하소서."

이렇게 발원하고 나서 곧 향과 꽃과 깨끗한 물을 뿌렸는데 모두 그 자리에서 꿈쩍도 하지 않고 곧 땅바닥에 떨어졌다. 대중들이 이 광경을 보고는 신통력이 없음을 알고 서로들 말했다.

"저 부란나 등은 실제 신통력도 없으면서 우리 국민의 공양만 헛되이 받아 왔구나."

다음엔 불법을 믿는 범지가 대중 앞에서 향과 꽃과 깨끗한 물을 손에 들고 허공에 뿌리면서 발원하였다.

'여래께서 이제 실제로 신통력이 있으시다면 제가 사른 이 향 연기와 흩뿌린 꽃과 깨끗한 물이 여래가 계신 곳에 이르게 하소서. 그리하여 저의 마음을 아시고 이 모임에 왕림하게 하소서.'

이렇게 발원하고 멀리 흩뿌리자 향 연기가 구름처럼 피어올라 온 사위성을 뒤덮었고, 흩뿌린 꽃들은 허공에서 꽃 일산으로 변하더니 부처님 머리 위로 날아가 부처님을 따라서 움직이고 또 멈추었으며, 깨끗한 물이 멀리 부처님께서 계신 곳까지 뿌려져 그 땅바닥이 유리처럼 깨끗해졌다. 그러자 부처님께서 이를 아시고 얼마 후 그 모임에 왕림하셨다.

이때 모든 대중이 이 신통 변화를 목격하고는 전에 없던 일이라 찬탄하면서 부처님께 깊은 신심과 공경심을 일으키고 외도들을 섬기던 일은 그만두었다.

이때 그 범지는 소원을 성취하자 곧 온몸을 땅에 엎드려 예배하면서 큰 서원을 세웠다.

"이렇게 향을 피우고 꽃을 흩고 맑은 물을 뿌린 공덕으로 제가 다음 세상에는 눈 어두운 중생의 눈이 되고, 귀의할 곳 없는 자들의 귀의처가 되고, 돌보는 이 없는 자들을 보호하고, 해탈하지 못한 자들을 해탈시키고, 편안하지 못한 자들을 편안케 하고, 열반에 이르지 못한 자들을 열반에 들도록 이끄는 자가 되게 하소서."

범지가 이렇게 발원하자, 부처님께서 곧 빙그레 웃으셨다. 그러자 그 얼굴에서 다섯 빛깔의 광명이 쏟아지더니 부처님을 세 바퀴 돌고 다시 부처님의 정수리로 들어갔다.

그때 아난이 부처님 앞에 나아가 아뢰었다.

"존귀하신 여래께서는 자중하며 함부로 웃지 않는 분이십니다. 무슨 까닭으로 지금 빙그레 웃으신 것입니까? 세존이시여, 부디 자세히 말씀해 주소서."

부처님께서 아난에게 말씀하셨다.

"너는 이제 저 범지가 향과 꽃과 깨끗한 물을 나에게 공양하는 것을 보았느냐?"

아난이 아뢰었다.

"네, 보았습니다."

"저 범지는 미래세 3아승기겁을 지난 뒤 부동不動이라는 이름의 부처님이 되어 한량없는 중생을 제도할 것이다. 그래서 웃었느니라."

그때 모든 비구는 부처님의 말씀을 듣고 기뻐하면서 받들어 행하였다.

9
부처님 설법을 듣고 출가한 두 나라의 왕

부처님께서 사위국 기수급고독원에 계실 때였다.

그 무렵 항상 서로 싸우면서 많은 백성을 해치고 밤낮없이 음모를 꾸미기를 잠시도 멈추지 않던 두 나라 왕이 있었다. 어느 날 파사닉왕은 생사의 세계를 떠도는 그 두 왕을 살펴보고, 아마도 자신은 그들을 생사의 고난에서 건져주기 어렵겠다고 여겼다. 그래서 그들을 생사에서 해탈시키고 싶어 부처님께 찾아갔다. 파사닉왕이 머리 조아려 예배한 뒤 한쪽에 물러나 앉아 아뢰었다.

"세존이시여, 여래께서는 위없는 법왕이시라 고액에 허덕이는 모든 중생을 살펴 구호하시고, 서로 투쟁하는 자들을 능히 화해시키십니다. 지금 두 왕이 항상 서로 싸우면서 많은 사람을 살해하고 오랫동안 원수가 되어 화해할 줄을 모릅니다. 부디 세존께서 저 두 왕을 화해시켜 싸우지 않게 하소서."

그러자 부처님께서 곧 그렇게 하겠노라 허락하셨다. 그리고 얼마 후 여래께서는 옷을 입고 발우를 들고 비구들에게 에워싸여 함께 바라나국波羅㮈國 녹야원鹿野苑으로 가셨다. 그때가 바로 두 왕이 각자 군사를 모아 전투를 시작하려던 무렵이었다.

전투가 벌어졌는데, 한 왕이 겁을 먹고는 매우 당황해 두려움에 떨다가 결국 후퇴하였다. 그가 부처님께 찾아가 부처님 앞에 엎드려 예배하고 한쪽에 물러나 앉자, 부처님께서 그 왕을 위해 무상게無常偈를 말씀해 주셨다.

> 높이 올라가면 언젠가 떨어지고
> 영원할 것 같아도 언젠가 사라지며
> 태어난 자는 모두 죽고
> 만나면 헤어질 날이 있네.

그때 국왕은 부처님 세존께서 말씀해 주신 이 게송을 듣고는 마음이 열리고 뜻을 이해하게 되어 수다원과須陀洹果를 얻었다. 왕이 곧 부처님께 출가하기를 원하자, 부처님께서 말씀하셨다.

"잘 왔구나. 비구여."

그러자 수염과 머리카락이 저절로 떨어지고 몸에 가사가 입혀졌다. 곧바로 사문이 된 그는 부지런히 닦고 익혀 아라한과阿羅漢果를 얻었다.

저 두 번째 왕은 부처님 세존께서 다른 왕을 제도하여 출가시켰다는 소식을 듣고 마음이 태연해져 다시는 두려울 것이 없게 되었다.

그 왕 역시 차례로 부처님께 찾아가 엎드려 예배하였다. 그리고 한쪽에 물러나 앉아 설법을 듣고는 마음속 깊이 환희심을 품었다. 왕은 곧 세존을 자기 나라로 초청하였고, 부처님께서도 그 자리에서 허락하셨다. 본국으로 돌아온 왕은 온갖 맛있는 음식을 준비해 부처님과 스님들을 청하였다. 공양이 끝난 뒤, 왕은 부처님 앞에서 큰 서원을 세웠다.

"이렇게 공양을 올린 선근 공덕으로 제가 다음 세상에는 눈 어두운 중생의 눈이 되고, 귀의할 곳 없는 자들의 귀의처가 되고, 돌보는 이 없는 자들을 보호하고, 해탈하지 못한 자들을 해탈시키고, 편안하지 못한 자들을 편안케 하고, 열반에 이르지 못한 자들을 열반에 들도록 이끄는 자가 되게 하소서."

왕이 이렇게 발원하자, 부처님께서 곧 빙그레 웃으셨다. 그러자 그 얼굴에서 다섯 빛깔의 광명이 쏟아지더니 부처님을 세 바퀴 돌고 다시 부처님의 정수리로 들어갔다.

그때 아난이 부처님 앞에 나아가 아뢰었다.

"존귀하신 여래께서는 자중하며 함부로 웃지 않는 분이십니다. 무슨 까닭으로 지금 빙그레 웃으신 것입니까? 세존이시여, 부디 자세히 말씀해 주소서."

부처님께서 아난에게 말씀하셨다.

"너는 이제 이 반차야왕般遮耶王이 나에게 공양을 올리는 것을 보았느냐?"

아난이 아뢰었다.

"네, 보았습니다."

"저 왕은 나에게 공양을 올린 공덕으로 나쁜 세계에 떨어지지 않고 하늘나라와 인간세계에서 항상 쾌락을 누릴 것이며, 3아승기 겁을 지난 뒤에는 무승無勝이라는 이름의 부처님이 되어 한량없는 중생을 제도할 것이다. 그래서 웃었느니라."

그때 모든 비구는 부처님의 말씀을 듣고 기뻐하면서 받들어 행하였다.

10

7일 동안 왕 노릇을 한 장자

부처님께서 사위국 기수급고독원에 계실 때였다.

그때 파사닉왕과 아사세왕阿闍世王이 항상 서로 분쟁을 일삼아 각기 코끼리 부대·기마 부대·전차 부대·보병 부대 등 네 군사를 집합시켜 서로 교전하였는데, 파사닉왕의 군사가 모두 패하였다. 이렇게 세 번의 전투로 파사닉왕의 군대는 괴멸하고, 왕만 홀로 성으로 돌아왔다. 왕은 너무나 참담하고 수치스러워 땅바닥에 널브러진 채 잠을 이루지 못하고 음식도 삼키지 못했다.

그때 한량없고 헤아릴 수 없이 많은 재산과 보물을 지닌 어떤 장자長子가 왕이 괴로워한다는 소식을 듣고 찾아와 왕에게 말하였다.

"저에게 금·은 따위의 값진 보물이 많이 있으니, 왕께서 마음대로 쓰십시오. 코끼리와 말을 사들이고 보상을 걸어 장정들을 소집해 다시 반격하면 저들에게 승리할 수 있는데, 왜 이렇게 괴로워하십니까?"

왕이 그렇게 하도록 허락하자, 장자는 보물들을 왕창 꺼내 왕에게 바쳤다. 이에 왕은 장정을 소집하고 온 나라를 돌아다니면서 전략가를 찾았다. 그때 소집에 응했던 한 씩씩한 사나이가 기원정사를 찾았다가 그 문에서 어떤 두 장사將士가 전법戰法을 논하는 이야기를 듣게 되었다. 그때 한 장사가 말했다.

"가장 날쌔고 용맹한 군사를 전진前陣에 배치하고, 보통 군사는 가운데 배치하고, 나약한 자들은 후진後陣에 배치해야 승리할 수 있다."

이 말을 들은 장정은 발길을 돌려 왕에게 찾아가 장사가 논한 병법兵法을 자세히 설명하였다. 왕은 그 말을 듣고 곧 네 군사를 소집해 그가 논한 병법대로 가장 날쌘 군사를 전진에 배치하고, 나약한 자들은 후진에 배치하였다. 그리고 서로 교전한 결과, 마침내 적군을 물리쳐 그들의 코끼리와 말을 노획하고 아사세왕까지 사로잡았다. 파사닉왕은 크게 기뻐하며 깃털과 보배로 장식한 수레에 아사세왕을 태우고 함께 부처님께 찾아갔다.

"세존이시여, 나는 저 아사세왕에게 오랜 세월 동안 원한이나 질투를 품은 적이 애당초 없었습니다. 그런데도 저 왕은 도리어 저를 원수로 여겼습니다. 하지만 선왕인 아사세왕의 부친은 저의 친구였습니다. 차마 그 아들의 생명을 해칠 수 없으니, 이제 본국으로 돌려보낼까 합니다."

그러자 부처님께서 파사닉왕을 칭찬하셨다.

"훌륭하십니다, 훌륭하십니다. 친한 사람에게도, 친하지 않은 사람에게도 항상 평등한 마음을 가지는 것을 성현들은 칭찬합니다."

이렇게 말씀하시고 다시 게송을 읊으셨다.

> 패배하면 두렵고
> 승리하면 기쁘네.
> 그대가 이제 저 왕을 풀어주어
> 두 사람 모두 즐거움을 얻었네.
> 만약 승부를 멈출 수 있다면
> 가장 아름답고 제일가는 즐거움.

이때 파사닉왕은 부처님 세존의 말씀과 게송을 듣고 나서 곧 아사세왕을 본국으로 돌려보내고 자신도 사위성으로 돌아왔다. 그리고 생각하였다.

'내가 이번 전투에서 승리한 것은 저 장자가 값진 보물을 나에게 제공했기 때문이다. 그 덕분에 보상을 걸고 장사들을 모집해 이렇게 승리를 거둔 것이다.'

이렇게 생각하고 나서, 곧 장자를 불러 말하였다.

"그대가 나에게 보물을 제공한 덕분에 내가 그것을 보상으로 걸고 장사들을 모집해 전투에서 승리할 수 있었다. 내가 이제 그대에게 은혜를 갚으리라. 그대의 소원을 말하라."

그러자 장자가 무릎을 꿇고 왕에게 말하였다.

"저를 벌하지 않으신다면 감히 드릴 말씀이 있습니다."

왕이 답하였다.

"그대의 말대로 모든 것을 들어 주리라."

장자가 말하였다.

"지금 제 소원은 왕을 대신해 7일 동안 이 천하를 통치하는 것입니다."

왕은 장자의 소원대로 하도록 허락하고, 즉시 북을 쳐서 장자를 정식 국왕으로 옹립하였다. 그리고 북을 치면서 널리 명령을 전해 그 나라 백성 모두에게 이 사실을 알리고, 그가 모든 일을 맘대로 처리하게 하였다.

왕이 된 장자는 곧 사신을 파견하여 그 나라에 소속된 작은 왕(小王)들에게 명령하였다.

"다들 7일 동안 모든 업무를 중지하고 조정으로 와서 나에게 절하라. 그리고 삼보에 귀의하고 부처님을 초청해 공양을 올리도록 하라."

소원대로 7일 동안 왕 노릇을 한 장자는 크게 기뻐하며 곧 온몸을 땅에 엎드려 예배하면서 큰 서원을 세웠다.

"이렇게 7일 동안 왕 노릇을 하며 많은 이를 삼보에 귀의시킨 공덕으로 제가 다음 세상에는 눈 어두운 중생의 눈이 되고, 귀의할 곳 없는 자들의 귀의처가 되고, 돌보는 이 없는 자들을 보호하고, 해탈하지 못한 자들을 해탈시키고, 편안하지 못한 자들을 편안케 하고, 열반에 이르지 못한 자들을 열반에 들도록 이끄는 자가 되게 하소서."

장자가 이렇게 발원하자, 부처님께서 곧 빙그레 웃으셨다. 그러자 그 얼굴에서 다섯 빛깔의 광명이 쏟아지더니 부처님을 세 바퀴 돌고 다시 부처님 정수리로 들어갔다.

그때 아난이 부처님 앞에 나아가 아뢰었다.

"존귀하신 여래께서는 자중하며 함부로 웃지 않는 분이십니다. 무슨 까닭으로 지금 빙그레 웃으신 것입니까? 세존이시여, 부디 자세히 말씀해 주소서."

부처님께서 아난에게 말씀하셨다.

"너는 이제 저 장자가 7일 동안 왕 노릇을 하면서 나에게 공양한 것을 보았느냐?"

아난이 아뢰었다.

"네, 보았습니다."

"저 장자는 나를 초청한 공덕으로 미래세 3아승기겁을 지난 뒤에 최승最勝이라는 이름의 부처님이 되어 한량없는 중생을 제도할 것이다. 그래서 웃었느니라."

부처님께서 왕 노릇을 한 장자의 인연을 말씀하셨을 때, 그 말씀을 듣고서 어떤 사람은 수다원과를 얻었고, 혹은 사다함과, 혹은 아나함과, 혹은 아라한과를 얻었으며, 혹은 벽지불이 되겠노라는 마음을 일으킨 자도 있었고, 혹은 위없는 깨달음을 얻겠노라는 마음을 일으킨 자도 있었다.

그때 모든 비구는 부처님의 말씀을 듣고 기뻐하면서 받들어 행하였다.

찬집백연경 제2권

전생 과보로 공양 받으신 이야기
(報應受供養品)

11

뱃사공들의 초청으로 강을 건넌 부처님

부처님께서 사위국 기수급고독원에 계실 때였다.

그때 이라발伊羅拔 강가에 뱃사공들이 살고 있었다. 어느 날 여래께서는 강 건너의 뱃사공들을 교화하시고자 비구들을 데리고 그들의 마을로 향하셨다. 뱃사공들은 부처님께서 찾아오신 것을 보고, 각자 환희심을 품고서 배를 타고 강을 건너와 부처님 앞에 엎드려 예배하고 아뢰었다.

"세존이시여, 내일 배를 타고 강을 건너오십시오."

부처님께서 곧 그렇게 하겠다고 허락하셨다.

이에 뱃사공들은 배를 장엄하게 꾸미고, 길을 평탄하게 닦고, 기와 조각·돌·더러운 오물 따위를 제거하고, 당기·번기를 세우고, 향수를 바닥에 뿌리고, 아름다운 온갖 꽃을 흩뿌리고서 부처님과 스님들을 기다렸다.

이튿날, 세존께서는 비구들을 거느리고 강가에 도착해 배를 타고 강을 건너 그들의 마을로 가서 자리를 펴고 앉으셨다. 뱃사공들은 대중이 좌정한 것을 보고는 갖가지 맛있는 음식들을 손수 받들어 올렸다. 그리고 공양을 마친 다음, 모두 부처님 앞에서 법을 듣기를 갈망하였다.

이때 세존께서는 곧 그들의 근기에 맞춰 4제諦의 법을 설하셨다. 그들은 마음이 열리고 뜻을 이해하게 되어 어떤 사람은 수다원과를 얻었고, 혹은 사다함과, 혹은 아나함과를 얻은 자도 있었으며, 나아가 위없는 깨달음을 얻겠노라는 마음을 일으킨 자도 있었다.

이때 비구들이 이렇게 부처님께서 공양을 받고자 강까지 건너신 것을 보고는, 전에 없던 일이라며 괴이하게 여기면서 부처님 앞에 나아가 여쭈었다.

"여래께서는 전생에 어떤 복을 심으셨기에 이제 이렇게 강까지 건너와 공양을 받는 일이 자연스럽게 일어난 것입니까?"

부처님께서 비구들에게 말씀하셨다.

"너희들은 자세히 들어라. 내 이제 너희들을 위해 자세히 분별하여 해설하리라. 아득히 먼 옛날 바라나국에 비염파毘閻波 부처님께서 세간에 출현하신 적이 있었다. 그 부처님께서 비구들을 데리고 여러 나라를 다니며 교화하다가 한 강가에 이르셨다. 그때 값진 보물을 가지고 다른 나라에서 온 상인들이 그 강가에 도착해 부처님을 비롯한 6만 2천 명의 아라한 대중을 보게 되었다. 상인들은 깊은 신심과 공경심이 생겨 부처님 앞에 나아가 이렇게 물었다.

'강물을 건너려 하십니까?'

부처님께서 그렇다고 하셨다. 상인들은 부처님과 스님들께 온갖 맛있는 음식을 대접하고 나서 이렇게 간청하였다.

'세존이시여, 부디 먼저 강을 건너소서. 혹시 도적들이 나타나 비구들의 옷과 발우를 빼앗을까 염려됩니다.'

세존께서는 곧 강을 건너셨고, 상인들을 위하여 갖가지 법을 설해주셨다. 그 말씀을 들은 상인들은 각기 기뻐하며 보리심을 일으켰다. 그러자 비염파 부처님께서 곧 상단의 우두머리에게 수기授記하시기를 '그대는 미래세에 석가모니라는 이름의 부처님이 되어 한량없는 중생을 널리 제도할 것이다'라고 하셨다."

부처님께서 비구들에게 말씀하셨다.

"알아 두라. 그때 그 상단의 우두머리가 바로 지금의 나이고, 그때의 상인들은 지금의 6만 2천 아라한이니라. 그들은 모두 그때 비염파 부처님께 공양을 올린 공덕으로 한량없는 세월 동안 나쁜 세계에 떨어지지 않고 하늘나라와 인간세계에서 항상 쾌락을 누렸으며, 나아가 내가 이제 부처님이 된 것이다. 그래서 사람과 천신들이 찾아와 나에게 공양을 올리는 것이니라."

그때 모든 비구는 부처님의 말씀을 듣고 기뻐하면서 받들어 행하였다.

12
부처님을 초청해 공양을 올린 관정왕

부처님께서 왕사성 가란타 죽림에 계실 때였다.

그때 세존께서 6만 2천 명의 아라한을 거느리고 구비라拘毘羅로 가셨다. 그 나라 백성들은 품성이 착하고 인자하며, 부모에게 효도하고 순종하였으며, 마음이 너그럽고 넓었다.

어느 날 여래께서 이런 생각을 하셨다.

'내가 이제 우두전단牛頭栴檀 나무로 중각重閣 강당講堂을 만들어 저 백성들을 교화하리라.'

부처님께서 이렇게 생각하시자마자, 하늘나라의 제석帝釋이 곧 부처님의 마음속 생각을 알고는 여러 하늘나라 신들을 비롯해 용·야차·구반다究槃茶 등과 함께 각각 우두전단 나무를 가지고 와서 부처님께 바치고, 여래를 위해 큰 강당을 지었으며, 하늘나라의 침상·침구·담요와 하늘나라 음식 등을 빠짐없이 갖춰 부처님과 스님들께 공양하였다.

이때 그 나라 백성들이 이 사건을 목격하고는 전에 없던 일이라고 기이해 하면서 제각기 이렇게 말하였다.

"지금 이 여래께서는 큰 공덕과 이익을 가지고 계신 분이다. 저 하늘나라 신들까지 감동해 이렇게 공양을 올리다니."

백성들은 곧 모두 함께 부처님께 찾아와 엎드려 예배하였다. 그들이 한쪽으로 물러서자, 부처님께서는 곧 그들에게 4제의 법을 설해주셨다. 그 말씀을 듣고 마음이 열리고 뜻을 이해하게 되어 어떤 사람은 수다원과를 얻었고, 혹은 사다함과, 혹은 아나함과를 얻었으며, 나아가 위없는 깨달음을 얻겠노라는 마음을 일으킨 자도 있었다.

이때 비구들이 여러 하늘나라 신들이 바친 공양과 침상 등을 보고는 전에 없던 일이라 찬탄하면서 부처님 앞에 나아가 여쭈었다.

"알 수 없는 일입니다. 여래께서는 전생에 어떤 복을 심으셨기에 저 하늘나라 신들이 이렇게 공양을 올리는 것입니까?"

이때 세존께서 비구들에게 말씀하셨다.

"너희들은 자세히 들어라. 내가 이제 너희들을 위해 자세히 분별하여 해설하리라. 아득히 먼 옛날에 범행梵行이란 부처님이 바라나국에 출현하신 적이 있었다. 그때 그 부처님께서 비구들과 함께 여러 곳을 다니며 교화하다가 관정왕이 있는 곳으로 오시게 되었다. 부처님께서 오셨다는 소식을 들은 관정왕은 성문을 나와 부처님을 받들어 맞이하고 땅에 엎드려 예배하였다. 그리고 부처님과 스님들을 초청하였다.

'부디 뜻을 굽히시어 석 달 동안 제가 올리는 네 가지 공양(四事

供養:의복·음식·탕약·침구)을 받아 주소서.'

부처님께서 곧 허락하셨다.

관정왕은 곧 부처님과 스님들을 중각 강당에 편안히 모시고 침상과 침구를 비롯해 온갖 맛있는 음식들을 석 달 동안 공양하고, 다시 좋은 옷을 각자 한 벌씩 보시하였다.

이에 부처님께서 곧 왕을 위해 갖가지 법을 설하시자, 왕은 마음으로 기뻐하며 보리심을 일으켰다. 그러자 범왕 부처님께서 관정왕에게 수기하시기를 '그대는 미래세에 석가모니라는 이름의 부처님이 되어 한량없는 중생을 제도할 것이다'라고 하셨다."

부처님께서 비구들에게 말씀하셨다.

"알아 두라. 그때 그 관정왕이 바로 지금의 나이고, 그때의 신하들은 바로 지금의 6만 2천 아라한이니라. 그들은 모두 그때 범왕 부처님께 공양을 올린 공덕으로 한량없는 세월 동안 나쁜 세계에 떨어지지 않고 하늘나라와 인간세계에서 항상 쾌락을 누렸으며, 나아가 내가 이제 부처님이 된 것이다. 그래서 사람과 천신들이 찾아와 나에게 공양을 올리는 것이니라."

그때 모든 비구는 부처님의 말씀을 듣고 기뻐하면서 받들어 행하였다.

13

부처님을 초청해 목욕시켜 드린 법호왕

부처님께서 사위국 기수급고독원에 계실 때였다.

그때 그 성에 살던 500명의 상인이 다른 나라로 가서 물건을 팔아 이익을 남기려고 길을 나섰다가 벌판에서 길을 잃어 어디로 가야 할지 모르게 되었다. 마침 혹독한 더위까지 닥쳐 갈증으로 거의 죽을 지경에 이르렀다. 상인들은 각자 신들에게 무릎 꿇고 절하며 도움을 구하였으나 아무런 감응이 없었다. 그때 상인들 가운데 한 우바새優婆塞가 있었다. 그가 상인들에게 말하였다.

"여래 세존께서는 항상 대비하신 마음으로 낮이건 밤이건 중생들을 관찰하시다가 고액을 겪는 자가 있으면 찾아가 구제해 주십니다. 우리가 이제 다 함께 지극한 마음으로 '부처님께 귀의합니다(南無佛陀).' 하고 외치면 이 고액에서 구해줄 것입니다."

상인들은 그의 말을 듣고 다 함께 한목소리로 "부처님께 귀의합니다."라고 외치면서 갈증과 더위에서 구제해 주기를 소원하였다.

이때 여래께서 멀리서 상인들이 부처님의 이름을 부르는 소리를 들으시고, 곧 하늘나라 제석과 함께 상인들이 있는 곳으로 찾아가 단비(甘雨)를 흠뻑 내려 더위와 갈증을 가셔주었다. 상인들은 각자 환희심을 품고 본국에 도착하여 부처님과 스님들을 초청하였다.

부처님께서 곧 허락하시자, 상인들은 당기·번기를 세우고, 온갖 보배 방울을 달고, 향수를 바닥에 뿌리고, 아름다운 온갖 꽃을 흩뿌리고, 갖가지 향을 사르고, 맛있는 음식을 준비하였다. 그리고 세존께 나아가 아뢰었다.

"세존이시여, 때를 맞춰 왕림하소서. 식사 준비가 끝났습니다."

그때 세존께서는 옷을 입고 발우를 들고 비구들과 함께 상인의 집으로 가 그들의 공양을 받으셨다. 이때 상인들이 법을 듣기를 갈망하자, 부처님께서 곧 그들을 위해 갖가지 법을 설해주셨다.

상인들은 마음이 열리고 뜻을 이해하게 되어 어떤 사람은 수다원과를 얻었고, 혹은 사다함과, 혹은 아나함과를 얻었으며, 나아가 위없는 깨달음을 얻겠노라는 마음을 일으킨 자도 있었다.

이때 비구들이 이 사건을 목격하고 부처님께 여쭈었다.

"여래 세존께선 전생에 어떤 복을 심으셨기에 상인들이 이렇게 공양을 올리고, 또 그들이 도과道果를 얻게 한 것입니까?"

세존께서 비구들에게 말씀하셨다.

"너희들은 자세히 들어라. 내 이제 너희들을 위해 자세히 분별하여 해설하리라.

아득히 먼 옛날 바라나국에 전단향栴檀香 부처님께서 출현하신 적이 있었다. 그때 그 부처님께서 비구들을 데리고 법호왕法護王이

다스리는 나라로 가셨는데, 마침 오랜 가뭄으로 농작물들을 수확하지 못하고 있었다. 왕은 부처님이 오셨다는 소식을 듣고 신하들과 함께 세존을 맞이하고 청하였다.

'석 달 동안 제가 올리는 네 가지 공양을 받아 주소서.'

부처님께서 초청을 허락하시자, 왕은 다시 부처님과 스님들이 목욕할 수 있도록 성안에 목욕하는 못(浴池)을 만들었다. 그리고 큰 서원을 세웠다.

'이 공덕으로 부디 제석천께서 온 염부제에 단비를 흠뻑 내리시어 모든 농작물을 촉촉이 적셔 그 곡식으로 중생을 구제하소서.'

이렇게 발원하자, 곧 하늘에서 비가 내리기 시작하여 그 이익을 받지 않은 자가 없었다. 그러자 왕은 8만 4천 개의 보배 병(寶瓶)을 만들어 그 보배 병에 부처님이 목욕하신 물을 가득 담아 염부제의 8만 4천 성마다 각각 한 병씩을 나눠 주면서 탑묘塔廟를 만들어 공양하도록 명하였다. 그러면서 위없는 보리심을 일으켰다.

그러자 전단향 부처님께서 법호왕에게 수기하시기를, '그대는 미래세에 석가모니라는 이름의 부처님이 되어 한량없는 중생을 제도할 것이다.'라고 하셨다."

부처님께서 비구들에게 말씀하셨다.

"알아 두라. 그때 그 법호왕이 바로 지금의 나이고, 그때의 신하들은 지금의 여러 비구이니라. 그들은 모두 그때 전단향 부처님께 공양을 올린 공덕으로 한량없는 세월 동안 나쁜 세계에 떨어지지 않고 하늘나라와 인간세계에서 항상 쾌락을 누렸으며, 나아가 내가 이제 부처님이 된 것이다. 그래서 사람과 천신들이 찾아와 나에게 공양을 올리는 것이니라."

그때 모든 비구는 부처님의 말씀을 듣고 기뻐하면서 받들어 행하였다.

14

전염병에서 백성을 구제하신 부처님

부처님께서 왕사성 가란타 죽림에 계실 때였다.

그때 나라那羅라는 마을에 전염병이 만연하여 사람들이 죽어 나가자, 서로 앞다퉈 하늘나라 선신善神에게 기도를 올리면서 전염병이 점차 사라지기를 희망하였다. 이렇게 수없이 무릎 꿇고 빌었지만, 전염병은 좀처럼 누그러지지 않았다. 그때 그 마을의 한 우바새가 사람들에게 말하였다.

"중생을 이롭게 하고 편안케 하시는 여래가 세상에 계십니다. 우리 다 함께 한마음으로 '부처님께 귀의합니다.' 하고 외치면서 이 전염병의 재난에서 구제해 주시기를 기도합시다."

그러자 사람들이 그의 말을 듣고 다 함께 한목소리로 부처님의 명호를 부르며 기도하였다.

"대자대비하신 세존이시여, 부디 전염병으로 고통받는 저희를 보살펴 주소서."

그 무렵 세존께서는 항상 대비하신 마음으로 낮이건 밤이건 중생들을 관찰하다가 고액을 겪는 자가 있으면 곧 그에게 찾아가 교화하여 제도하시고, 선법을 닦아 모든 고통을 영원히 제거하게 하셨다. 그러다 마침 전염병에 시달리던 많은 사람이 한마음 한목소리로 부처님의 명호를 부르면서 전염병에서 벗어나려 발버둥 치는 모습을 보게 되셨다. 여래께서는 곧 비구들과 함께 그 마을로 찾아가 대비하신 마음이 모든 백성에게 스며들게 하시고, 선한 법을 닦도록 권하셨다. 그러자 전염병이 한순간에 완전히 사라져 다시는 후환이 없었다.

마을 사람들은 여래께서 백성을 이롭게 하고 편안케 하심을 직접 목격하고 서로들 이렇게 말하였다.

"우리가 이제 부처님께서 베푸신 은혜를 입어 생명을 보전하게 되었으니, 내일 자리를 마련하여 부처님 세존을 초청합시다."

이렇게 말한 다음, 각자 부처님께 찾아가 엎드려 예배하고 무릎을 꿇고 부처님께 청하였다.

"세존이시여, 부디 저희의 청을 받아 주소서."

부처님께서 곧 그들의 청을 받아들이시자, 백성들은 각자 집으로 돌아가 길을 평탄하게 닦고, 기와 조각·돌·더러운 오물 따위를 제거하고, 당기·번기를 세우고, 온갖 보배 방울을 달고, 향수를 바닥에 뿌리고, 아름다운 온갖 꽃을 흩뿌리고, 앉으실 평상을 배치하고, 갖가지 맛있는 음식을 준비하였다. 그리고 부처님께 찾아가 아뢰었다.

"식사 준비가 끝났습니다. 부디 성인께서는 때를 맞춰 왕림하소서."

그때 세존께서 옷을 입고 발우를 들고 비구들과 함께 저 마을로 가 공양을 받으셨다. 이때 백성들이 설법 듣기를 갈망하자, 부처님께서는 곧 갖가지 법을 설하셨다. 백성들은 마음이 열리고 뜻을 이해하게 되어 어떤 사람은 수다원과를 얻었고, 혹은 사다함과, 혹은 아나함과를 얻은 자도 있었으며, 나아가 위없는 깨달음을 얻겠노라는 마음을 일으킨 자도 있었다.

이때 비구들이 이 사건을 목격하고 부처님께 아뢰었다.

"여래 세존께서는 전생에 어떤 복을 심으셨기에 백성들이 감동하여 이렇게 공양을 올리고, 나아가 저들의 전염병을 제거하신 것입니까?"

부처님께서 비구들에게 말씀하셨다.

"너희들은 자세히 들어라. 내가 이제 너희들을 위해 자세히 분별하여 해설하리라.

아득히 먼 옛날 바라나국에 일월광日月光 부처님께서 출현하신 적이 있었다. 그 부처님께서 비구들을 데리고 범마왕梵摩王의 나라로 가셔서 왕의 공양을 받고 나자, 왕이 부처님 앞에 무릎을 꿇고 아뢰었다.

'부디 이 나라 백성들을 전염병에서 구해주소서.'

그러자 부처님께서 입었던 승가리僧伽梨를 벗어 왕에게 주면서 깃발 꼭대기에 달고 다들 공양하게 하셨다. 그러자 전염병을 퍼뜨리던 귀신(疫鬼)이 한순간에 저절로 사라지고 다시는 후환이 없었다.

이에 왕이 크게 기뻐하여 보리심을 일으키자, 일월광 부처님께서 범마왕에게 수기하시기를, '그대는 미래세에 석가모니라는 이름의 부처님이 되어 한량없는 중생을 널리 제도할 것이다.'라고 하셨다."

부처님께서 비구들에게 말씀하셨다.

"알아 두라. 그때 그 범마왕이 바로 지금의 나이고, 그때의 신하들은 바로 지금의 비구들이니라. 그들은 모두 그때 일월광 부처님께 공양을 올린 공덕으로 한량없는 세월 동안 나쁜 세계에 떨어지지 않고 하늘나라와 인간세계에서 항상 쾌락을 누렸으며, 나아가 내가 이제 부처님이 된 것이다. 그래서 사람과 천신들이 찾아와 나에게 공양을 올리는 것이니라."

그때 모든 비구는 부처님의 말씀을 듣고 기뻐하면서 받들어 행하였다.

15

부처님께 공양을 올린 제석천

부처님께서 왕사성 가란타 죽림에 계실 때였다.

그때 제바달다提婆達多가 지독하게 어리석고 교만하며 질투가 심하였다. 그는 아사세왕에게 나쁜 법률을 수립하고 북을 치면서 그 법률을 선포하게 하였다.

"그 누구도 공양물을 들고 구담瞿曇을 찾아가는 것을 허락하지 않는다."

당시 그 성의 부처님 신자들은 왕이 금지령을 내렸다는 소식을 듣고 근심하면서 눈물을 흘리고 슬픔에 젖어 고뇌하였다. 이에 감응하여 제석천의 궁전이 불안하게 흔들렸다. 그러자 제석천이 생각하였다.

'나의 궁전이 무슨 까닭으로 이렇게 흔들릴까?'

제석천이 관찰해 보니, 저 아사세왕이 나쁜 법률을 수립하자 성의 백성들이 근심하고 슬퍼하며 눈물을 흘리면서 운 까닭에 이에 감응하여 자신의 궁전이 그렇게 흔들린 것이었다. 제석천이 곧 하늘나라에서 내려와 큰소리로 외쳤다.

"내가 이제부터 부처님과 스님들께 공양하리라."

이렇게 선포한 뒤에 곧 부처님께 찾아가 앞에 엎드려 예배하고 무릎을 꿇고서 부처님께 청하였다.

"부디 세존과 비구 스님들께서는 제 목숨이 끝나는 날까지 저의 공양을 받아 주소서."

부처님께서 그 청을 허락하지 않으시자, 제석천이 다시 부처님께 아뢰었다.

"만약에 제 목숨이 끝나는 날까지 공양을 받지 않으시겠다면, 5년 동안만이라도 저의 공양을 받아 주소서."

부처님께서 그것도 허락하지 않으시자, 다시 부처님께 아뢰었다.

"5년 동안도 받지 않으시겠다면 5개월 동안만이라도 받아 주소서."

부처님께서 그것도 허락하지 않으시자, 다시 부처님께 아뢰었다.

"5개월 동안도 받지 않으시겠다면 5일 동안만이라도 받아 주소서."

마침내 부처님께서 공양을 허락하시자, 제석천은 곧 가란타 죽림을 비사야毘闍耶 궁전처럼 변화시켜 침상과 침구 등을 갖추고, 황금 그릇에 하늘나라 음식 수타須陀를 담아 여러 하늘나라 대중들과 함께 손수 그 음식을 받들어 부처님과 스님들께 공양하였다.

이때 아사세왕이 높은 누각 위에 있다가, 가란타 죽림이 마치 하늘나라 누각과 같고 제석천과 하늘나라 대중들이 보배 그릇에 하늘나라 음식 수타를 가득 담아 부처님과 스님들께 손수 공양을 올리는 광경을 멀리서 보게 되었다. 아사세왕은 이 사건을 목격하고 나서 곧 스스로 후회하고 자책하며 크게 화를 내면서 제바달다를 꾸짖었다.

"너는 정말 어리석은 놈이다. 어쩌자고 나를 부추겨 세존께 나쁜 법률을 함부로 가하게 했단 말인가?"

이렇게 말하고 나서 왕은 곧 부처님께 깊은 신심과 공경심을 일으켰다. 이때 신하들도 왕에게 말하였다.

"부디 왕께서는 이제 앞서 제정한 법률을 고쳐 모든 백성이 여래를 뵙고 마음대로 공양하게 하소서."

아사세왕은 곧 담당관에게 명하여 북을 치면서 법률을 선포하게 하였다.

"지금부터 모든 백성이 온갖 맛있는 음식을 만들어 부처님께 공양을 올리도록 허락한다."

이때 세존께서 곧바로 백성들에게 갖가지 법을 설하시자, 백성들은 마음이 열리고 뜻을 이해하게 되어 어떤 사람은 수다원과를 얻었고, 혹은 사다함과, 혹은 아나함과를 얻은 자도 있었으며, 나아가 위없는 깨달음을 얻겠노라는 마음을 일으킨 자도 있었다.

이때 비구들이 이 사건을 목격하고 나서 예전에 없던 일이라고 찬탄하면서 부처님께 아뢰었다.

"여래 세존께서는 전생에 어떤 복을 심으셨기에 제석천이 이렇게 공양을 바친 것입니까?"

그러자 세존께서 비구들에게 말씀하셨다.

"너희들은 자세히 들어라. 내 이제 너희들을 위해 자세히 분별하여 해설하리라.

아득히 먼 옛날 바라나국에 보전寶殿 부처님 세존께서 출현하시었다. 그때 그 부처님께서 비구들을 거느리고 여러 곳을 다니며 교화하시다가 가시왕伽翅王이 다스리는 나라에 도착하게 되었다. 가시왕은 부처님께서 오셨다는 소식을 듣고 곧 신하들과 함께 세존을 받들어 맞이하였다. 그리고 무릎을 꿇고 부처님께 청하였다.

'석 달 동안만이라도 저희가 올리는 네 가지 공양을 받아 주소서.'

보전 부처님께서는 이내 그 청을 허락하셨다. 그 공양을 받으신 뒤 갖가지 법을 설하시자, 가시왕은 곧 보리심을 일으켰다. 그러자 보전 부처님께서 가시왕에게 수기하시기를 '그대는 미래세에 석가모니라는 이름의 부처님이 되어 한량없는 중생을 제도할 것이다.'라고 하셨다."

부처님께서 비구들에게 말씀하셨다.

"알아 두라. 그때 그 가시왕이 바로 지금의 나이고, 그때의 신하들은 바로 지금의 비구들이니라. 그들은 모두 그때 보전 부처님께 공양을 올린 공덕으로 한량없는 세월 동안 지옥·축생·아귀의 세계에 떨어지지 않고 하늘나라와 인간세계에서 항상 쾌락을 누렸으며, 나아가 내가 이제 부처님이 된 것이다. 그래서 사람과 천신들이 찾아와 나에게 공양을 올리는 것이니라."

그때 모든 비구는 부처님의 말씀을 듣고 기뻐하면서 받들어 행하였다.

16

제석천의 모습으로
바라문을 교화하신 부처님

부처님께서 왕사성 가란타 죽림에 계실 때였다.

그때 그 성에 이차梨車라는 보상輔相이 삿된 가르침을 믿고 뒤바뀐 소견으로 인과因果를 믿지 않았다. 그는 아사세왕에게 반역을 일으켜 부왕을 살해하고 스스로 군주가 되게 하였다. 역모가 성공하자, 그는 마음속으로 기뻐하며 모든 신하에게 명령하였다.

"큰 모임을 열어 백천 바라문을 모두 집합시키고, 함께 준엄한 법률을 제정하여 그 누구도 구담에게 찾아가 법을 묻거나 배우지 못하게 하라."

바라문들은 이 말을 들은 뒤로 다시는 부처님을 찾아갈 수 없었다. 그래서 한 번씩 시간을 정해 비밀 모임을 가졌는데, 어떤 바라문이 이렇게 말하였다.

"우리의 경전인 베다(韋陀)에서도 '구담 사문은 모두 하늘의 큰 주인이시다.'라고 했습니다. 이제 함께 그 이름을 불러 혹시라도 구담께서 우리 모임에 찾아오신다면 우리 죽는 날까지 받들어 섬깁시다."

그 말을 듣고 바라문들이 다 함께 이름을 불렀다.

"구담 사문께 귀의합니다. 이 모임에 왕림하시어 저희의 청을 받아 주소서."

그 무렵 여래께서는 항상 자비하신 마음으로 낮이건 밤이건 중생들을 관찰하시다가 제도할 만한 자가 있으면 곧 찾아가 제도해 주셨다. 그래서 그 바라문들의 선근이 성숙하여 부처님의 교화를 받아들일 것을 아시고, 자신의 몸을 스스로 제석천의 모습으로 변화시켜 허공을 날아 바라문들의 모임으로 들어가셨다. 그러자 바라문들이 각자 일어나 받들어 맞이하며 앉으시길 청하고, 이렇게 말했다.

"저희의 소원이 이제 모두 이루어졌으니, 죽는 날까지 함께 받들어 섬기겠습니다."

제석은 그들 모두에게 훌륭하다며 칭찬하였다.

그때 세존께서는 바라문들이 이미 마음으로 항복하였음을 아시고 본래 모습으로 돌아와 그들에게 알맞게 4제諦의 법을 설하셨다. 바라문들은 마음이 열리고 뜻을 이해하게 되어 수다원과를 얻고 제각기 기뻐하였다. 바라문들은 함께 온갖 맛있는 음식들을 준비하여 부처님과 스님들을 초청하였다. 그리고 공양이 끝났을 때였다. 이때 비구들이 이 사건을 목격하고 부처님 앞에 나아가 아뢰었다.

"여래께서는 전생에 어떤 복을 심으셨기에 이 바라문들이 훌륭한 요리를 마련하여 부처님과 스님들께 공양을 올린 것입니까?"

이때 세존께서 비구들에게 말씀하셨다.

"너희들은 자세히 들어라. 내가 이제 너희들을 위해 자세히 분별하여 해설하리라.

아득히 먼 옛날에 묘음妙音 부처님 세존께서 바라나국에 출현하신 적이 있었다. 그때 그 부처님께서 비구들을 데리고 보전왕寶殿王이 다스리는 나라로 가시자, 부처님께서 오셨다는 소식을 들은 보전왕이 곧 신하들과 함께 세존을 받들어 맞이하였다.

'석 달 동안 제가 올리는 네 가지 공양을 받아 주소서.'

부처님께서 곧 허락하시고 석 달 동안 왕의 공양을 받았다. 그런 다음 그 배꼽에서 일곱 송이 보배 연꽃이 나왔다. 그 연꽃마다 각각 화신불이 있어 결가부좌하고 큰 광명을 놓으시니, 그 빛은 위로는 아가니타천阿迦膩吒天에 닿고 아래로는 아비지옥阿鼻地獄까지 닿았다.

보전왕이 이 신통 변화를 보고 위없는 보리심을 일으키자, 묘음 부처님께서 왕에게 수기하시기를, '그대는 미래세에 석가모니라는 이름의 부처님이 되어 한량없는 중생을 널리 제도할 것이다.'라고 하셨다."

부처님께서 비구들에게 말씀하셨다.

"알아 두라. 그때 그 보전왕이 바로 지금의 나이고, 그때의 신하들은 바로 지금 이 바라문들이다. 그들은 모두 그때 묘음 부처님께 공양을 올린 공덕으로 한량없는 세월 동안 지옥·축생·아귀의 세계에 떨어지지 않고 하늘나라와 인간세계에서 항상 쾌락을 누렸으며, 나아가 내가 이제 부처님이 된 것이다. 그래서 사람과 천신들이 찾아와 나에게 공양을 올리는 것이니라."

그때 모든 비구는 부처님의 말씀을 듣고 기뻐하면서 받들어 행하였다.

17

음악으로 부처님을 찬탄한 건달바

부처님께서 사위국 기수급고독원에 계실 때였다.

그때 그 성에 거문고를 잘 타는 500명의 건달바가 있었다. 그들은 악기를 연주하며 노래와 춤으로 여래께 공양하면서 낮이건 밤이건 떠나지 않아 그 명성이 사방에 멀리 퍼졌다.

그때 그 성 남쪽 지방에 선애善愛라는 건달바왕이 있었는데, 그도 역시 거문고를 잘 탔다. 그가 악기를 연주하며 노래하고 춤추면 그 지역 누구도 대적할 자가 없었다. 그래서 교만하기 짝이 없었다. 그는 북쪽에 거문고를 잘 타고 악기를 연주하며 노래하고 춤추는 건달바가 있다는 소문을 듣고 그곳에서 일부러 사위성으로 찾아왔다.

그는 여러 지역 열여섯 나라를 지나오는 동안 한 줄 거문고로 일곱 가지 소리를 내는가 하면, 그 소리를 다시 스물한 가지로 나누어 연주하였다. 그가 거문고를 연주하며 노래하고 춤추는 것을 본 사람들은 모두 기쁨에 들떠 즐거워하면서 미친 듯이 취하고 방일하며 자제하지 못하였다. 그래서 서로 어울려 뒤를 따르며 사위국까지 이르렀다.

선애 건달바왕은 왕에게 인사를 올리고 뵙고자 하면서, 사위성의 건달바와 솜씨를 겨뤄보고 싶다는 뜻을 전하였다. 그러자 성곽의 신과 건달바가 국왕에게 아뢰었다.

"거문고를 잘 타고 음악과 익살에 능한 남방의 건달바왕 선애가 지금 문밖에서 문안드립니다. 그는 왕 주변에 거문고를 잘 타고 노래와 춤과 희소戲笑에 능란한 건달바가 있다는 소문을 듣고 멀리서 일부러 이곳까지 찾아왔다고 합니다. 그가 거문고 연주 솜씨를 겨뤄보기를 원하니, 부디 왕께서 그의 청을 허락하소서."

파사닉왕은 문지기에게 빨리 들여보내라고 명하였다. 왕을 만난 선애 건달바왕은 기뻐하면서 이렇게 말하였다.

"제가 왕 주변에 거문고를 잘 타고 노래와 춤과 익살에 능한 건달바가 있다는 소문을 들었는데, 지금 어디에 있습니까? 제가 이제 그와 솜씨를 겨뤄보겠습니다."

파사닉왕이 곧 대답하였다.

"나야 싫을 것 없지요. 그는 여기서 멀지 않은 곳에 있습니다. 나도 이제 당신과 함께 그곳에 가겠으니, 맘껏 솜씨를 겨뤄보시오."

파사닉왕은 그렇게 허락하고 세존께 찾아갔다. 세존께서는 파사닉왕의 뜻을 알고 곧 자신을 건달바왕의 모습으로 변화시키고, 하늘나라 음악의 신인 반차시기般遮尸棄 7천 명에게 각자 유리琉璃

거문고를 손에 들고 좌우에서 모시게 하였다.

이때 파사닉왕이 선애에게 말하였다.

"이분들이 모두 음악에 종사하는 우리의 신들이오. 당신은 이제 이분들과 거문고 솜씨를 겨뤄보시오."

그러자 선애왕이 곧 한 줄의 거문고를 잡고 튕기면서 일곱 가지 소리를 내고, 그 소리를 다시 스물한 가지로 나누어 연주하였다. 그 연주는 음절이 정확하고 듣기가 매우 좋아 사람들을 기쁨에 겨워 춤추게 하고, 혼미해져 방일하고 자제하지 못하게 하였다.

그때 여래께서 다시 반차시기의 유리 거문고를 잡고서 한 줄을 튕겨 수천만 가지 소리를 내셨는데, 그 소리는 부드럽고 아름답고 맑고 또렷해 너무나 사랑스러웠다. 이 소리를 들은 사람들은 춤추고 웃고 기뻐하고 즐거워하면서 기쁨을 이기지 못했다.

선애왕은 여래의 연주를 듣고 전에 없던 소리라며 탄복하고, 자신의 거문고 연주를 스스로 비루하게 여기며 부끄러워하였다. 선애왕은 곧 엎드려 항복하고 무릎을 꿇으며 합장하였다.

"저의 큰 스승이 되어 거문고 연주법을 가르쳐 주십시오."

여래께서는 선애왕이 교만을 버리고 이미 마음으로 항복하였음을 알고 본래 모습으로 돌아가시자, 7천의 반차시기 역시 조용히 앉아 있는 비구들의 모습으로 돌아왔다. 이를 본 선애왕은 깜짝 놀라 온몸의 털이 곤두섰다. 선애왕은 곧 부처님께 깊은 신심과 공경심을 일으켜 무릎을 꿇고 합장하면서 부처님 도에 들어가기를 원하였다.

그러자 부처님께서 말씀하셨다.

"잘 왔구나. 비구여."

그러자 수염과 머리카락이 저절로 떨어지고 법복이 몸에 입혀져 곧 사문이 되었다. 그는 부지런히 정진하며 닦고 익혀 얼마 지나지 않아 아라한과를 얻었다.

이때 선애왕이 마음으로 항복하고 또 도과道果까지 얻는 것을 목격한 파사닉왕은 마음속으로 기뻐하며 무릎을 꿇고 부처님과 비구 스님들을 초청하였다.

부처님께서 곧 허락하시자, 왕은 모든 신하에게 명령하여 길을 평탄하게 닦고, 기와 조각·돌·더러운 오물 따위를 제거하고, 당기·번기를 세우고, 온갖 보배 방울을 달고, 향수를 바닥에 뿌리고, 아름다운 온갖 꽃을 흩뿌리고, 앉으실 평상을 배치하게 하였다. 그리고 갖가지 맛있는 음식을 준비해 부처님과 스님들께 공양을 올렸다.

그때 비구들이 이 공양을 보고는, 전에 없던 일이라며 괴이하게 여기고 부처님께 여쭈었다.

"여래 세존께서는 전생에 어떤 복을 심으셨기에 지금 이처럼 여래께 음악을 공양하는 일이 있고, 여래 역시 끝내 멀리하지 않는 것입니까?"

이때 세존께서 비구들에게 말씀하셨다.

"너희는 자세히 들어라. 내 이제 너희들을 위해 자세히 분별하여 해설하리라.

아득히 먼 옛날에 정각正覺 부처님께서 바라나국에 출현하신 적이 있었다. 그때 그 부처님께서 비구들을 데리고 멀리 교화하시다가 범마왕梵摩王이 다스리는 나라에 이르게 되었다. 부처님은 한 나무 아래에서 결가부좌하고 화광삼매火光三昧에 들어 온 천지를 비추셨다.

마침 범마왕이 여러 신하와 수천만 백성을 거느리고 성문을 나와 악기를 연주하고 노래하고 춤추고 웃고 떠들면서 유희하고 있었다. 그러다 나무 아래 결가부좌한 부처님과 비구들을 멀리서 보게 되었는데, 백천 개의 태양처럼 그 찬란한 빛이 온 천지를 비추었다. 이를 본 범마왕은 마음속으로 기뻐하며 기녀妓女들을 데리고 부처님께 다가가 그 발 아래 엎드려 예배하고 음악을 공양하였다. 그리고 무릎을 꿇고 부처님께 청하였다.

'세존과 비구 스님들이시여, 부디 대자대비하신 마음으로 연민을 베푸시어 궁궐에 들어와 저의 공양을 받아 주소서.'

부처님께서 허락하시자, 왕은 곧 갖가지 음식을 만들어 공양을 올렸다. 부처님께서는 공양을 받으신 다음 범마왕을 위해 갖가지 법을 설해주셨다. 이에 범마왕이 보리심을 일으키자, 부처님께서 수기하시기를 '그대는 미래세에 석가모니라는 이름의 부처님이 되어 한량없는 중생을 널리 제도할 것이다.'라고 하셨다."

부처님께서 비구들에게 말씀하셨다.

"알아 두라. 그때 그 범마왕이 바로 지금의 나이고, 그때의 신하들은 바로 지금의 비구들이니라. 그들은 모두 그때 정각 부처님께 공양을 올린 공덕으로 한량없는 세월 동안 지옥·축생·아귀의 세계에 떨어지지 않고 하늘나라와 인간세계에서 항상 쾌락을 누렸으며, 나아가 내가 이제 부처님이 된 것이다. 그래서 이렇게 음악을 나에게 공양하고, 나 역시 끝내 멀리하지 않는 것이니라."
 그때 모든 비구는 부처님의 말씀을 듣고 기뻐하면서 받들어 행하였다.

18

사형장에서 부처님을 만나 출가한 여원

부처님께서 사위국 기수급고독원에 계실 때였다.

그때 그 성에 살생하고 훔치고 사음하기를 좋아하던 여원如願이라는 한 어리석은 사람이 있었다. 마침내 그는 사람들에게 고발당했고, 왕이 그를 잡아들이라고 명령했다. 왕은 그를 포박해 거리를 순회하면서 그 죄상을 폭로하고 사형장으로 끌고 가게 하였다. 그는 형벌로 목이 잘릴 처지에서 우연히 세존을 뵙게 되었다. 여원은 세존께 예배하고 귀의하면서 자신의 죄상을 낱낱이 털어놓고 애원하였다.

"이제 곧 저를 죽일 것이니, 목숨이 얼마 남지 않았습니다. 세존이시여, 부디 대자대비하신 마음으로 연민을 베푸시어 국왕께 말씀드려 저의 출가를 허락하게 하소서. 그럴 수 있다면 죽어도 여한이 없습니다."

그러자 여래께서 곧바로 허락하시고, 아난阿難에게 분부하셨다.

"너는 파사닉왕에게 찾아가, 내가 오늘 이 죄인 한 명을 출가시킬 수 있게 해달라고 왕에게 부탁하더라고 전하라."

이에 아난은 부처님의 명을 받고 곧 파사닉왕에게 찾아가 말하였다.

"오늘 세존께서 죄인 한 명을 출가시킬 수 있게 해달라고 왕께 부탁하셨습니다."

왕은 부처님의 말씀을 듣고 죄인을 풀어주도록 명하고 세존께 보내 출가하게 하였다. 죄인은 부지런히 정진하면서 닦고 익혀 오래지 않아 아라한과를 얻었다.

이때 비구들이, 여원이 죽음의 문턱에서 풀려나 출가한 지 얼마 되지도 않아 다시 도과道果까지 얻는 것을 보고는, 전에 없었던 일이라고 칭찬하면서 부처님께 아뢰었다.

"여래 세존께서는 전생에 어떤 복을 심으셨기에 말씀만 하면 신용을 얻어 저 죄인의 목숨까지 구제하는 것입니까? 저희는 모르겠습니다. 세존께서 전생에 어떤 일을 하셨는지 말씀해 주소서."

그러자 세존께서 비구들에게 말씀하셨다.

"너희들은 자세히 들어라. 내 이제 너희들을 위해 자세히 분별하여 해설하리라.

아득히 먼 옛날에 제당帝幢 부처님께서 바라나국에 출현하신 적이 있느니라. 그 부처님께서 비구들과 함께 여러 마을을 다니면서 중생을 교화하다가 어느 날 길에서 한 선인仙人을 만나게 되었다. 그 선인은 32상 80종호를 갖춰 백천 개의 태양이 뜬 것처럼 휘황찬란하게 빛나는 세존을 보고, 마음속으로 기뻐하며 부처님 앞에 엎드려 예배하였다. 그리고 세존을 초대해 자리에 앉으시도록 권하고는 갖가지 맛있는 음식을 준비하여 부처님께 공양을 올렸다. 그런 다음 이렇게 발원하였다.

'제가 다음 세상에는 하는 말마다 신용이 있게 하소서.'

그러자 부처님께서 곧 대답하셨다.

'그대 소원은 반드시 이루어지니, 훗날 그대는 지금의 나와 조금도 다르지 않으리라.'

그때 그 선인은 부처님 말씀을 듣고 곧 부처님 앞에서 위없는 보리심을 일으켰다. 그러자 제당 부처님께서 그에게 수기하시기를, '그대는 미래세에 석가모니라는 이름의 부처님이 되어 한량없는 중생을 널리 제도할 것이다.'라고 하셨다."

부처님께서 비구들에게 말씀하셨다.

"알아 두라. 그때 그 선인이 바로 지금의 나이다. 나는 과거에 그 부처님을 존경하고 따랐기 때문에 이제 말을 했다 하면 믿고 받아들이지 않는 자가 없게 되었다. 그래서 저 죄인의 목숨을 구하고, 또 도과道果까지 얻게 한 것이니라."

그제 모든 비구는 부처님의 말씀을 듣고 기뻐하면서 받들어 행하였다.

19

부처님을 초청한 빈바사라왕

부처님께서 왕사성 가란타 죽림에 계실 때였다.

그때 빈바사라왕이 12억 나유타의 무리를 거느리고 부처님께 찾아와 엎드려 예배한 뒤 무릎을 꿇고 부처님께 청하였다.

"세존이시여, 부디 대자대비로 가엾이 여기셔서 여러 비구와 함께 제가 죽는 날까지 올리는 네 가지 공양을 받아 주소서.'

부처님께서 허락하지 않으시자, 그는 다시 부처님께 아뢰었다.

"만약 제가 죽는 날까지 올리는 공양을 받으실 수 없다면 12년 동안만이라도 받아 주소서."

부처님께서 허락하지 않으시자, 다시 부처님께 아뢰었다.

"12년 동안 공양을 받으실 수 없다면 12개월 동안만이라도 받아 주소서."

부처님께서 역시 허락하시지 않자, 다시 부처님께 아뢰었다.

"12개월 동안 받으실 수 없다면 석 달 동안만이라도 제가 올리는 네 가지 공양을 받아 주소서."

부처님께서 곧 허락하시자, 왕은 모든 신하에게 명령하여 길을 평탄하게 닦고, 기와 조각·돌·더러운 오물 따위를 제거하고, 당기·번기를 세우고, 온갖 보배 방울을 달고, 향수를 바닥에 뿌리고, 아름다운 온갖 꽃을 흩뿌리고, 평상과 침구와 담요를 배치하고, 갖가지 맛있는 음식을 준비하였다. 그리고 신하들과 함께 각자 일산을 들고 부처님과 스님들에게 햇살을 가려주면서 왕사성으로 들어왔다.

그때 세존께서 성문의 문지방을 밟으시자, 대지가 진동하면서 그 성에 보배 창고(寶藏)가 저절로 솟아나고, 소경이 눈을 뜨고, 귀머거리가 소리를 듣고, 벙어리가 말을 하고, 절름발이가 발을 펴고, 가난뱅이가 보물을 얻고, 하늘에서 악기가 저절로 연주되고, 코끼리와 말과 새들이 어울려 합창을 하고, 하늘에서 아름다운 온갖 꽃들이 비처럼 쏟아져 왕궁에 가득했다.

왕은 온갖 맛있는 음식들을 풍성히 준비하여 부처님과 스님들께 석 달 동안 공양을 올렸다. 부처님께서는 그 공양을 받고 나서 빈비사라왕을 위해 갖가지 법을 설해주셨다. 그러자 왕은 마음속으로 기뻐하며 가시(加尸)에서 생산된 옷을 부처님과 스님들께 보시하였고, 그런 다음 한쪽으로 물러나 앉았다.

이때 비구들이 부처님께 여쭈었다.

"여래 세존께서는 전생에 어떤 복을 심으셨기에 이처럼 매우 훌륭한 공양을 받게 된 것입니까?"

세존께서 비구들에게 말씀하셨다.

"너희들은 자세히 들어라. 내 이제 너희들을 위해 자세히 분별하여 해설하리라.

아득히 먼 옛날에 차마差摩 부처님께서 바라나국에 출현하신 적이 있느니라. 그 부처님께서 비구들과 함께 여러 곳을 다니면서 교화하시다가 보승寶勝이라는 나라에 도착하게 되었다. 그러자 그 나라의 가시왕伽翅王이 부처님께서 오셨다는 소식을 듣고 마음속으로 기뻐하며 신하들을 데리고 성문을 나와 맞이하였다. 그리고 부처님 발 아래 예배하며 무릎을 꿇고 부처님께 청하였다.

'세존이시여, 부디 자비하신 마음으로 가엾이 여기셔서 제가 올리는 공양을 받아 주소서.'

부처님께서 그 청을 허락하시자, 왕은 곧 갖가지 음식을 준비해 부처님께 공양을 올렸다. 그런 다음 법을 듣기를 갈망하자, 부처님께서 곧 왕을 위해 갖가지 법을 설해주셨다. 왕은 마음속으로 기뻐하며 곧 부처님 앞에서 위없는 보리심을 일으켰다. 그러자 차마 부처님께서 가시왕에게 수기하시기를, '그대는 미래세에 석가모니라는 이름의 부처님이 되어 한량없는 중생을 널리 제도할 것이다.'라고 하셨다."

부처님께서 비구들에게 말씀하셨다.

"알아 두라. 그때 그 가시왕이 바로 지금의 나이고, 그때의 신하들은 바로 지금의 비구들이니라. 그들은 모두 그때 차마 부처님께 공양을 올린 공덕으로 한량없는 세월 동안 지옥·축생·아귀의 세계에 떨어지지 않고 하늘나라와 인간세계에서 항상 쾌락을 누렸으며, 나아가 내가 이제 부처님이 된 것이다. 그래서 사람과 천신들이 찾아와 나에게 공양을 올리는 것이니라."

 그때 모든 비구들은 부처님의 말씀을 듣고 기뻐하면서 받들어 행하였다.

20

가란타 죽림을 변화시킨 제석천

부처님께서 왕사성 가란타 죽림에 계실 때였다.

그때 그 성에 재산과 보물이 한량없어 헤아릴 수조차 없는 구사瞿沙라는 장자가 있었다. 하지만 그는 삿되고 뒤바뀐 견해를 믿어 외도들을 받들어 섬기고 불법은 믿지 않았다.

그때 목건련目犍連이 그 장자가 극도로 삿된 견해로 말미암아 구제할 수 없는 세 가지 나쁜 세계에 떨어지리라는 것을 보고 가여운 마음을 일으켰다. 목건련은 곧 방편을 써서 제석천에 말하였다.

"당신이 이제 가란타 죽림을 변화시켜 7보寶로 만들어진 하늘나라 궁전과 다름없게 하십시오."

그러자 제석천이 온갖 깃발과 일산에다 여러 가지 보배 방울을 달고, 하늘나라의 아름다운 꽃들을 그 땅에 흩뿌리고, 저절로 나타난 하늘나라 음식 수타를 부처님과 스님들께 공양하였다. 이라발伊羅鉢 용왕은 깃발과 일산을 들고서 부처님 머리 위 햇살을 가려

드리고, 또 다른 용왕들도 각자 갖가지 깃발과 일산을 들고 비구들의 머리 위 햇살을 가려드렸으며, 사시舍尸 부인은 궁녀들과 함께 부처님 좌우에서 부채질하고, 반차시기般遮尸棄 건달바들은 하늘나라 음악으로 부처님을 즐겁게 하였다.

그때 그 장자가 이러한 광경을 보고는 전에 없던 일이라 찬탄하며 곧 부처님께 깊은 신심과 공경심을 일으켰다.

구사 장자가 부처님께 찾아가 아뢰었다.

"세존이시여, 부디 자비하신 마음으로 가엾이 여기셔서 저의 공양을 받아 주소서."

부처님께서 묵묵히 허락하셨다. 장자는 집으로 돌아가 음식을 준비한 뒤에 심부름꾼을 보내 부처님께 아뢰었다.

"식사 준비가 끝났습니다. 부디 성인께서는 때를 맞춰 왕림하소서."

그러자 부처님께서 옷을 입고 발우를 들고 비구들과 함께 그의 집에 가 공양을 받으셨다. 그런 다음 부처님께서 곧 갖가지 법을 설하시자, 장자는 마음이 열리고 뜻을 이해하게 되어 수다원과를 얻었다.

이때 비구들은 제석천의 신통 변화에 구사 장자가 이러한 공양을 올리는 것을 목격하고 기이하게 여기며 부처님께 여쭈었다.

"여래 세존께서는 전생에 어떤 복을 심으셨기에 이런 과보를 받으시는 것입니까?"

세존께서 비구들에게 말씀하셨다.

"너희들은 자세히 들어라. 내 이제 너희들을 위해 자세히 분별하여 해설하리라. 아득히 먼 옛날에 만원滿願 부처님께서 바라나국에 출현하신 적이 있었느니라. 그때 그 부처님께서 비구들과 함께 여러 곳을 다니며 교화하시다가 범마왕梵摩王이 다스리는 나라에 도착하게 되었다. 왕은 부처님께서 오셨다는 소식을 듣고 신하들과 함께 성문을 나와 받들어 맞이하였다. 그리고 부처님 앞에 엎드려 예배하며 무릎을 꿇고 청하였다.

'세존이시여, 부디 저의 공양을 받아 주소서.'

부처님께서 곧 허락하시자, 왕은 곧 신하들에게 명령하여 갖가지 맛있는 음식을 준비하여 공양을 올렸다. 부처님께서 공양을 마치고 왕을 위해 갖가지 법을 설해주시자, 왕은 곧 위없는 보리심을 일으켰다. 그러자 만원 부처님께서 범마왕에게 수기하시기를, '그대는 미래세에 석가모니라는 이름의 부처님이 되어 한량없는 중생을 널리 제도할 것이다.'라고 하셨다."

부처님께서 비구들에게 말씀하셨다.

"알아 두라. 그때 그 범마왕이 바로 지금의 나이다. 그들은 모두 그때 만원 부처님께 공양을 올린 공덕으로 한량없는 세월 동안 지옥·축생·아귀의 세계에 떨어지지 않고 하늘나라와 인간세계에서 항상 쾌락을 누렸으며, 나아가 내가 이제 부처님이 된 것이다. 그래서 사람과 천신들이 찾아와 나에게 공양을 올리는 것이니라."

그때 모든 비구는 부처님의 말씀을 듣고 기뻐하면서 받들어 행하였다.

찬집백연경
제3권

벽지불이 되리라 수기하신 이야기
(授記辟支佛品)

21

벽지불이 된 화생한 왕자

부처님께서 마갈제국摩竭提國에 계실 때였다.

부처님께서 비구들을 데리고 여러 곳을 차례로 다니다시가 갠지스 강가에 이르러 오래된 탑을 하나 보게 되었다. 그 탑은 훼손되고 떨어지고 여기저기 무너졌지만 수리하는 사람이 없었다. 이때 비구들이 부처님께 여쭈었다.

"세존이시여, 이것은 누구의 탑입니까? 이렇게 낡았는데도 수리하는 사람이 없군요."

이때 세존께서 비구들에게 말씀하셨다.

"너희들은 자세히 들어라. 내가 너희들을 위해 자세히 분별하여 해설하리라. 이 현겁賢劫 중 바라나국에 범마달다梵摩達多라는 국왕이 있었느니라. 그 왕은 바른 법으로 나라를 다스려 백성이 번성하고 매우 풍요로웠으며, 군사를 소집해 정벌을 나가는 일도 없고 질병과 재해도 없었다.

왕은 코끼리·말·소·양 따위의 여섯 가축과 온갖 값진 보배가 가득하였지만, 오직 하나 자식이 없었다. 자식을 얻으려고 하늘의 신과 대지의 신들에게 기도하고 제사를 올렸지만, 온갖 정성에도 얻을 수가 없었다.

그때 왕의 정원에 못이 하나 있었는데, 그 못에서 아름다운 연꽃 봉오리가 솟아올랐다. 꽃잎이 열리자 한 어린아이가 그 속에 결가부좌하고 앉았는데, 서른두 가지 대인의 모습에다 여든 가지 아름다운 몸매를 갖추었고, 입에서는 우발라꽃 향기가 나고, 온몸 털구멍마다 전단나무 향기가 풍겼다.

연못 관리자가 이 사실을 왕에게 고하자, 왕은 매우 기뻐하여 후비后妃와 함께 정원의 못으로 찾아갔다. 왕은 그 아이를 보고 기쁨을 이기지 못해 다가가 아이를 품에 안으려 하였다. 그러자 아이가 왕에게 게송을 읊었다.

> 대왕 항상 바라시는
> 그 소원 들어주러 왔습니다.
> 자식이 없는 것을 보고
> 이제 왕자가 되려고 왔습니다.

대왕과 후비와 궁녀들은 이 게송을 듣고 기쁨을 감추지 못하였고, 곧 어린아이를 안고 궁으로 돌아와 길렀다. 그 아이는 차츰 성장하면서 걷는 곳마다 연꽃이 솟아나고 온몸의 털구멍마다 전단향이 풍겼다. 그래서 그 아이의 이름을 전단향이라 했다.

어느 날 이 어린아이가 자신의 발자국에서 피어난 연꽃이 처음에는 매우 선명하고 아름답다가 오래지 않아 곧 시들어 떨어지는 것을 관찰하고, 이렇게 생각하였다.

'나의 이 몸도 마침내 저렇게 되겠지.'

아이는 모든 것이 덧없음을 마음으로 깨닫고 벽지불이 되었다. 아이는 곧 허공으로 솟아올라 열여덟 가지 신통 변화를 일으키고, 이내 열반에 들었다.

그러자 대왕과 후비와 궁녀들이 하늘을 향해 울부짖다가 그 시체를 거두어 화장하고 사리를 거두어 탑을 세우고 공양하였으니, 이 탑이 바로 그 탑이니라."

이때 비구들이 다시 부처님께 아뢰었다.

"이 벽지불은 전생에 무슨 복을 심었기에 그런 과보를 받았습니까? 세존이시여, 부디 자세히 설명해 주소서."

이때 세존께서 비구들에게 말씀하셨다.

"너희들은 자세히 들어라. 내 너희들을 위해 자세히 분별하여 해설하리라. 아득히 먼 옛날 바라나국에서 가라가손타迦羅迦孫陀 부처님께서 출현하신 적이 있었느니라. 그 당시 한량없고 헤아릴 수 없는 많은 재산과 보물을 가진 한 장자가 있었는데, 그 장자의 아들은 아버지가 죽은 뒤 어머니와 분가하고 각자 따로 살았다.

장자의 아들은 여색을 아주 좋아하였다. 그러다 한 음탕한 여인을 보고는 아주 마음에 들어 하룻밤 잠자리에 황금을 100냥씩 주었다. 그렇게 여러 해 지나다 보니 재산이 탕진되어 더는 줄 돈이 없게 되자, 음탕한 여인이 잠자리를 거절하였다. 장자의 아들이 딱 하룻밤만 보내자고 끈질기게 간청하자, 음탕한 여인이 이렇게 말하였다.

'당신이 만약 아름다운 꽃 한 송이를 저에게 주신다면 당신에게 하룻밤 자리를 허락하겠습니다.'

이때 장자의 아들이 생각하였다.

'이제 내 집에는 저 음탕한 여인에게 줄 꽃 한 송이 살 돈마저 없다.'

그러다 문득 이런 생각이 들었다.

'지금 왕의 탑에는 분명 아름다운 꽃이 있을 것이다. 내가 그 꽃을 훔쳐 여인에게 가져다주면 하룻밤 지낼 수 있다.'

하지만 그 탑 문에 지키는 사람이 있어 들어갈 수가 없었다. 그래서 몰래 개구멍을 통해 탑으로 들어가 아름다운 꽃을 훔쳐 음탕한 여인에게 주고 하룻밤 자는 것을 허락받았다.

이튿날 날이 밝자, 그의 온몸에 악창惡瘡이 생겼는데 그 고통이 말할 수 없었다. 장자의 아들은 용하다는 의사는 모두 불러 치료할 방법을 물었다. 그러자 한 의사가 말하였다.

'우두전단牛頭栴檀 가루를 발라야만 그 악창이 나을 수 있습니다.'

장자의 아들이 곰곰이 생각해보니 집에 재물이 없었다. 그는 곧 집을 팔아 60만 냥을 얻어 곧 우두전단 가루 여섯 냥을 샀다. 그것을 악창에 바르려던 순간, 장자의 아들이 의사에게 말하였다.

'지금 제가 앓는 병은 마음의 병입니다. 당신이 지금 겉을 치료한다고 나을 수 있겠습니까?'

이렇게 말하고는, 사들인 우두전단 가루 여섯 냥을 가지고 꽃을 훔쳤던 탑으로 들어가 큰 서원을 세웠다.

'여래께서는 수없는 전생에 온갖 고행을 닦으면서 고액과 환난에 허덕이는 중생을 모두 구제하겠노라 맹세하신 분입니다. 제가 지금 이 몸이 죽을 처지에 놓였습니다. 세존이시여, 부디 자애와 연민으로 저의 병을 없애 주소서.'

이렇게 발원한 뒤 곧 가지고 있던 우두전단 가루에서 두 냥을 탑에 발라 꽃값을 갚고, 두 냥은 지극한 마음으로 공양하고, 나머지 두 냥은 탑에 바르면서 불쌍히 여기시길 바라며 깊이 참회했다. 그러자 악창이 곧 말끔히 나았고, 나아가 온몸 털구멍에서 전단향이 풍겼다. 장자의 아들은 이 향기를 맡고 기쁨을 이기지 못해 발원하고 떠났다.

그는 이 공덕으로 나쁜 세계에 떨어지지 않고 하늘나라와 인간 세계에 태어났으며, 그가 걷는 곳마다 아름다운 연꽃이 피고 온몸 털구멍에서 항상 향기가 나게 되었느니라."

부처님께서 비구들에게 말씀하셨다.

"알아 두라. 그때 전단 가루를 탑에 발랐던 그 장자의 아들이 바로 이 탑의 주인인 벽지불이니라."

그때 모든 비구는 부처님의 말씀을 듣고 기뻐하면서 받들어 행하였다.

22

꽃을 뿌려 부처님께 공양한 어린아이

부처님께서 사위국 기수급고독원에 계실 때였다.

그때 세존께서 비구들과 함께 옷을 입고 발우를 들고 성에 들어가 걸식하시다가 어느 거리에 이르렀다. 그때 한 부인이 어린아이를 안고 거리에 앉아 있었는데, 그 아이가 멀리서 부처님을 보게 되었다. 아이는 곧 마음속으로 기뻐하며 어머니에게 꽃을 사달라고 졸랐다. 어머니가 곧 꽃을 사 주자, 그 어린아이는 꽃을 들고 부처님께 다가가 그 꽃을 부처님 머리 위에 뿌렸다. 그러자 꽃이 허공에서 꽃 일산으로 변하더니 부처님을 따라 움직이고 또 멈추었다. 어린아이가 이것을 보고 크게 기뻐하며 큰 서원을 일으켰다.

'이렇게 공양을 올린 선근 공덕으로 제가 다음 세상에는 정각正覺을 이루어 저 부처님처럼 중생을 널리 제도하게 하소서.'

그때 세존께서 어린아이가 이렇게 발원하는 것을 보시고는 곧 빙그레 웃으셨다. 그러자 그 얼굴에서 다섯 빛깔의 광명이 쏟아지더니 부처님을 세 바퀴 돌고 다시 부처님 정수리로 들어갔다.

이때 아난이 부처님 앞에 나아가 아뢰었다.

"존귀하신 여래께서는 자중하며 함부로 웃지 않는 분이십니다. 무슨 까닭으로 지금 빙그레 웃으신 것입니까? 세존이시여, 부디 자세히 말씀해 주소서."

부처님께서 아난에게 말씀하셨다.

"너는 이제 저 어린아이가 꽃을 나에게 뿌리는 것을 보았느냐?"

아난이 아뢰었다.

"네, 보았습니다."

"꽃을 나에게 뿌린 저 아이는 미래세에 나쁜 세계에 떨어지지 않고 하늘나라와 인간세계에서 항상 쾌락을 누릴 것이다. 그리고 3아승기겁을 지나 마침내 화성花盛이라는 이름의 부처님이 되어 한량없는 중생을 제도할 것이다. 그래서 웃었느니라."

그때 모든 비구는 부처님의 말씀을 듣고 기뻐하면서 받들어 행하였다.

23

부처님 머리 위로 금반지를 던진 여인

부처님께서 왕사성 가란타 죽림에 계실 때였다.

그때 그 성에 부해浮海라는 상단의 우두머리가 많은 상인을 거느리고 큰 바다로 나가서 값진 보물을 채취하고 있었다. 그에게 나이가 젊고 용모가 아름다운 아내가 있었는데, 그녀는 남편을 그리워해 밤낮으로 생각하면서 빨리 집으로 돌아오기만 기다렸다. 그래서 곧 나라연천那羅延天을 모신 사당으로 찾아가 주문을 외우며 이렇게 말했다.

"하늘에 만약 신이 계신다면 사람의 소원을 저버리지 말고 제 남편이 무사히 집으로 돌아오게 하소서. 그리 하신다면 너무나 기쁠 것이니, 제가 당장이라도 금·은·영락으로 하늘의 은혜에 보답하겠습니다. 하지만 만약 돌아오지 못한다면 제가 변소의 똥·오줌을 퍼다가 천신의 몸을 훼손하고 욕보일 것입니다."

이렇게 맹세한 뒤, 얼마 되지 않아 과연 그의 소원대로 남편이 무사히 집으로 돌아왔다. 아내는 매우 기뻐하면서 곧 금·은·영락으로 팔찌를 만들어 시종들과 함께 천신을 모신 사당으로 향했다. 그러다 가는 길에서 마침 비구들을 거느리고 왕사성으로 들어가는 부처님을 만나게 되었다.

그때 그 여인은 32상과 80종호를 갖춰 백천 개의 태양이 뜬 것처럼 휘황찬란하게 빛나는 세존을 보고, 마음속으로 기뻐하면서 금·은·영락을 부처님 머리 위로 뿌리려고 하였다. 그러자 시종들이 말하였다.

"이 분은 나라연천이 아닙니다."

시종들이 말렸지만 듣지 않았다. 상단 우두머리의 아내는 시종들의 권고를 따르지 않고 곧 영락을 부처님 머리 위로 던졌다. 그러자 그 영락이 허공에서 보배 일산으로 변하더니 부처님을 따라 움직이고 또 멈추었다. 그 여인은 이 신통 변화를 보고 깊은 신심과 공경심을 일으켜 온몸을 땅에 엎드려 예배하면서 큰 서원을 세웠다.

"제가 이제 이렇게 영락을 부처님께 뿌린 선근 공덕으로 제가 다음 세상에는 정각을 이루어 오늘의 부처님과 다름없이 중생을 널리 제도하게 하소서.'

여인이 이렇게 발원하자, 부처님께서 곧 빙그레 웃으셨다. 그러자 그 얼굴에서 다섯 빛깔의 광명이 쏟아지더니 부처님을 세 바퀴 돌고 다시 부처님 정수리로 들어갔다.

그때 아난이 부처님 앞에 나아가 아뢰었다.

"존귀하신 여래께서는 자중하며 함부로 웃지 않는 분이십니다.

무슨 까닭으로 지금 빙그레 웃으신 것입니까? 세존이시여, 부디 자세히 말씀해 주소서."

부처님께서 아난에게 말씀하셨다.

"너는 이제 저 여인이 금·은·영락을 내 머리 위로 뿌리는 것을 보았느냐?"

아난이 아뢰었다.

"네, 보았습니다."

"이 여인은 미래세에 나쁜 세계에 떨어지지 않고 하늘나라와 인간세계에서 항상 쾌락을 누릴 것이며, 13겁을 지난 뒤 금륜영락金輪瓔珞이라는 이름의 부처님이 되어 한량없는 중생을 제도할 것이다. 그래서 웃었느니라."

그때 모든 비구는 부처님의 말씀을 듣고 기뻐하면서 받들어 행하였다.

24

인색하고 탐욕스러운 노파 선애

부처님께서 사위국 기수급고독원에 계실 때였다.

그때 그 성에 선애善愛라는 파사닉왕의 후궁 궁녀가 있었다. 그녀는 나이가 많은 노파가 되어서도 성품이 매우 인색하고 탐욕스러워 보시하기를 싫어하였다. 그래서 음식도 사람들을 물리치고 혼자서 먹었다.

그때 목련目連이 그 노파를 교화하고 싶었다. 그래서 옷을 입고 발우를 들고 신통력으로 땅에서 솟아올라 노파 앞에 서서 그녀에게 음식을 구걸하였다. 노파는 화를 내면서 보시하지 않았다. 노파는 음식을 다 먹은 뒤에 과일 한 조각과 밥그릇 씻은 물을 남겼는데, 냄새가 고약해 먹을 수 없었다.

그때 목련이 곧 그녀에게 그것이라도 달라고 청하였다. 그러자 노파가 눈을 부릅뜨고 화를 내면서 곧 그것을 목련에게 주었다.

목련은 그것을 얻은 다음 곧 허공으로 솟아올라 열여덟 가지 신통 변화를 일으켰다. 노파는 이 신통 변화를 보고 나서 마음속으로 신심과 공경심을 품고 진심으로 귀의하며 참회했다.

노파는 그날 밤 곧 목숨이 끝나 허허벌판에 태어났다. 그녀는 한 나무 아래에서 과일을 먹고 물을 마시면서 목숨을 부지하였다. 그리고 얼마 뒤, 파사닉왕이 신하들을 데리고 그곳에 사냥을 나왔다. 사슴을 쫓다가 갈증으로 죽을 지경이 된 왕은 멀리서 그 나무를 보고는 저기에 물이 있겠지 싶어 쏜살같이 그곳을 향해 달려갔다. 그런데 나무에 거의 도착할 즈음 불꽃이 일어나 길을 막는 바람에 더는 다가갈 수 없었고, 다만 그 나무 아래에 사람이 앉아 있는 것만 멀리서 볼 수 있었다. 왕이 곧 멀리서 물었다.

"당신은 누군데 이 나무 아래 앉아 있는가?"

그녀가 대답하였다.

"저는 파사닉왕의 후궁 궁녀였던 선애입니다. 저는 폭삭 늙어서까지도 보시하기를 좋아하지 않다가 마침내 목숨이 끝난 뒤 이곳에 태어났습니다. 대왕이시여, 부디 자비하신 마음으로 가엾이 여기셔서 저를 위해 공양을 마련하여 부처님과 스님들을 초청해 주소서. 그리하여 제가 이 흉악한 몸을 벗어나게 하소서."

왕이 다시 물었다.

"너를 위해 복을 지으면 그 결과를 내가 알 수 있는가?"

그녀가 대답하였다.

"복을 지으면 반드시 과보를 받으니, 그 결과는 왕께서 스스로 확인하게 될 것입니다."

이때 파사닉왕은 그 말을 듣고 나서 병사들에게 명령하였다.

"100걸음마다 한 사람씩 배치하여 말소리로 상황을 서로 전달하게 하라. 이제 성으로 돌아가 그녀를 위해 공양을 준비하고 부처님과 스님들을 초청할 것이다. 그녀가 과연 복을 받는지를 배치한 병사들이 각각 말소리로 전달하면 순식간에 나에게 소식이 전달되어 그녀의 말이 사실인지 거짓인지 알게 되리라.'

파사닉왕은 곧 공양을 준비하고 부처님과 스님들을 초청하였다. 파사닉왕이 그녀를 위해 소원을 빌자, 그 나무 아래 앉은 여인 앞에 온갖 맛있는 음식이 저절로 나타났다. 파사닉왕은 이 사실을 확인하고 곧 부처님께 깊은 신심과 공경심을 일으켰다. 부처님께서는 왕을 위해 법을 설하셨고, 왕은 수다원과를 얻었다.

그때 모든 비구는 부처님의 말씀을 듣고 기뻐하면서 받들어 행하였다.

25

부처님을 초청한 함향 장자

부처님께서 사위국 기수급고독원에 계실 때였다.

그때 그 성에 함향含香이란 장자가 있었다. 그는 헤아릴 수 없이 많은 재산과 보물을 가졌고, 성품이 매우 어질고 부드러웠으며, 삼보를 공경하고 믿었다. 그는 늘 이렇게 생각하였다.

'나의 이 몸뚱이와 모든 재산과 보물은 허망하고 거짓된 것이요 진짜가 아니니, 저 물속의 달처럼 더운 날 아지랑이처럼 오래갈 수 없다.'

이렇게 생각하고 부처님께 찾아가 엎드려 예배하고, 한쪽에 물러서서 아뢰었다.

"제가 공양을 준비하여 부처님과 스님들을 초청하고 싶습니다. 부디 허락해 주십시오."

부처님께서 곧 허락하시자, 장자는 집으로 돌아가 갖가지 요리를 풍성하게 준비하고 사람을 보내 부처님께 아뢰었다.

"음식 준비가 끝났습니다. 부디 성인께서는 때를 맞춰 왕림하소서."

그러자 세존께서 옷을 입고 발우를 들고 비구들과 함께 그의 집으로 가 공양을 받으셨다. 장자는 마음속으로 기뻐하며 조그마한 평상을 가져와 부처님 앞에 앉아서 설법 듣기를 갈망하였다. 부처님께서 곧 그를 위해 갖가지 법을 설하시자, 장자는 마음이 열리고 뜻을 이해하게 되었다. 그래서 큰 서원을 세웠다.

"이렇게 공양을 올린 선근 공덕으로 제가 미래세에 정각을 이루어 오늘날 부처님과 다름없이 중생을 널리 제도하게 하소서."

장자가 이렇게 발원하자, 부처님께서 곧 빙그레 웃으셨다. 그러자 그 얼굴에서 다섯 빛깔의 광명이 쏟아지더니 부처님을 세 바퀴 돌고 다시 부처님 정수리로 들어갔다.

이때 아난이 이것을 보고 부처님께 나아가 아뢰었다.

"존귀하신 여래께서는 자중하며 함부로 웃지 않는 분이십니다. 무슨 까닭으로 지금 빙그레 웃으신 것입니까? 세존이시여, 부디 자세히 말씀해 주소서."

부처님께서 아난에게 말씀하셨다.

"너는 이제 저 함향 장자가 온갖 음식을 풍성하게 차려 부처님과 스님들께 공양하는 것을 보았느냐?"

"네, 보았습니다."

"저 장자는 이 공양을 올린 공덕으로 미래세 90겁 동안 지옥·축생·아귀 세계에 떨어지지 않고 하늘나라와 인간세계에서 항상 쾌락을 누릴 것이며, 최후의 몸으로 함향含香이라는 이름의 벽지불이 되어 한량없는 중생을 제도할 것이다. 그래서 웃었느니라."
 그때 모든 비구는 부처님의 말씀을 듣고 기뻐하면서 받들어 행하였다.

26

갠지스강에서 부처님과 스님들을 건네 드린 뱃사공

부처님께서 마갈제국에 계실 때였다.

비구들을 데리고 여러 곳을 차례로 다니시다가 갠지스 강가에 이르게 되었다. 그때 부처님께서 강가에 있던 뱃사공에게 말씀하셨다.

"그대는 이제 나를 위해 스님들이 강을 건니게 해 주오."

뱃사공이 대답하였다.

"제게 뱃삯을 주시면 건네 드리겠습니다."

그러자 부처님께서 뱃사공에게 말씀하셨다.

"나 역시 뱃사공이오. 삼계의 중생을 제도하여 생사의 바다에서 벗어나게 하니, 통쾌하지 않은가? 타오르는 분노로 사람들을 죽이던 저 앙굴마라鴦掘摩羅도 내가 역시 제도하여 생사의 바다에서 벗어나게 하였고, 매우 교만하여 다른 사람을 업신여기던 저 마나답

타摩那答陀도 내가 역시 제도하여 생사의 바다에서 벗어나게 하였으며, 어리석고 고집스럽기만 하고 지혜가 없던 저 우류빈라가섭 憂留頻螺迦葉도 내가 역시 제도하여 생사의 바다에서 벗어나게 하였고, 이들과 비슷한 한량없는 중생을 내가 역시 모두 제도하여 생사의 바다에서 벗어나게 하였소. 하지만 단 한 번도 대가를 요구한 적이 없는데, 그대는 왜 이제 나에게 값을 치러야 강을 건네주겠다는 것이오?"

세존께서 이렇게 갖가지로 그에게 법을 설하셨지만, 뱃사공은 마음이 고집스러워 건네주려 하지 않았다. 그때 강 하류에 있던 다른 뱃사공이 부처님의 말씀을 듣고는 마음속으로 기뻐하면서 곧 다가와 아뢰었다.

"제가 이제 부처님을 위하여 스님들을 건네 드리겠습니다."

부처님께서 곧 허락하시자, 뱃사공은 배를 장엄하고 스님들을 불러 배에 타라고 하였다. 그때 비구들 가운데 어떤 이는 허공에 떠 있고, 어떤 이는 강 중간에 있고, 어떤 이는 이미 건너편 강 언덕에 있었다.

이때 모든 뱃사공이 부처님과 스님들이 이와 같은 갖가지 신통 변화를 나타내는 것을 보고는 깊은 신심과 공경심을 품고 전에 없었던 일이라 찬탄하면서 부처님과 스님들께 예배하였다. 부처님께서 곧 그들을 위해 갖가지 법을 설하시자, 뱃사공들은 마음이 열리고 뜻을 이해하게 되어 수다원과를 얻었다.

이때 뱃삯을 요구했던 앞의 뱃사공은 뒤의 뱃사공이 부처님과 스님들을 건네 드리는 것을 보고, 또 비구들의 신통 변화를 보고는 깊이 부끄럽게 여겼다. 그는 곧 온몸을 땅에 엎드려 진심으로 부처님께 귀의하고 지극한 마음으로 참회하였다. 그리고 부처님과 스님들을 초청하였다.

부처님께서 곧 허락하시자, 그는 집으로 돌아가 온갖 맛있는 음식을 풍성하게 차리고 손수 음식을 집어 덜어드리며 부처님과 스님들께 공양을 올렸다. 그런 다음 조그마한 평상을 가져와 부처님 앞에 앉아서 설법 듣기를 갈망하였다. 부처님께서 곧 그에게 갖가지 법을 설하시자, 그는 마음이 열리고 뜻을 이해하게 되었다. 그리하여 서원을 세웠다.

"이렇게 공양을 올린 선근 공덕으로 제가 미래세에 정각을 이루어 오늘날 부처님과 다름없이 중생을 널리 제도하게 하소서.'

뱃사공이 이렇게 발원하자, 부처님께서 곧 빙그레 웃으셨다. 그러자 그 얼굴에서 다섯 빛깔의 광명이 쏟아지더니 부처님을 세 바퀴 돌고 다시 부처님 정수리로 들어갔다.

이때 아난이 부처님 앞에 나아가 아뢰었다.

"존귀하신 여래께서는 자중하며 함부로 웃지 않는 분이십니다. 무슨 까닭으로 지금 빙그레 웃으신 것입니까? 세존이시여, 부디 자세히 말씀해 주소서."

부처님께서 아난에게 말씀하셨다.

"너는 이제 저 뱃사공이 부끄러워 자책하며 공양을 마련해 참회하는 것을 보았느냐?"

아난이 부처님께 아뢰었다.

"네, 보았습니다."

"저 뱃사공은 이렇게 참회하고 공양을 베푼 공덕으로 미래세 13겁 동안 지옥·축생·아귀의 세계에 떨어지지 않고 하늘나라와 인간세계에서 항상 쾌락을 누릴 것이며, 최후의 몸으로 도생사해度生死海라는 이름의 벽지불이 되어 한량없는 중생을 널리 제도할 것이다. 그래서 웃었느니라."

그때 모든 비구는 부처님의 말씀을 듣고 기뻐하면서 받들어 행하였다.

27

부처님 발에 전단향을 바른 여자 노비

부처님께서 왕사성 가란타 죽림에 계실 때였다.

그때 그 성의 어떤 장자 집의 여종 하나가 성품이 착하고 어질 뿐 아니라 삼보를 공경하고 믿었다. 그녀는 늘 상전을 위해 전단 나무를 갈아 향 가루를 만들었다. 그러던 어느 날 잠깐 문밖을 나갔다가 마침 부처님 세존께서 옷을 입고 발우를 들고 비구과 함께 성에 들어와 걸식하시는 것을 보게 되었다. 그녀는 환희심을 일으켜 곧 집 안으로 들어가 전단향梅檀香 가루를 조금 가지고 나와 세존의 발등에 발랐다.

세존께서는 곧 신통력으로 그 향 가루를 뭉게구름으로 변화시켜 온 왕사성을 뒤덮게 하셨다. 이때 그 여인이 이러한 신통 변화를 보고 신심과 공경심이 배나 일어나 곧 온몸을 땅에 엎드려 예배하고 서원을 세웠다.

"이 향 가루를 공양한 공덕으로 제가 미래세에 가난하고 미천한 신분을 완전히 벗어나게 하시고, 빨리 정각을 이루어 오늘날 부처님과 다름없이 중생을 널리 제도하게 하소서.'

여인이 이렇게 발원하자, 부처님께서 곧 빙그레 웃으셨다. 그러자 그 얼굴에서 다섯 빛깔의 광명이 쏟아지더니 부처님을 세 바퀴 돌고 다시 부처님 정수리로 들어갔다.

그때 아난이 부처님 앞에 나아가 아뢰었다.

"존귀하신 여래께서는 자중하며 함부로 웃지 않는 분이십니다. 무슨 까닭으로 지금 빙그레 웃으신 것입니까? 세존이시여, 부디 자세히 말씀해 주소서."

부처님께서 아난에게 말씀하셨다.

"너는 이제 저 장자의 여자 노비가 전단향 가루를 내 발등에 바르는 것을 보았느냐?"

아난이 아뢰었다.

"네, 보았습니다."

"저 장자의 여자 노비는 내 발등에 전단향을 바른 선근 공덕으로 미래세에 90겁 동안 몸이 향기롭고 청결할 것이며, 지옥·축생·아귀의 세계에 떨어지지 않고 하늘나라와 인간세계에서 항상 쾌락을 누릴 것이며, 최후의 몸으로 전단향이라는 이름의 벽지불이 되어 한량없는 중생을 널리 제도할 것이다. 그래서 웃었느니라."

그때 모든 비구는 부처님의 말씀을 듣고 기뻐하면서 받들어 행하였다.

28

부처님께 마른 나무를 보시한
가난한 사람 발제

부처님께서 사위국 기수급고독원에 계실 때였다.

그때 그 성에 발제拔提라는 가난한 사람이 있었는데, 그는 남의 동산을 관리해 겨우 생활하면서 매일 숯 한 짐을 지고 성에 들어가 팔았다. 그러던 어느 날 성문에서 어떤 화인化人*을 만났는데, 그 화인이 가난한 사람에게 이렇게 말하였다.

"그대가 이제 이 마른 나무를 나에게 준다면 내가 그대에게 온갖 맛있는 음식을 보시하리라."

가난한 사람은 화인의 말을 듣고 마음속으로 기뻐하면서 곧 마른 나무를 화인에게 주었다. 그러자 화인이 말하였다.

"그대는 나무를 가지고 나를 따라오라. 함께 저 기원정사에 가

---

* 불·보살이 중생을 교화하기 위해 모양을 변화하여 나타난 사람을 말한다.

서 그대에게 음식을 주리라."

그리하여 가난한 사람이 화인을 따라 함께 기원정사에 갔다가, 32상 80종호를 갖춰 백천 개의 태양이 뜬 것처럼 휘황찬란하게 빛나는 세존을 뵙게 되었다. 그는 곧 환희심을 품고 부처님 앞에 엎드려 예배하였다. 그리고 그 숯을 세존께 받들어 바쳤다.

세존께서 그 숯을 받아 땅에 꽂자, 부처님의 신통력으로 잠깐 사이에 그 숯에서 가지와 줄기가 뻗더니 꽃과 열매가 무성하고 니구타尼拘陀 나무처럼 둥글고 사랑스럽게 자랐다. 세존께서는 그 나무 아래 결가부좌하고 백천만 대중들에게 오묘한 법을 자세히 설하셨다. 가난한 이가 이것을 보고는 더욱 기뻐하며 곧 몸을 땅에 엎드리고 큰 서원을 세웠다.

'이렇게 부처님께 숯을 보시한 공덕으로 제가 미래세에 정각을 이루어 오늘날의 부처님과 다름없이 중생을 널리 제도하게 하소서.'

이렇게 발원하자, 부처님께서 곧 빙그레 웃으셨다. 그러자 그 얼굴에서 다섯 빛깔의 광명이 쏟아져 부처님을 세 바퀴 돌더니 다시 부처님 정수리로 들어갔다.

그때 아난이 부처님께 아뢰었다.

"존귀하신 여래께서는 자중하며 함부로 웃지 않는 분이십니다. 무슨 까닭으로 지금 빙그레 웃으신 것입니까? 세존이시여, 부디 자세히 말씀해 주소서."

부처님께서 아난에게 말씀하셨다.

"너는 이제 저 동산을 관리하는 가난한 사람이 나에게 숯을 보시하는 것을 보았느냐?"

아난이 아뢰었다.

"네, 보았습니다."

"저 가난한 사람은 신심과 공경심으로 나에게 숯을 보시한 선근공덕으로 미래세 13겁 동안 지옥·축생·아귀의 세계에 떨어지지 않고 하늘나라와 인간세계에서 항상 쾌락을 누릴 것이며, 최후의 몸으로 이구離垢라는 이름의 벽지불이 되어 한량없는 중생을 널리 제도할 것이다. 그래서 웃었느니라."

그때 모든 비구는 부처님의 말씀을 듣고 기뻐하면서 받들어 행하였다.

29

음악을 공양하고 벽지불이 된 사람들

부처님께서 사위국 기수급고독원에 계실 때였다.

그때 그 성의 권세 높고 부귀한 장자들이 각자 아름답게 장식하고, 좋은 옷을 입고, 영락과 팔찌를 차고, 향과 꽃을 들고, 노래하고 춤추면서 함께 어울려 성 밖으로 나가 유희하며 즐기려 하였다. 그러다 성문에 이르러, 비구들과 함께 옷을 입고 발우를 들고 걸식하러 성으로 들어오는 부처님과 마주치게 되었다.

그때 그 사람들이 밝은 빛이 둥글게 빛나고 32상 80종호를 갖춰 백천 개의 태양이 뜬 것처럼 휘황찬란하게 빛나는 부처님 여래를 뵙고는, 각자 환희심을 품고서 부처님 앞에 엎드려 예배하고 악기를 연주하면서 노래하고 춤추어 부처님과 스님들께 공양하였다. 그리고 각자 손에 든 온갖 꽃을 부처님 머리 위로 뿌리자, 그 꽃들이 허공에서 꽃 일산으로 변하더니 부처님의 신통력으로 온 사위성을 뒤덮었다.

그들은 이 신통 변화를 보고 전에 없던 일이라며 찬탄하였다. 그리고 다시 각자 온몸을 땅에 엎드려 예배하면서 서원을 세웠다.

"이렇게 음악을 부처님께 공양한 선근 공덕으로 제가 미래세에 정각을 이루어 오늘날의 부처님과 다름없이 중생을 널리 제도하게 하소서.'

이렇게 발원하자, 부처님께서 곧 빙그레 웃으셨다. 그러자 그 얼굴에서 다섯 빛깔의 광명이 쏟아져 부처님을 세 바퀴 돌더니 다시 부처님 정수리로 들어갔다.

그때 아난이 부처님께 아뢰었다.

"존귀하신 여래께서는 자중하며 함부로 웃지 않는 분이십니다. 무슨 까닭으로 지금 빙그레 웃으신 것입니까? 세존이시여, 부디 자세히 말씀해 주소서."

부처님께서 아난에게 말씀하셨다.

"너는 저 사람들이 나에게 음악을 공양하는 것을 보았느냐?"

아난이 아뢰었다.

"네, 보았습니다."

"저 사람들은 나에게 음악과 꽃을 공양한 선근 공덕으로 미래세 100겁 동안 지옥·축생·아귀의 세계에 떨어지지 않고 하늘나라와 인간세계에서 항상 쾌락을 누릴 것이며, 최후의 몸으로 묘성妙聲이라는 이름의 벽지불이 되어 한량없는 중생을 널리 제도할 것이다. 그래서 웃었느니라."

그때 모든 비구는 부처님의 말씀을 듣고 기뻐하면서 받들어 행하였다.

30

도둑 악노

부처님께서 사위국 기수급고독원에 계실 때였다.

그때 그 성에 악노惡奴라는 한 어리석은 사람이 있었는데, 그는 남의 창고를 털거나 남의 물건을 빼앗아 그것으로 생활하는 것을 항상 좋아하고 즐겼다.

한편 묘지에서 살면서 좌선하고 도를 닦던 어떤 비구가 있었다. 그가 식사 때가 되어 옷을 입고 발우를 들고 성으로 들어가 걸식하려 했는데, 그때 한 장자가 그 비구의 차분하고 조용한 위의를 보게 되었다. 장자는 곧 신심과 공경심이 생겨 집안에 들어가 담요 한 장을 가지고 나와 비구에게 보시하였다.

비구가 담요를 가지고 무덤으로 돌아가던 도중 그 도둑을 만나게 되었다. 도둑은 비구가 담요를 들고 오는 것을 보고 곧바로 내놓으라고 요구하였다. 비구는 바로 주었다. 그 이튿날 도둑이 다시 찾아와 또 담요를 내놓으라고 요구하였다. 비구는 또 본래 가지고 있던 담요까지 주었다. 사흘째 되던 날, 비구가 걸식하여 방사로 돌아왔는데, 도둑이 찾아와 이번에는 발우를 내놓으라고 요구하였다. 이때 비구가 생각하였다.

'나에게는 이 발우 하나뿐이다. 이 발우가 있어야 걸식하여 목숨을 유지할 수 있다. 그런데 이것마저 달라고 하니, 저 도둑의 욕심은 끝이 없구나. 이제 계획을 세워 삼귀의계를 주고 저 도둑을 벌주어 다시는 못 오게 하리라.'

이렇게 생각하고 곧 도둑에게 타일렀다.

"잠깐만 기다리시오. 잠시 후 당신에게 발우를 주겠소."

도둑은 이 말을 듣고 곧 방문 앞에 앉아 기다렸다. 비구는 노끈을 가져다 올가미를 만들어 안쪽에 설치하고 도둑에게 말하였다.

"내가 지금 너무 피곤해 일어날 수가 없습니다. 당신이 방안으로 손을 뻗으면 내가 당신에게 발우를 건네주겠소."

도둑이 이 말을 듣고 방안으로 손을 뻗자, 비구가 노끈을 당겨 그 손을 잡아채 평상 다리에 묶었다. 그리고 비구가 밖으로 나가 몽둥이로 때리면서 큰소리로 외쳤다.

"한 대를 때리니, 부처님께 귀의하거라."

도둑은 말할 수 없는 통증에 까무러쳤다가 한참 만에 정신을 차렸다. 비구는 갖가지로 꾸짖고 다시 때렸다.

"두 대를 때리니, 법에 귀의하거라."

통증이 배나 더해 거의 죽을 지경이었다. 또 까무러쳤다가 한참 만에 정신을 차리자, 다시 꾸짖었다.

"세 대를 때리니, 스님들께 귀의하거라."

도둑은 생각하였다.

"저 매질이 심장과 뼈까지 닿아 말할 수 없이 아프구나. 복종하지 않으면 이번에는 나에게 네 번째로 귀의하라고 하겠지. 그러면 나는 반드시 죽고 말겠구나."

이렇게 생각한 끝에 도둑은 곧 비구에게 사죄하고 항복하였다. 그러자 비구가 도둑을 풀어주었다. 도둑은 그 길로 부처님께 달려가 큰소리로 애원하였다.

"세존께서는 진실로 대자대비하신 분이니, 저에게 삼귀의계를 주어 죽음에서 벗어나게 하라고 모든 비구에게 명하소서. 만약 제가 네 번째 귀의를 받는다면 틀림없이 죽을 것이고, 우러러 귀의할 곳도 없을 것입니다."

이때 세존께서 그 도둑이 진심으로 항복했다는 것을 아시고 곧 법을 설해주셨다. 그러자 도둑은 마음이 열리고 뜻을 이해하게 되어 수다원과를 얻었다. 그가 출가하기를 원하자, 부처님께서 바로 말씀하셨다.

"잘 왔구나, 비구여."

그러자 도둑은 수염과 머리카락이 저절로 떨어지고 법복이 몸에 입혀져 곧 사문의 모습이 되었다. 그는 정성을 다해 부지런히 닦고 익혀 아라한과를 얻고, 3명明·6통通과 8해탈解脫을 갖추어 모든 하늘과 세상 사람들의 존경을 받았다.

그때 모든 비구는 부처님의 말씀을 듣고 기뻐하면서 받들어 행하였다.

찬집백연경

제4권

부처님의 보살 시절 이야기
(出生菩薩品)

31

몸을 버리고 붉은 물고기가 된 연화왕

부처님께서 사위국 기수급고독원에 계실 때였다.

그때 세존께서 과일이 익어가던 가을에 비구들을 데리고 여기 저기 마을을 다니시면서 과일을 잡수셨는데, 비구들이 다들 그 과일을 소화하지 못해 학질에 걸리는 사람이 많았고 갖가지 병이 생겨 좌선도, 독경도, 경행도 할 수 없었다.

이때 아난이 부처님 앞에 나아가 아뢰었다.

"여래 세존께서는 전생에 무슨 복을 심으셨기에 어떤 음식을 잡수시건 잘 소화하여 몸에 아무런 여러 병이 없으신 겁니까? 지금만 봐도 부처님은 위엄스러운 얼굴빛이 더욱 선명하고 윤택하십니다."

부처님께서 아난에게 말씀하셨다.

"나는 기억하나니, 전생에 자비를 닦고 실천하던 시절에 탕약을 지어 중생들에게 보시한 일이 있었다. 그래서 지금 병이 없는 과보를 얻어, 무엇을 먹건 모두 소화하고 몸에 아무런 병이 없는 것이다.”

그러자 아난이 다시 부처님께 아뢰었다.

“세존께서 전생에 어떤 일을 수행하셨는지 저희는 알 수 없습니다. 부디 자세히 말씀해 주소서.”

부처님께서 아난에게 말씀하셨다.

“너희들은 이제 자세히 들어라. 내 너희들을 위해 마땅히 자세히 분별하여 해설하리라.

먼 옛날 바라나국에 연화왕蓮華王이 있었느니라. 그 왕은 나라를 올바로 다스려 백성들이 번성하고 생활이 풍요롭고 안락하기가 끝이 없었으며, 어떤 종류의 군사도 없고 서로 정벌하는 일도 없었다.

코끼리·말·소·양 따위의 여섯 가축이 번성하고, 사탕수수·포도 등 온갖 과일도 달콤하고 맛있었다. 그러나 백성들이 음식 욕심이 너무 많아 제대로 소화하지 못하고 갖가지 병이 생기게 되었다. 백성들은 서로 부축하고 왕에게 찾아와 의사와 약을 요구하였다.

이때 왕이 병든 사람들을 보고 매우 가엾이 여겨 곧 의사들을 불러 모아 약을 만들어 백성들에게 보시하라고 명령하였다. 하지만 환자만 점점 많아지고 치료하지를 못했다. 그러자 왕이 의사들을 힐책하였다.

'당신들은 지금 도대체 무슨 일을 하길래 백성들을 치료하지 않아 나에게까지 찾아오게 하는가?'

의사들이 왕에게 대답하였다.

'탕약이 완전하지 못해 치료가 안 됩니다. 저희도 이제 병에 걸려 고생하고 있는데 이것도 스스로 고치지 못하고 있습니다. 하물며 다른 사람의 병이겠습니까?'

연화왕은 이 말을 듣고 매우 탄식하고 괴로워하다가 의사들에게 물었다.

'어떤 약재가 부족한가?'

의사들이 왕에게 대답하였다.

'반드시 붉은 물고기(赤魚)의 살과 피를 먹어야 병을 낫게 할 수 있습니다. 그런데 저희 의사들이 각자 아무리 찾아보아도 붉은 물고기를 구할 길이 없습니다. 그래서 환자가 자꾸 많아지고 사망하는 자가 늘고 있습니다.'

이때 연화왕이 이렇게 생각하였다.

'지금 붉은 물고기를 구할 수 없다니, 내가 서원을 세우고 붉은 물고기가 되어 중생들의 병을 낫게 하리라.'

이렇게 생각하고 곧 태자와 대신들을 불러 유언을 남겼다.

'내가 이 나라를 그대들에게 맡기니, 함께 길 다스리고 백성들을 함부로 다루지 말라.'

태자와 대신들이 이 말을 듣고는 슬픔에 목이 메고 눈물이 앞을 가로막아 말도 제대로 할 수 없었다. 신하들이 다가가 물었다.

'대왕이시여, 저희 신하들과 태자께 어떤 잘못이 있기에 대왕께서 이런 말씀을 하시는 것입니까?'

연화왕이 곧 태자와 신하들에게 대답하였다.

'그대들에게 어떤 허물이 있어서 내가 지금 이러는 것이 아니다.

다만 이 나라 백성 모두가 대부분 병으로 고통 받고 사망하는 자도 늘어나고 있기 때문이다. 반드시 붉은 물고기의 피와 살을 먹어야 그 병이 낫는다고 하니, 내가 이제 이 몸을 버리고 붉은 물고기가 되어 백성들을 치료하려는 것이다. 그래서 너희들을 불러 이 나라를 맡기는 것이다.'

이때 태자와 대신들은 왕의 말을 듣고 하늘을 우러러 울다가 슬픔에 겨워 목이 멨다. 태자와 신하들이 다가가 왕의 발목을 붙잡고 말하였다.

'저희는 지금까지 자비로우신 대왕 덕분에 국토가 풍요롭고 안락하며 백성들이 번성하여 그 그늘에서 살 수 있었습니다. 그런데 어찌하여 하루아침에 저희를 외롭게 버려두고 떠나려 하십니까?'

그러자 왕이 또 태자와 대신들에게 이렇게 타일렀다.

'지금 내가 하려고 하는 일 역시 백성들을 위한 것이다. 어찌 너희들은 굳이 막으려 하는가?'

태자와 대신들이 갖가지로 왕에게 진언했으나 만류할 수 없었다. 마침내 연화왕은 향과 꽃을 들고 높은 누각에 올라 사방을 향해 예배하고 큰 서원을 세웠다.

'제가 이제 이 몸을 버리오니, 제가 저 바라나국 큰 강의 큼지막한 붉은 물고기로 태어나 그 피와 살을 먹는 자들은 병이 모두 낫게 하소서.'

이렇게 발원하고 곧 누각 아래 몸을 던졌다. 왕은 곧바로 죽어 큰 강에 태어나 큼지막한 붉은 물고기가 되었다. 백성들은 그 강에 큼지막한 붉은 물고기가 있다는 소문을 듣고, 각자 칼이나 도끼를 가지고 앞다퉈 찾아와 붉은 물고기의 피와 살을 베어 먹고 병이 모두 나았다. 붉은 물고기는 살을 베어낸 자리마다 곧 새살이 돋아났다. 붉은 물고기는 이렇게 12년 동안 백성들에게 피와 살을 보시하였지만 조금도 후회하거나 원망하는 마음이 없었다. 붉은 물고기는 그러다가 죽어 도리천忉利天에 왕생하였느니라."

부처님께서 아난에게 말씀하셨다.

"알아 두라. 그때의 연화왕이 바로 지금의 나이니라. 나는 그 당시 자신의 몸을 버려 중생의 생명을 살린 공덕으로 한량없는 세간에서 질병의 고통을 겪은 적이 없으며, 나아가 내가 이제 부처님이 되어 중생들을 제도하는 것이니라."

그때 모든 비구는 부처님의 말씀을 듣고 기뻐하면서 받들어 행하였다.

32

바라문에게 곡식을 보시한 범예왕

부처님께서 사위국 기수급고독원에 계실 때였다.

그때 비구들이 부처님 앞에 나아가 아뢰었다.

"여래께서는 이제 무슨 인연으로 보시의 공덕은 그 양을 헤아릴 수 없다고 찬탄하십니까? 세존이시여, 무슨 일이 있었기에 그렇게 말씀하시는지 저희는 알지 못합니다. 그 까닭을 듣고 싶습니다."

이때 세존께서 비구들에게 말씀하셨다.

"너희들은 자세히 들어라. 내가 이제 너희들을 위해 자세히 분별하여 해설하리라.

나는 기억하나니, 아득히 먼 옛날 저 바라나국에 범예왕梵豫王이 있었다. 그는 올바르게 나라를 다스려 백성들이 매우 번성하였고, 풍요롭고 안락하기가 끝이 없었으며, 코끼리·말·소·양 따위의 여섯 가축도 모두 번성하였다. 때마침 그 나라에 점술(占)과 상술(相)에 능한 한 바라문이 왕에게 머리를 조아리고 이렇게 말하였다.

'이제 우리나라 경계 내에 화성火星이 출현하였으니, 12년 동안 큰 가뭄이 계속되어 농작물을 수확하지 못하고 많은 백성이 굶주리게 될 것입니다.'

범예왕은 이 말을 듣고 너무나 걱정스러웠다. 그래서 생각하였다.

'어떻게 해야 이 백성들을 살릴 수 있을까?'

왕은 곧 수학자를 불러 명령하였다.

'창고에 있는 곡식과 인구수를 확인하고 백성들 각자에게 얼마씩 돌아가는지 계산하라.'

수학자가 왕의 명령을 받고 계산한 결과 한 사람에게 하루 한 되(升)씩 나눠주면 6년 동안 공급할 수 있었다. 그 안에 죽는 사람도 많을 것이기에 오직 왕 한 사람에게만 곡식을 하루 두 되 공급하기로 하였다.

그때 어떤 바라문이 계산이 다 끝난 뒤에 찾아와 왕에게 말하였다.

'저만 혼자 곡식을 배정받지 못해 곧 죽게 생겼습니다. 부디 대왕의 몫에서 조금만 나눠주십시오.'

범예왕은 이 말을 듣고 또 생각하였다.

'내가 이제 이런 상황에서 약간의 굶주림과 목마름도 참지 못한다면 어떻게 미래세 한량없는 세간에서 중생들을 위해 굶주림·목마름·추위·더위 등 온갖 고통을 기꺼이 참아낼 수 있겠는가?'

이렇게 생각한 왕은 곧 자기 몫의 곡식 절반을 바라문에게 보시하였다. 그 정성에 감응하여 하늘나라 궁전이 요동치면서 안정되지를 않았다. 그러자 제석천이 생각하였다.

'나의 궁전이 무엇 때문에 이렇게 흔들릴까? 장차 나의 수명이 끝나려고 이런 변고가 일어난 것은 아닐까?'

이렇게 생각하고 곧 관찰하다가, 범예왕이 기근에 시달리면서도 중생들을 위해 내놓기 어려운 곡식을 능히 내놓은 것을 보게 되었다.

'저 정성에 감응하여 나의 궁전이 이렇게 흔들리는 것이구나. 내가 이제 당장 가서 그의 착한 마음이 참인지 거짓인지 시험해 보리라.'

제석천은 곧 바라문으로 변해 살날이 얼마 남지 않은 파리한 모습으로 지팡이를 짚고서 궁궐 문으로 찾아가 왕에게 구걸하였다.

왕은 그때 이렇게 생각했다.

'지금 나의 이 몸은 곡식을 보시하건 보시하지 않건 결국 죽고 말 것이다. 차라리 곡식을 보시해 중생을 이롭게 한다면 죽어도 회한이 없으리라.'

왕은 자기가 먹을 한 되의 곡식마저 바라문에게 주었다.

바라문이 그 곡식을 얻고 나서 대왕에게 물었다.

'이런 기근에 내놓기 어려운 곡식을 능히 내놓으시는 것은 제석천이나 범천이나 전륜성왕이 되기를 바라는 것입니까, 아니면 세속의 영화와 향락을 얻기 위함입니까?'

범예왕이 곧 대답하였다.

'나는 이렇게 보시한 공덕으로 제석천이나 범천이나 전륜성왕이 되기를 바라는 것도 아니고, 세속의 영화와 향락을 구하는 것도 아닙니다. 오직 소원은 미래세에 정각正覺을 이루어 굶주림·목마름·추위·더위에 시달리는 중생들을 구제하려는 것뿐입니다.'

왕이 이렇게 발원하자, 바라문이 찬탄하였다.

'훌륭하십니다. 전에 없던 일입니다.'

바라문이 다시 제석천의 모습으로 돌아와 말했다.

'부디 왕께서는 이제 백성들에게 밭을 갈고 씨를 뿌리라고 명하소서. 앞으로 7일 뒤에 제가 비를 내리겠습니다.'

범예왕은 이 말을 듣고 마음속으로 크게 기뻐하며 백성들에게 명령을 내렸다.

'때가 되었으니 밭을 갈고 씨를 뿌려라. 7일 뒤에 반드시 비가 내리리라.'

이때 백성들은 왕의 명령을 듣고 따로 또 함께 밭을 갈고 씨를 뿌렸다. 그랬더니 과연 7일째 되는 날 단비가 내려 모든 농작물이 자랄 수 있게 되었다. 그리하여 그 나라는 다시 백성들이 번성하고, 풍요롭고 안락하기가 끝이 없게 되었다."

부처님께서 비구들에게 말씀하셨다.

"알아 두라. 그때의 범예왕이 바로 지금의 나이다. 그래서 내가 보시의 과보는 그 양을 헤아릴 수 없다고 항상 찬탄하는 것이니라."

그때 모든 비구는 부처님의 말씀을 듣고 기뻐하면서 받들어 행하였다.

33

자기 눈을 도려내
독수리에게 보시한 시비왕

부처님께서 사위국 기수급고독원에 계실 때였다.

당시 비구들은 안거安居를 마치고 자자自恣할 때가 다가오면 봄·가을로 두 번 한자리에 모여 부처님의 설법을 들었다. 그 시기에는 혹 옷을 세탁하거나 발우에 연기를 쐐 말리거나 염색하거나 바느질을 하는 등 각자 모두 하는 일들이 있었다.

그때 그 대중 가운데 시바(尸婆)라는 비구가 있었는데, 그는 나이가 많아 눈이 어두웠다. 그가 땅에 앉아 옷을 꿰매려 하다가 바늘에 실을 꿸 수가 없자 큰소리로 외쳤다.

"누가 복덕을 짓고 싶습니까? 나를 위해 바늘에 실을 꿰어 주십시오."

그때 세존께서 비구가 하는 말을 듣고, 곧 다가가 비구의 손을 잡고 바늘을 찾아 실에 꿰어 주셨다. 그러자 늙은 비구가 부처님의 음성을 알아차리고 아뢰었다.

"세존이시여, 여래께서는 과거 3아승기겁 동안 대자대비를 닦아 6바라밀을 만족하고, 모든 보살행을 갖추시어 번뇌의 결박을 끊고 공덕을 구족하여 스스로 부처님이 되셨습니다. 그런데 이제 무엇 때문에 또 저에게 은혜를 베풀며 복덕을 구하는 것입니까?"

부처님께서 비구에게 말씀하셨다.

"내가 전생의 오랜 습관을 아직도 잊지 못했기 때문이다. 그래서 이제 그대에게 또 은혜를 베풀며 여전히 복덕을 닦은 것이니라."

그러자 비구들이 부처님 세존의 이 말씀을 듣고 곧 부처님께 아뢰었다.

"여래께서는 전생에 저 늙은 비구에게 어떤 은혜를 베풀며 공덕을 닦으셨습니까? 부디 자세히 말씀해 주시옵소서."

이때 세존께서 비구들에게 말씀하셨다.

"너희들은 자세히 들어라. 내가 이제 자세히 분별하여 해설하리라. 아득히 먼 옛날 바라나국에 시비왕(尸毘王)이 있었다. 그는 나라를 올바르게 다스려 백성들이 번성하였고, 풍요롭고 안락하기가 끝이 없었다. 시비왕은 항상 은혜를 베풀어 궁핍한 자들을 구제하길 좋아했으니, 재산이나 보물은 물론 심지어 머리·눈·골수·뇌까지도 찾아와 달라는 자가 있으면 끝내 인색하지 않았다. 그 정성이 감응하여 하늘나라 궁전이 요동치게 되었다. 이때 제석천이 자신의 처소가 불안해지자, 이렇게 생각하였다.

'나의 궁전이 무엇 때문에 이렇게 흔들릴까? 장차 나의 수명이

끝나려고 이런 변고가 일어난 것은 아닐까?'

이렇게 생각하고 곧 관찰하다가, 시비왕이 재산과 보물을 아까워하지 않고 찾아와 달라는 자가 있으면 뭐든지 주는 것을 보게 되었다.

'저 정성에 감응하여 나의 궁전이 이렇게 흔들려 물건들이 제자리에 있지를 못하는 것이구나. 내가 이제 당장 가서 그의 착한 마음이 참인지 거짓인지 시험해 보리라.'

제석천은 곧 한 마리 큰 독수리로 변해 왕에게 날아가 말하였다.

'제가 들으니, 대왕께서 보시하기를 좋아하여 중생들의 요구를 거절하지 않는다고 하더군요. 제가 지금 요구할 것이 있어 일부러 찾아왔으니, 부디 대왕께서 제 소원을 이뤄주소서.'

시비왕은 이 말을 듣고 매우 기뻐하면서 곧 독수리에게 대답하였다.

'무엇이건 아끼지 않고 네 요구대로 주리라.'

독수리가 왕에게 말하였다.

'저 또한 금은 따위의 진기한 보배나 재물들은 필요 없습니다. 오직 대왕의 눈을 맛있는 음식으로 삼을까 하니, 대왕께서는 이제 두 눈을 주십시오.'

시비왕은 독수리의 말을 듣고 크게 기뻐하면서 날카로운 칼을 손에 들고 직접 두 눈을 도려내 독수리에게 보시하였다. 그러면서 그 고통을 꺼리지 않았고, 조금도 후회하거나 원망하는 마음이 없었다. 이때 온 대지가 여섯 가지 방식으로 진동하면서 하늘나라의 온갖 꽃들이 쏟아져 내렸다.

　독수리가 왕에게 말하였다.

　'당신은 이제 두 눈을 도려내 나에게 보시한 것을 혹 후회하거나 원망하지 않습니까?'

　왕이 독수리에게 말하였다.

　'나는 너에게 눈을 준 것을 지금 진실로 후회하거나 원망하지 않는다.'

　독수리가 왕에게 말했다.

　'후회하고 원망하는 마음이 없다는 것을 무엇으로 증명할 수 있습니까?'

　왕이 독수리에게 대답하였다.

　'내가 이제 너에게 눈을 보시하고도 후회하는 마음이 없다면 내 두 눈이 원래대로 회복될 것이다.'

　이렇게 서원을 세우고 나자, 왕의 두 눈이 본래와 조금도 다름없이 회복되었다. 독수리는 다시 제석천의 모습으로 왕을 찬탄하였다.

　'선에 없었던 기이한 일입니다. 당신이 이제 주기 어려운 눈을 능히 주는 것은 제석천이나 범천이나 전륜성왕이 되기를 바라는 것입니까, 아니면 세속의 영화와 향락을 얻기 위함입니까?'

　왕이 곧 제석천에게 대답하였다.

　'나는 이제 범천이나 전륜성왕이 되기를 바라지 않고, 세속의 영화와 향락을 구하지도 않습니다. 이렇게 눈을 보시한 선근 공덕으로 제가 미래세에 정각을 이루어 중생을 제도하기를 바랍니다.'

시비왕이 이렇게 발원하자, 제석천은 곧 하늘나라 궁전으로 돌아갔다."

부처님께서 비구들에게 말씀하셨다.

"알아 두라. 그때 그 시비왕이 바로 지금의 나이고, 그때의 독수리가 바로 지금 저 늙은 비구이다. 나는 그 당시 눈을 도려내 보시하면서도 아까워하지 않았기 때문에 스스로 부처님이 된 것이다. 그래서 지금도 여전히 너희보다 더 복덕을 닦으면서도 오히려 만족스러워하지 않는 것이니라."

그때 모든 비구는 부처님의 말씀을 듣고 기뻐하면서 받들어 행하였다.

34

법을 구한 선면왕

부처님께서 사위국 기수급고독원에 계실 때였다.

그때 세존께서 대비가 스민 마음으로 일체종지一切種智로 얻은 위없는 감로甘露의 묘법을 널리 하늘과 인간세계의 8부 대중에게 밤낮없이 설하시면서 조금도 피곤해하거나 싫증 내지 않으셨다.

이때 비구들이 이 일을 보고 나서 부처님께 아뢰었다.

"세존이시여, 지금 세존께서는 쉬지도 않고 밤낮없이 법요法要를 설하십니다. 그런데도 부처님은 몸도 마음도 전혀 피곤해하거나 싫증 내는 기색이 없으시니, 어떻게 이럴 수 있습니까?"

이때 세존께서 비구들에게 말씀하셨다.

"너희들은 자세히 들어라. 내가 이제 너희들을 위해 자세히 설명해 주리라. 아득히 먼 옛날 바라나국에 선면善面이라는 왕이 있었다. 그 왕에게는 손타리孫陀利라는 왕태자가 있었다. 그 나라는 풍요롭고 안락하며 백성들이 번성하였다. 총명하고 지혜롭던 선면왕은 도덕을 매우 좋아하여 항상 묘법을 구하였다. 그래서 많은 보물을 네거리 복판에 두고 이렇게 외쳤다.

'누구라도 나에게 묘법을 말해 주는 이가 있다면, 이 보물을 주리라.'

그의 지극한 정성에 감응하여 하늘나라 궁전이 모두 진동하였다. 이때 석제환인釋提桓因이 곧 관찰하다가, 법을 구하는 선면왕의 지극한 정성에 감응하여 자신의 궁전이 요동친 것임을 알았다. 석제환인은 곧 칼처럼 길고 날카로운 송곳니 두 개가 솟은 나찰羅刹의 모습으로 변했다. 나찰은 굶주림에 마구 설치는 매우 무서운 모습으로 왕의 궁전 문에 이르러 큰소리로 외쳤다.

'나에게 오묘한 법이 있습니다.'

왕이 그 말을 듣고 곧 문밖으로 나와 나찰을 맞이하고 오묘한 법을 듣고 싶다고 청하였다. 그러자 나찰이 왕에게 말하였다.

'나에게 오묘한 법이 있기는 하지만, 지금 너무 배가 고프고 목이 말라 오묘한 법을 설할 수 없습니다.'

왕이 이 말을 듣고 갖가지 음식을 차려 주자, 나찰이 말하였다.

'나는 뜨거운 피가 흐르는 싱싱한 살코기만 먹습니다. 당신이 맛있다는 이런 음식은 나는 안 먹습니다.'

이때 왕태자 손타리가 그 말을 듣고 부왕에게 청하였다.

'무릇 법음法音이란 듣기 매우 어려운 것입니다. 제가 이제 이 몸을 나찰에게 보시하여 맘껏 뜯어먹게 하겠습니다. 부디 부왕께서는 오묘한 법을 들으소서.'

왕은 태자가 광대한 마음을 일으켜 목숨마저 아끼지 않는 것을 보고는, 곧 스스로 생각하였다.

'내가 오랜 겁 동안 사랑과 은혜에 묶여 생사에 유전하면서 끝날 날이 없었다. 이제 법을 듣기 위해 차라리 사랑하는 자식을 버리리라.'

이렇게 생각하고 곧 허락하였다. 허락을 받은 태자는 곧 나찰에게 자신의 몸을 주었다. 나찰은 곧 왕 앞에서 태자의 몸을 갈기갈기 찢어 땅바닥에 이리저리 흩어놓고 피를 마시고 살을 뜯어 먹었다. 다 먹고 나서, 나찰은 일부러 말했다.

'부족합니다.'

이때 왕의 부인은 자식이 나찰에게 몸을 주고 나찰이 그것을 다 먹어치우고 난 뒤 배부르지 않다고 말하는 것을 보고는 이렇게 생각하였다.

'내 자식도 몸과 목숨을 보시하였는데, 어찌 이 몸을 버리지 않으랴.'

부인은 곧 자기 생각을 왕에게 아뢰었다. 왕이 이 말을 듣고 또 곧 허락하였다. 그러자 부인도 나찰에게 몸을 보시하였다. 나찰은 부인의 몸을 받아 앞서와 같이 먹어치웠다. 그렇게 다 먹고 나서 '아직도 배가 고프고 목이 마르다.'라고 하였다. 그러면서 왕에게 말하였다.

'이번에는 당신의 몸을 내 먹이로 주십시오.'

왕이 곧 대답하였다.

'내 몸을 주는 것은 조금도 아깝지 않습니다. 다만 몸이 없어지면 법을 들을 수 없습니다. 당신이 먼저 나에게 법을 설하고 그 뒤

에 내가 몸을 버려 당신의 먹이가 되겠습니다.'
　이때 나찰은 왕의 말이 진심이라는 것을 알고, 곧 왕을 위해 게송을 읊었다.

　　사랑으로 인해 근심이 생기고
　　사람으로 인해 두려움이 있나니
　　은혜와 사랑을 벗어날 수 있는 자
　　영원히 근심 끊고 두려움 없으리라.

　나찰은 이 게송을 읊고 나서 다시 제석천의 모습으로 돌아왔고, 태자와 부인도 홀연히 앞에 나타났다. 왕은 법을 듣고 신심과 공경심이 더욱 늘어났고, 또 부인과 태자가 그대로 살아 있는 것을 보고는 마음속 기쁨을 스스로 억제할 수 없었다."
　부처님께서 비구들에게 말씀하셨다.
　"알아 두라. 그때 그 선면왕이 바로 지금의 나이고, 그때 그 태자는 바로 지금의 아난이며, 그때 그 부인은 바로 지금의 야수다라耶輸陀羅이니라. 나는 먼 옛날 보살도를 닦던 시절에도 법을 구하기 위해서는 소중한 처자식까지 애석하게 여기지 않았다. 하물며 어찌 오늘날 피곤해하거나 싫증을 낼 수 있겠느냐?"
　그때 모든 비구는 부처님의 말씀을 듣고 기뻐하면서 받들어 행하였다.

35

법을 구한 범마왕의 태자

부처님께서 사위국 기수급고독원에 계실 때였다.

그때 그 성에 수달須達이라는 장자가 있었다. 그는 성품이 어질고 삼보를 공경하고 믿었으며, 날마다 절에 찾아가 탑塔을 청소하였다.

그러다 하루는 업무가 있어 어디를 가느라고 탑을 청소하지 못하였다. 그때 세존께서 대목련大目連·사리불舍利弗·대가섭大迦葉 등을 데리고 그 탑에 들어가 청소하였다. 청소를 마친 뒤 한쪽에 물러나 앉아 비구들에게 말씀하셨다.

"청소를 하면 다섯 가지 공덕을 얻는다. 첫째는 자신의 더러운 마음을 제거하고, 둘째는 다른 사람의 더러운 마음을 제거하며, 셋째는 교만을 제거하고, 넷째는 자신의 마음을 항복시키며, 다섯째는 공덕을 늘어나게 하여 좋은 곳에 태어난다."

그때 수달 장자가 업무를 마치고 돌아와 기원정사에 도착해, 세존께서 비구들에게 청소의 공덕에 대해 말씀하시는 것을 들었다. 장자는 곧 환희심을 일으켜 부처님 앞에 나아가 아뢰었다.

"제가 이제 부처님께서 말씀하신 이 청소의 다섯 가지 공덕을 들으니, 어디에 가 있건 모든 현성賢聖을 제 눈앞에 뵐 것 같습니다."

그러자 세존께서 수달 장자에게 말씀하셨다.

"내가 사랑하고 공경하는 일체의 선한 법 역시 마찬가지다. 그대는 이제 자세히 들어라. 내가 이제 그대를 위해 자세히 분별하여 해설하리라.

아득히 먼 옛날 바라나국에 범마달다梵摩達多라는 왕이 있었느니라. 그는 바른 법으로 나라를 다스려 백성들이 번성하고, 한없이 풍요롭고도 안락하였다.

그때 왕의 부인이 임신하자, 정수리 위에 저절로 보배 일산 하나가 나타나 부인이 가건 앉건 따라다녔다. 이에 왕이 점술사를 불러 부인의 모습을 보였다. 점술사가 살펴보고 말하였다.

'앞으로 큰 복덕이 있는 아이를 출생할 것이며, 그는 분명 사방으로 법을 찾아다닐 것입니다.'

마침내 열 달이 차서 부인이 태자를 낳으니, 세간에 보기 드물 만큼 용모가 훌륭하고 단엄하였다. 그래서 태자의 이름을 구법求法이라 하였다. 태자는 차츰 성장하면서 도법道法을 좋아하였고, 또 사람을 시켜 값진 보물을 가지고 사방으로 법을 구하였다. 하지만 끝내 얻을 수 없자, 눈물을 흘리며 괴로워하면서 스스로 편안할 수 없었다.

이러한 정성에 하늘이 감응하여 제석천의 궁전이 흔들리며 안정되질 않았다. 이때 제석천이 생각하였다.

'무엇 때문에 내 궁전이 이렇게 흔들릴까?'

제석천이 관찰하다가, 왕태자가 괴롭게 법을 구했지만 끝내 얻지 못해 우는 것을 보았다.

'저 정성에 감응하여 나의 궁전이 이렇게 요동쳤구나. 내가 지금 찾아가 그의 선한 마음이 과연 진실인지 거짓인지 시험해 보리라.'

제석천은 바라문의 모습으로 변해 왕의 궁전 문으로 찾아가 큰 소리로 외쳤다.

'내가 묘법을 가지고 있다. 누가 듣고 싶은가? 내가 말해 주리라.'

왕태자는 그 소식을 듣고 스스로 기쁨을 이기지 못해 궁궐 문으로 나가 그를 맞이하고 발에 엎드려 예배하였다. 그리고 대전으로 모시고 와 좋은 평상을 펴고 앉기를 청하며 합장하고 말했다.

'대사여, 부디 자애로운 마음으로 가엾이 여기셔서 저에게 자세히 말씀해 주소서.'

그리자 바라문이 태자에게 말하였다.

'법 배운다는 것은 매우 어려운 일입니다. 오래도록 스승을 따라 정성을 다해야 알 수 있는 것인데, 지금 왜 만나자마자 들으려고 하십니까? 이치에 맞지 않습니다.'

왕태자가 다시 대사에게 말하였다.

'필요한 것이 있으시면 말씀해 주십시오. 이 몸이건 아내·자식·코끼리·말·보배건 모든 것을 준비해 아낌없이 당신께 드리겠

습니다.'

바라문이 말했다.

'방금 당신이 말한 것들은 저는 다 필요 없습니다. 당신이 만약 열 길 깊이의 큰 구덩이를 파고 그 속에 불을 지른 다음 스스로 몸을 던진다면, 당신에게 법을 말해 주겠습니다.'

태자는 그 말을 듣고 마음속으로 기뻐하였다. 그래서 곧 큰 구덩이를 파고 그 속에 불을 지른 다음 스스로 몸을 던지려 하였다. 그때 왕의 부인을 비롯한 신하들이 달려와 태자를 붙잡고 만류하는 한편, 바라문에게 호소하였다.

'대사여, 부디 자애로 저희를 가엾이 여기셔서 태자께서 이 불구덩이에 뛰어들지 못하게 하소서. 대사께서 원하신다면 이 나라 성읍과 보물, 심지어 처자식까지 다 드리겠습니다.'

바라문이 말하였다.

'나는 태자에게 강요하지 않았습니다. 태자의 뜻에 따라 그렇게 하면 나 또한 법을 설하겠다는 것입니다.'

이때 태자가 그 말을 듣고 말하였다.

'내가 오랜 겁에 걸쳐 헛되이 몸과 목숨을 버렸지만, 저 사람처럼 나를 위해 오묘한 법을 설해주겠다는 자는 없었습니다.'

그리고 곧 스스로 뛰어들려고 하였다. 이때 왕의 부인과 신하들이 태자가 진심으로 죽으려 드는 것을 보고, 곧 사신을 파견해 하루에 8천 리를 갈 수 있는 코끼리를 타고 온 염부제 안에 있는 대신들을 한꺼번에 집합시켰다. 그리고 곧 태자에게 찾아가 합장하고 호소하였다.

'저희를 위해서라도 이 불구덩이에 뛰어들지 마소서. 지금 저 바라문 한 사람을 위해 모든 것을 버리려 하십니까?'

그러자 태자가 신하들에게 말하였다.

'나는 과거 헤아릴 수 없이 태어나고 또 죽었습니다. 혹 지옥·축생·아귀의 세계에 태어나 서로를 죽이기도 하고, 불에 태워지고 뜨거운 물에 삶기기도 하였습니다. 그러면서 겪은 굶주림과 온갖 곤욕의 괴로움은 하루 동안에 다 헤아릴 수도 없고, 그 아픔은 말할 수조차 없습니다. 그렇게 헛되이 몸과 목숨을 버리면서 이제껏 법에 도움이 되는 일은 해본 적이 없습니다. 그런데 여러분은 지금 왜 나를 말리는 것입니까? 내가 이러는 것은 이 냄새나는 더러운 몸으로 위없는 보리의 도를 구하기 위함입니다. 이 몸과 목숨을 버려 맹세코 중생들을 제도해 생사의 바다에서 벗어나게 하겠습니다.'

신하들에게 이렇게 말한 다음, 투신하기로 하고 바라문에게 말하였다.

'대사여, 부디 먼저 저에게 법을 말씀해 주십시오. 제 목숨이 끊어지고 나면 법을 들을 수 없습니다.'

이때 바라문이 곧 태자를 위해 게송을 읊었다.

사랑하는 마음 항상 실천하여
성내거나 해치려는 생각 없애고
큰 연민으로 중생들 가엾이 여기며
가슴 아파 눈물을 비처럼 흘려라.

큰 연민을 실천하는 자
제 몸처럼 여겨야 얻는 법
모든 중생 구하고 보호하면
비로소 보살행이라 할 수 있네.

그때 태자가 이 게송을 듣고서 기쁨을 이기지 못하고 곧 큰 불구덩이 속으로 뛰어들었다. 그러자 그 불구덩이가 연못으로 변하더니 태자가 연꽃 위에 앉혀지면서 온 대지가 진동하고 하늘나라 온갖 꽃들이 비처럼 쏟아져 무릎까지 쌓였다. 이때 바라문이 제석천의 모습으로 돌아와 태자를 찬탄하였다.

'당신은 이제 이 불구덩이 속에서도 게송 하나를 위해 목숨을 아끼지 않았습니다. 소원이 무엇입니까?'

태자가 대답하였다.

'제 소원은 위없는 보리의 큰 도를 구해 널리 중생을 제도하여 생사의 바다에서 벗어나게 하는 것입니다.'

이때 제석천은 태자의 말을 듣고 '전에 없었던 일이다.'라고 찬탄한 다음 다시 하늘나라로 돌아갔다. 범마왕을 비롯한 왕의 부인과 신하들도 역시 '전에 없었던 기이한 일이다.'라고 찬탄하며 다들 기뻐하면서 태자를 데리고 궁전으로 돌아갔다."

부처님께서 비구들에게 말씀하셨다.

"알아 두라. 그때 그 범마왕이 바로 지금의 정반왕淨飯王이고, 그때의 왕후는 바로 지금의 마야摩耶부인이며, 그때의 태자가 바로 지금의 나이니라."

부처님께서 이렇게 법을 구하셨던 이야기를 들려주자, 그 말씀을 듣고 어떤 사람은 수다원과를 얻었고, 혹은 사다함과, 혹은 아나함과, 혹은 아라한과를 얻었으며, 혹은 벽지불이 되겠노라는 마음을 일으킨 자도 있었고, 혹은 위없는 깨달음을 얻겠노라는 마음을 일으킨 자도 있었다.

그때 모든 비구는 부처님의 말씀을 듣고 기뻐하면서 받들어 행하였다.

36

부처님께 빚 독촉한 바라문

부처님께서 사위국 기수급고독원에 계실 때였다.

그때 비구들과 함께 성에 들어가 걸식하시다가 어느 거리 복판에서 한 바라문을 만났다. 그런데 그 바라문이 손가락으로 땅에 선을 긋고 못 가게 막으면서 말하였다.

"당신이 이제 500냥을 나에게 준다면 이 길을 지나가도록 허락하겠소. 만약 주지 않으면 지나지 못하게 할 것이오."

이때 세존께서는 비구들과 함께 말없이 서서 앞으로 갈 수가 없었다. 이 소식이 위에까지 알려지자, 마가다국의 군주 병사瓶沙와 파사닉왕과 비사가毘舍呿 석종釋種과 복루나福樓羅 등이 각각 값진 보물과 갖가지 재물을 가지고 와 바라문에게 주었다. 하지만 바라문은 받으려 하질 않았다. 그때 수달須達 장자가 부처님께서 바라문에게 붙잡혀 거동을 못 하신다는 소식을 듣고, 곧 500냥을 가지고 가 바라문에게 주었다. 바라문은 그제야 부처님이 길을 지나가

도록 허락하였다. 비구들이 이 일을 목격하고 부처님께 아뢰었다.

"세존이시여, 무슨 인연으로 바라문이 길을 막고 부처님을 지나가지 못하게 하는 이런 일을 당한 것입니까?"

이때 세존께서 비구들에게 말씀하셨다.

"자세히 들어라. 내가 너희들을 위해 자세히 분별해 해설하리라.

아득히 먼 옛날 바라나국에 범마달다梵摩達多라는 왕이 있었고, 그 왕에게 선생善生이라는 왕태자가 있었다. 그 왕태자가 친구들과 함께 유람을 나섰다가 길에서 한 노름꾼을 만났다. 함께 갔던 재상의 아들이 500냥을 걸고 그와 도박을 하다가 지고 말았다. 노름꾼이 500냥을 내놓으라고 요구했지만, 재상의 아들은 갚으려 하질 않았다. 그때 왕태자가 노름꾼에게 말하였다.

'만약 저 사람이 돈을 주지 않으면 내가 대신 갚겠소.'

하지만 재상의 아들은 자기 세력을 믿고 끝내 갚지 않았다. 그래서 그 뒤로 나는 한량없는 세월 동안 항상 노름꾼에게 빚 독촉을 받았느니라."

부처님께서 비구들에게 말씀하셨다.

"알아 두라. 그때 그 왕태자가 바로 지금의 나이고, 그때의 재상 아들이 바로 지금의 수달 장자이며, 그때 노름꾼이 지금 저 바라문이다. 그러니 너희들은 빚을 졌다면 대항하거나 염치없이 갚지 않는 짓을 해서는 안 된다. 나아가 부처님이 된다고 해도 나처럼 이런 곤란을 당하리라."

그때 모든 비구는 부처님의 말씀을 듣고 기뻐하면서 받들어 행하였다.

37

부처님께서 반열반에 드실 무렵 제도한 500명의 역사

　부처님께서 구시나성拘尸那城의 두 그루 사라 나무 사이에서 열반에 들려고 하실 때였다. 그때 수발타須拔陀가 이 소문을 듣고 500명의 역사를 데리고 부처님께 찾아와 엎드려 예배하였다. 수발타가 한쪽에 물러나서 부처님 도에 들어오기를 원하자, 부처님께서 곧 말씀하셨다.
　"잘 왔구나, 비구들이여."
　그러자 수염과 머리카락이 저절로 땅에 떨어지고 법복이 몸에 입혀져 곧바로 사문의 모습이 되었다. 부처님께서 그들을 위해 갖가지 법을 설하시자, 그들은 마음이 열리고 뜻을 이해하게 되어 각기 도의 자취를 얻었다.
　이때 비구들이 그 광경을 목격하고 부처님께 여쭈었다.
　"세존이시여, 수발타를 비롯한 500명은 전생에 어떤 복을 심었기에 부처님께서 열반에 드시려고 하는 이 위급한 순간에 부처님의 제도를 받은 것입니까?"

부처님께서 비구들에게 말씀하셨다.

"그들은 위급한 순간에 제도 받은 것은 지금만이 아니다. 과거세에도 역시 나는 저들을 제도하여 여러 어려움에서 벗어나게 했느니라."

비구들이 다시 부처님께 아뢰었다.

"세존이시여, 과거세에 어떻게 저들을 제도하셨는지 저희는 알지 못합니다. 부디 자세히 말씀해 주소서."

이때 세존께서 비구들에게 말씀하셨다.

"너희들은 자세히 들어라. 내가 이제 자세히 분별하여 해설하리라.

아득히 먼 옛날 바라나국에 범마달다梵摩達多라는 왕이 있었다. 그 왕이 백성들을 거느리고 성을 나와 사냥을 하다가, 어느 산속 큰 강이 있는 곳에 이르러 500마리 사슴을 만나자 화살을 쏘아 잡으려고 하였다.

그때 나는 사슴들의 왕이었다. 포위망을 치고 다가오자, 강 언덕에 있던 사람들이 어쩔 줄 몰라 당황하고 두려워하며 강가를 따라 치달렸다. 당시 그 강이 너무 깊어 건널 수 없는데 포위망은 점점 좁혀오니, 생명이 위급한 상황이었다. 이때 사슴 왕이 다른 사슴들에게 말하였다.

'너희를 위해 내가 네 다리를 펴서 강 양쪽 언덕에 걸치리라. 너희들은 내 등을 밟고 저 언덕으로 건너가라.'

그때 사슴들이 이 말을 듣고 한꺼번에 우르르 달려와 사슴 왕의 등을 밟고 강을 건넜다. 결국에 사슴 왕은 뼈가 으스러졌으니, 그 고통이란 이루 말할 수 없었다.

이때 다른 사슴은 다 건넜는데 어린 새끼가 있는 어미 사슴 한 마리가 맨 뒤에 남아 허둥대며 어쩔 줄 몰라 하고 있었다. 사슴 왕은 그들이 뒤에 남은 것을 보고 극심한 고통을 참으면서 건너가게 하였다. 그리고 곧 목숨이 끊어졌고, 사슴 왕은 도리천忉利天에 태어났다."

부처님께서 비구들에게 말씀하셨다.

"나는 그 당시 축생이었는데도 자비심을 일으켜 피로와 고통을 꺼리지 않고 중생들을 제도하였다. 하물며 지금의 나는 삼계를 초월하여 걸림 없이 자유자재한데 힘들 것이 뭐가 있겠느냐?"

부처님께서 비구들에게 말씀하셨다.

"알아 두라. 그때 그 사슴 왕이 바로 지금의 나이고, 그때의 500마리 사슴은 바로 지금 수발타를 비롯한 500명의 비구이니라."

이때 비구들이 다시 부처님께 여쭈었다.

"세존이시여, 저 수발타를 비롯한 500명의 비구는 전생에 무슨 복을 심었기에 이제 부처님을 만나자마자 각각 다 도과道果를 얻은 것입니까?"

부처님께서 비구들에게 말씀하셨다.

"너희들은 자세히 들어라. 내가 이제 너희들을 위해 자세히 분별하여 해설하리라. 이 현겁賢劫에 바라나국에서 가섭부처님이 출현하신 적이 있느니라. 그때 500명의 비구가 숲속에서 좌선하고 경행하였는데, 아직 도과를 얻지는 못하였다.

그때 가섭 여래께서 교화를 다 마치고 열반에 드시려고 하였는데, 비구들은 이 사실을 전혀 몰랐다. 하지만 숲의 나무 신들은 가섭 여래께서 오늘 열반에 들려고 한다는 것을 알고 마음이 아파 괴로워하며 울었다. 그들이 흘린 눈물이 나무 아래에 있던 비구들의 머리 위에 떨어지자, 비구들이 각각 나무 신에게 물었다.

'그대는 이제 무엇 때문에 그렇게 눈물을 흘리면서 슬피 웁니까?'

나무 신이 대답하였다.

'가섭 세존께서 지금 열반에 들려고 하십니다. 그래서 제가 지금 마음이 아파 이렇게 눈물을 흘리며 우는 것입니다.'

나무 신의 말을 들은 비구들은 놀라고 두려워하면서 나무 신에게 말했다.

'우리가 이제 어떻게 해야 세존을 뵐 수 있을까요? 우리가 먼저 스스로 죽지, 부처님께서 먼저 열반하시는 것은 차마 볼 수 없습니다.'

그러자 나무 신들이 대답하였다.

'이제 당신들이 가고 싶다면 각자 눈을 감으십시오. 저희 나무 신들이 당신들을 세존의 처소까지 데려다 주겠습니다.'

비구들이 그 말을 듣고 곧 눈을 감자, 과연 자신들도 모르는 사이에 홀연히 세존이 계신 곳에 도착했다. 그리고 비구들은 죄를 참회하고 각자 열반에 들었다.

부처님께서 말씀하셨다.

"그들 모두 그 당시 출가하여 계를 지킨 공덕으로 지금 나를 만나 도과를 증득하게 된 것이다."

부처님께서 비구들에게 말씀하셨다.

"알아 두라. 그때 그 500명의 비구가 바로 지금의 수발타를 비롯한 역사 출신 500명의 비구이다."

그때 모든 비구는 부처님의 말씀을 듣고 기뻐하면서 받들어 행하였다.

38

자기 몸을 선인에게 공양한 토끼

부처님께서 사위국 기수급고독원에 계실 때였다.

그때 그 성에 발제拔提라는 장자가 있었다. 그는 출가하여 도에 들어왔지만, 마음속으로는 항상 속인과 관련된 일을 좋아하여 삼업三業을 닦는 수행을 모두 폐지하였다. 그때 여래께서 이 발제의 선근이 이미 성숙하여 교화를 받아들일 수 있음을 관찰하시고, 아난에게 말씀하셨다.

"네가 저 발제 비구를 불러 나의 처소로 오게 하라."

아난이 곧 발제 비구를 불러오자, 부처님께서 발제에게 명하셨다.

'너는 깊은 산 숲속으로 들어가 선한 법을 닦아 익히도록 하라.'

그는 곧 부처님의 가르침을 받아 산속 숲으로 들어가 좌선하고 경행하였고, 오래지 않아 아라한과를 얻었다.

이때 비구들이 그 사실을 목격하고 부처님께 나아가 여쭈었다.

"세존이시여, 지금 저 발제 비구는 전생에 무슨 복을 심었기에 출가하고도 세속의 일을 좋아하다가 다시 부처님을 만나 도과를 얻게 된 것입니까?"

부처님께서 비구들에게 말씀하셨다.

"지금만 저 비구를 교화한 것이 아니다. 과거세에도 나는 저 비구를 교화한 일이 있다."

비구들이 다시 부처님께 아뢰었다.

"세존이시여, 과거세에 어떤 일이 있었는지 저희는 알 수 없습니다."

그러자 세존께서 비구들에게 말씀하셨다.

"너희들은 자세히 들어라. 내가 이제 너희들을 위해 자세히 분별하여 해설하리라.

이 현겁에 있었던 일이다. 바라나국에서 어떤 선인이 깊은 산 숲속에서 과일이나 먹고 물만 마시면서 오랜 세월 선도仙道를 닦고 익혔다. 그러다 심한 가뭄을 만나 꽃이 피지 않고 열매도 맺지 않아 굶주림과 목마름에 시달리게 되었다. 그래서 선인은 곧 마을로 들어가 걸식하며 살아가려고 마음먹었다.

그때 보살이 토끼들의 왕이었다. 왕이 다른 토끼들을 거느리고 물과 풀을 찾아 함께 다니다가 수염이 긴 선인이 굶주림과 목마름에 시달리다 마을로 들어가 걸식하며 살려는 것을 보게 되었다. 토끼 왕이 곧 그에게 다가가 말하였다.

'내일 변변치 못한 저의 공양을 받아 주십시오. 그리고 좋은 법이 있으니, 당신도 한번 들어 보십시오.'

선인이 이 말을 듣고 생각하였다.

'저 토끼 왕이 아마 수명이 다한 새나 짐승을 발견하고 나를 위해 음식을 만들려나 보다.'

선인은 곧 허락하였다. 선인의 허락을 받은 토끼 왕은 다음날 모든 토끼와 선인을 모아 놓고 오묘한 법을 널리 설하였다. 그런 다음 직접 마른 나무를 땅에 쌓고 스스로 불을 붙이고는 그 불구덩이 속으로 뛰어들었다. 이 광경을 본 선인이 곧 달려들어 끄집어냈지만 덧없는 생명이 이미 세상을 달리한 뒤였다. 선인은 큰소리로 외쳤다.

'화상 대사여, 우리를 외롭게 버려두고 왜 하루아침에 세상을 뜨셨습니까? 다시는 법을 들을 수 없게 되었습니다.'

그는 슬픔에 목이 메어 하늘을 향해 울부짖다가 기절해 땅에 쓰러졌으니, 그 슬픔은 말할 수 없었다. 바로 그때 온 대지가 진동하고 하늘에서 아름다운 꽃들이 쏟아져 토끼 왕의 시신 위를 덮었다. 저 선인도 토끼 왕이 대비심을 닦은 것을 보았기에 감히 먹을 수 없었다. 선인은 그 뼈를 거둬 탑을 세워 공양하였느니라."

부처님께서 비구들에게 말씀하셨다.

"알아 두라. 그때 그 보살인 토끼 왕이 바로 지금의 나이고, 그때의 선인은 바로 지금 발제 비구이다. 그는 당시 내 말에 순종하여 찾아와 법을 들었기 때문에 이제 또 나를 만나 출가하고 도를 얻게 된 것이니라."

그때 모든 비구는 부처님의 말씀을 듣고 기뻐하면서 받들어 행하였다.

39

어머니에게 살해당한 법호 왕자

부처님께서 사위국 기수급고독원에 계실 때였다.

그때 어리석고 지혜 없는 제바달다提婆達多가 항상 질투심과 분노를 품고 세존께 마구 욕설을 퍼부었지만, 여래께서는 끝내 제바달다에게 혐오하거나 원망하는 마음이 조금도 없었다. 그때 비구들이 이 사건을 목격하고 곧 부처님 앞에 나아가 아뢰었다.

"세존께서 왜 이러시는지 저희는 까닭을 모르겠습니다."

부처님께서 비구들에게 말씀하셨다.

"나는 오늘날만 그에게 욕을 먹은 게 아니다. 전생에도 제바달다는 항상 욕설을 퍼부었고, 나는 항상 참았느니라."

비구들이 다시 부처님께 아뢰었다.

"세존이시여, 전생에 어떤 일이 있었는지 듣고 싶습니다. 자세히 말씀해 주소서."

이때 세존께서 비구들에게 말씀하셨다.

"너희들은 자세히 들어라. 내가 이제 너희들을 위해 자세히 분별하여 해설하리라.

이 현겁에 바라나국에 범마달마梵摩達多라는 왕이 있었다. 그는 바른 법으로 나라를 다스려 백성이 번성하였고, 풍요롭고 즐겁기가 끝이 없었다. 그 왕에게 두 부인이 있었으니, 첫째 부인의 이름은 선의善意이고, 둘째 부인의 이름은 수선의修善意였다. 첫째 부인은 성품이 유순하여 왕의 마음에 쏙 들었으나 자식이 없었다. 둘째 부인에게만 법호法護라는 아들이 하나 있었다. 그 아들은 총명하고 인자하며 부모에게 효도하고 순종하였기에 왕이 무척 사랑하였다. 왕은 그 아들을 학당學堂에 보내 책을 읽고 외우게 하였다.

그러던 어느 날이었다. 왕이 첫째 부인을 데리고 성 밖으로 나와 노닐면서 기뻐하고 즐거워하다가, 약간의 술과 음식을 성에 있는 둘째 부인에게 보냈다. 그러자 둘째 부인이 화를 내면서 추악한 욕설을 퍼부었다.

'내가 차라리 당신 아들인 왕자의 목을 찔러 그 피를 뽑아 마실지언정 이제 왕이 보내온 술은 절대 마시지 않으리라.'

심부름을 갔던 사람이 돌아와 이 사실을 보고하자, 왕이 이 말을 듣고 또 크게 분노하였다. 왕은 곧 다시 사람을 시켜 왕자를 둘째 부인에게 보내게 하고, 과연 그녀가 말대로 하는지 못하는지를 시험하였다. 둘째 부인이 곧 왕자의 목을 찌르려고 하자, 왕자는 몸을 굽혀 합장하면서 어머니께 애원하였다.

'제게 아무 잘못도 없는데 왜 이러하십니까?'

어머니가 아들에게 말하였다.

'네 아버지가 너를 죽이라고 한 것이지, 내 잘못이 아니다.'

이 말을 듣고 왕자가 어머니에게 잘못이 있으면 용서해 달라고 빌었지만, 그 어머니는 듣지 않고 곧 왕자를 찔러 죽이고 말았다. 왕자는 부모에게 효도하고 순종한 그 착한 마음 덕분에 도리천忉利天에 태어났느니라."

부처님께서 비구들에게 말씀하셨다.

"나는 그 당시 범부였지만, 어머니에게 살해당하고 모욕적인 욕설을 들으면서도 끝내 원망하는 마음이 없었다. 하물며 오늘날 삼계를 초월한 내가 어찌 저 제바달다에게 자비심을 일으키지 않겠느냐?"

부처님께서 비구들에게 말씀하셨다.

"알아 두라. 그때 그 국왕의 외아들이 바로 지금의 나이고, 그때의 어머니는 바로 지금의 제바달다이니라."

그때 모든 비구는 부처님의 말씀을 듣고 기뻐하면서 받들어 행하였다.

40

도둑 루타

부처님께서 사위국 기수급고독원에 계실 때였다.

그때 그 성에 루타樓陀라는 도둑이 있었다. 그는 항상 허리에 날카로운 칼을 차고 손에 활을 들고 길목을 지키다가 백성들의 물건을 빼앗아 그것으로 생활했다.

어느 날, 그는 며칠 동안 굶주림과 목마름에 시달리다가 마침 비구가 발우를 들고 나무 아래로 걸어가는 것을 보고는 이렇게 생각하였다.

'저 사람 발우 속에 분명 음식이 있을 것이다. 지금 당장 가서 음식을 빼앗아 먹어야겠다. 만약 그가 이미 다 먹었다면 배(腹)를 갈라 꺼내 먹으리라.'

이렇게 생각하고 곧 비구를 뒤쫓다가 멀지 않은 거리에서 잠시 멈추었다. 이때 그 비구가 도둑의 뜻을 알아차리고 생각하였다.

'지금 만약 저 사람을 부르지 않는다면 분명 나를 죽일 것이다.

그러면 저 사람은 죄가 늘어 3악도에 떨어질 것이다. 내가 먼저 불러 저 사람에게 음식을 주는 것만 못하다.'

이렇게 생각하고 곧 멀리서 그를 불렀다.

"당신 빨리 와보시오. 내가 당신에게 음식을 주겠소."

도둑은 생각하였다.

'지금 저 비구가 멀리서 내가 굶주린 것을 알고 나를 불러 음식을 주려고 하는구나.'

곧 다가가 비구가 주는 음식을 먹은 도둑은 배가 부르자 환희심이 일어났다. 이때 비구가 곧 그를 위하여 갖가지 오묘한 법을 설하자, 도둑은 마음이 열리고 뜻을 이해하게 되어 수다원과를 얻었다. 도둑은 출가하기를 원하였고, 출가한 그는 더욱 부지런히 닦고 익혀 아라한과를 얻었다. 또 3명明·6통通·8해탈解脫을 갖추어 온 하늘나라와 세상 사람들에게 존경받았다.

그때 모든 비구는 부처님의 말씀을 듣고 기뻐하면서 받들어 행하였다.

찬집백연경

제5권

아귀가 된 사람들 이야기
(餓鬼品)

41

아귀가 된 부나기

부처님께서 왕사성 가란타 죽림에 계실 때였다.

그때 존자 사리불과 대목건련 등은 음식을 먹으려 할 때면 먼저 지옥·축생·아귀들의 상황을 살핀 뒤에 식사하였다. 왜냐하면 중생들이 생사를 싫어하여 멀리하고 열반을 구하도록 하고 싶어서였다.

그러던 어느 날 목련이 한 아귀를 보았다. 그 아귀는 몸이 춧대처럼 말랐는데 배는 큰 산처럼 부풀었으며, 목구멍은 바늘처럼 가늘고, 송곳처럼 날카로운 머리카락이 온몸을 칭칭 감아 찔렀으며, 뼈마디마다 불길이 치솟았다. 아귀는 큰소리로 울부짖고 사방으로 치달리면서 똥·오줌이라도 얻어먹으려고 밤낮으로 애를 썼지만, 그것마저 끝내 얻지 못했다.

목련이 이 아귀를 보고 곧 다가가 물었다.

"너는 무슨 악업을 저질렀기에 이런 고통을 받고 있는가?"

아귀가 대답하였다.

"태양이 비추는 곳에는 등불이 필요 없습니다. 현재 여래 세존께서 세간에 계시니, 당신이 직접 찾아가 물어보십시오. 저는 지금 너무 배가 고프고 목이 말라 당신에게 대답조차 할 수 없습니다."

목련은 곧 저 아귀가 어떤 악업 때문에 저런 고통을 받는지 여쭙고자 부처님께 찾아갔다. 마침 세존께서 대중들과 함께 계시면서 하늘나라 신과 사람들을 위해 오묘한 법을 연설하시다가 목련이 찾아온 것을 보고 곧 물으셨다.

"너는 오늘 어떤 이상한 사건을 보았는가?"

목련이 대답하였다.

"한 아귀가 온몸에 불이 붙은 채 사방으로 치달리는 것을 보았습니다."

목련은 앞서 겪었던 일을 부처님께 자세히 말씀드리고 여쭈었다.

"어떤 악업을 저질렀기에 그런 고통을 받는 것입니까?"

세존께서 목련에게 말씀하셨다.

"너는 이제 잘 들어라. 내가 너를 위해 자세히 분별하여 해설하리라.

이 현겁에 사위성舍衛城에 한량없고 헤아릴 수 없는 재물과 보물을 가진 한 장자가 있었다. 그는 항상 노비를 시켜 사탕수수의 즙을 짜서 어른들에게 바치게 하였다. 그때 심한 소갈증을 앓던 한 벽지불이 있었는데, 의사가 처방하기를 사탕수수의 즙을 먹으면 병에 차도가 있을 것이라 하였다.

벽지불은 곧 사탕수수의 즙을 구걸하러 장자의 집으로 찾아갔다. 장자는 벽지불의 그 차분하고 위엄스러운 몸가짐을 보고 깊은 신심과 존경심을 일으켰다. 장자가 벽지불에게 물었다.

'무엇을 원하십니까?'

벽지불이 대답하였다.

'제가 소갈병이 심해 사탕수수즙이 꼭 필요합니다. 그래서 찾아와 부탁드립니다.'

장자가 이 말을 듣고 기쁜 마음으로 그의 아내 부나기富那奇에게 당부하였다.

'내가 지금 급한 일 때문에 외출해야 하니, 당신이 나 대신 사탕수수즙을 가져다 벽지불께 드리시오.'

그러자 부나기가 대답하였다.

'당신은 걱정하지 말고 나가서 일 보십시오. 제가 당신이 나간 뒤에 보시하겠습니다.'

장자가 외출한 뒤, 장자의 아내는 벽지불의 발우를 가지고 변소로 가서 발우에 오줌을 채우고 사탕수수즙으로 그 위만 살짝 덮어 벽지불에게 넘겨주었다. 그것을 받은 벽지불은 곧 진짜 사탕수수즙이 아니라는 것을 알아차려 땅에 쏟아 버리고 빈 발우로 돌아왔다. 장자의 아내는 그 뒤 목숨이 끝나고 아귀가 되어 항상 굶주림과 목마름에 시달리게 되었으니, 이 업연으로 말미암아 오늘날 그런 고통을 받는 것이니라."

부처님께서 목련에게 말씀하셨다.

"알고 싶은가? 그때 그 장자의 아내가 바로 지금의 부나기 아귀이니라."

　부처님께서 이 아귀의 인연을 말씀하셨을 때, 비구들은 모두 인색하고 탐욕스러운 마음을 버리고 생사를 싫어하게 되었으며, 그 가운데 어떤 사람은 수다원과를 얻었고, 혹은 사다함과, 혹은 아나함과, 혹은 아라한과를 얻었으며, 혹은 벽지불이 되겠노라는 마음을 일으킨 자도 있었고, 혹은 위없는 깨달음을 얻겠노라는 마음을 일으킨 자도 있었다.

　그때 모든 비구는 부처님의 말씀을 듣고 기뻐하면서 받들어 행하였다.

42

아귀가 된 현선 장자의 아내

부처님께서 왕사성 기사굴산耆闍崛山에 계실 때였다.

그때 존자 대목건련이 나무 아래에서 가부좌하고 앉아 사유하고 관찰하다가 한 아귀를 보게 되었다. 그 아귀는 몸이 촛대처럼 말랐는데 배는 큰 산처럼 부풀었으며, 목구멍은 바늘처럼 가늘고, 송곳처럼 날카로운 머리카락이 온몸을 칭칭 감아 찔렀으며, 뼈마디마다 불길이 치솟았다. 아귀는 큰소리로 울부짖고 사방으로 치달리면서 똥·오줌이라도 얻어먹으려고 밤낮으로 애를 썼지만, 그것마저 끝내 얻지 못했다.

그때 목련이 아귀를 보고 물었다.

"너는 전생에 무슨 악업을 저질렀기에 이런 고통을 받는가?"

아귀가 대답하였다.

"이 세간에 여래께서 계시니 당신이 직접 물어보시오. 저는 이제 굶주림과 목마름에 지쳐 당신에게 말할 기력조차 없습니다."

그때 목련이 곧 부처님께 찾아가 그 이유를 여쭈었다.

"저 아귀가 어떤 업행을 저질렀기에 저런 고통을 받는 것입니까?"

이때 세존께서 목련에게 말씀하셨다.

"너는 이제 자세히 들어라. 내가 이제 너를 위해 자세히 분별하여 해설하리라.

한량없이 아득히 먼 옛날에 바라나국이 있었느니라. 그 나라는 풍요롭고 안락하며, 백성들이 번성하고, 전쟁을 일으키는 일도 없었다. 그 나라에 현선賢善이란 장자가 있었는데, 그는 천성이 부드럽고 온화했으며, 삼보를 믿고 존경하여 항상 보시하기를 좋아하였다. 그래서 그 명성이 널리 알려졌다.

그러던 어느 날, 어떤 비구가 옷을 입고 발우를 들고 그 집에 찾아가 걸식을 하였는데, 공교롭게도 그 장자가 급한 용무가 있어 직접 보시할 수가 없었다. 장자는 곧 외출하면서 아내에게 은근히 당부하였다.

'이제 내가 외출한 뒤 당신이 이 비구에게 정성껏 음식을 보시하시오.'

아내가 대답하였다.

'당신은 걱정하지 마셔요. 제가 당신이 나간 뒤에 드리겠습니다.'

이때 장자의 아내는 문득 인색하고 탐욕스러운 마음이 생겨 곧 이렇게 생각하였다.

'지금 만약 음식을 주면 나중에 또 오겠지. 이 사람들은 참 보기

싫은 자들이야.'

아내는 곧 비구를 불러 집안으로 들어오게 하여 빈방에 가두고 해가 저물도록 음식을 주지 않았다. 이 업연으로 말미암아 한량없는 세월 동안 항상 아귀가 되어 그런 고통을 받았느니라."

부처님께서 목련에게 말씀하셨다.

"그때 그 장자의 아내가 바로 지금의 저 아귀이다. 그러니 너희들은 인색하고 탐욕스러운 마음을 내지 말고 부지런히 보시하라. 마땅히 이렇게 배우도록 하라."

부처님께서 이 아귀의 인연을 말씀하셨을 때, 그 모임에 있던 사람들이 모두 인색하고 탐욕스러운 마음을 버리고 생사를 싫어하게 되었으며, 그 가운데 어떤 사람은 수다원과를 얻었고, 혹은 사다함과, 혹은 아나함과, 혹은 아라한과를 얻었으며, 혹은 벽지불이 되겠노라는 마음을 일으킨 자도 있었고, 혹은 위없는 깨달음을 얻겠노라는 마음을 일으킨 자도 있었다.

그때 모든 비구는 부처님의 말씀을 듣고 기뻐하면서 받들어 행하였다.

43

물을 보시하지 않아 아귀가 된 악견

부처님께서 왕사성 가란타 죽림에 계실 때였다.

그때 존자 대목건련이 한 나무 아래에 앉아 있다가 한 아귀를 보게 되었다. 그 아귀는 몸이 촛대처럼 말랐는데 배는 큰 산처럼 부풀었으며, 목구멍은 바늘처럼 가늘고, 송곳처럼 날카로운 머리카락이 온몸을 칭칭 감아 찔렀으며, 뼈마디마다 불길이 치솟았다. 죽을 것 같은 갈증으로 입술이 바짝 마르고 타들어 갔지만, 강이나 샘으로 달려가면 그 물이 말라버리고, 설령 하늘에서 단비가 내려도 그의 몸에 닿으면 모두 불로 변했다.

이때 목련이 아귀에게 물었다.

"너는 전생에 무슨 악업을 지었기에 이런 고통을 받는 것인가?"

아귀가 목련에게 대답하였다.

"제가 이제 갈증으로 너무 고통스러워 당신에게 대답조차 할 수 없으니, 당신이 직접 부처님께 물어보십시오."

목련은 곧 그 인연을 묻고자 부처님께 찾아갔다. 마침 세존께서 대중들을 위해 오묘한 법을 연설하시다가 목련이 찾아온 것을 보고 먼저 자애롭고 부드러운 말로 물으셨다.

"어떤 이상한 사건을 보았는가?"

목련이 부처님께 아뢰었다.

"제가 조금 전 나무 아래에서 온몸에 불이 붙은 채 사방으로 치달리는 한 아귀를 보았습니다."

목련은 앞서 겪었던 일을 부처님께 자세히 말씀드리고 여쭈었다.

"전생에 어떤 악업을 지었기에 지금 그런 고통을 받는 것입니까?"

세존께서 목련에게 말씀하셨다.

"너는 자세히 들어라. 내가 이제 너를 위해 자세히 분별하여 해설하리라.

이 현겁에 가섭迦葉이란 부처님께서 바라나국에 출현하신 적이 있었느니라. 그때 한 사문이 먼 길을 가다가 더위와 갈증에 매우 시달리고 있었다. 마침 악견惡見이란 여인이 우물에서 물을 긷고 있었다. 이를 본 비구는 그녀에게 다가가 물을 좀 달라고 부탁하였다.

그러자 그 여인이 이렇게 대답하였다.

'당신이 목이 말라 죽는다 해도 나는 끝내 이 물을 당신에게 줄 수 없습니다. 내가 마실 물이 줄어드니 이 물은 가져갈 생각 마시오.'

이때 사문은 물을 얻지 못한 채 다시 길을 떠나야 했다. 여인은 그 뒤에도 인색하고 탐욕스러운 마음이 더하여 물을 달라고 찾아오는 이가 있어도 끝내 주지 않았다. 그 후 그녀는 목숨이 끊어져 아귀세계에 떨어졌으니, 이 업연으로 그런 고통을 받게 된 것이니라."

부처님께서 목련에게 말씀하셨다.

"알아 두라. 그 당시 물을 보시하지 않았던 여인이 바로 지금의 그 아귀이니라."

부처님께서 악견의 인연을 말씀하셨을 때, 비구들은 모두 인색하고 탐욕스러운 마음을 버리고 생사를 싫어하게 되었으며, 그 가운데 어떤 사람은 수다원과를 얻었고, 혹은 사다함과, 혹은 아나함과, 혹은 아라한과를 얻었으며, 혹은 벽지불이 되겠노라는 마음을 일으킨 자도 있었고, 혹은 위없는 깨달음을 얻겠노라는 마음을 일으킨 자도 있었다.

그때 모든 비구는 부처님의 말씀을 듣고 기뻐하면서 받들어 행하였다.

44

온몸에서 악취가 풍기는 아귀가 된 반타라

부처님께서는 왕사성 가란타 죽림에 계실 때였다.

그때 존자 대목건련이 걸식할 때가 되자 옷을 입고 발우를 들고 성에 들어가 걸식하고 본래 머물던 곳으로 돌아왔다. 목련은 공양을 마치고 옷과 발우를 정리한 뒤 한 나무 아래에서 결가부좌하고 삼매에 들었다. 그때 온몸에서 고약한 냄새가 풍겨 도저히 가까이 할 수 없는 한 아귀를 보게 되었다.

목련이 곧 아귀에게 물었다.

"너는 어떤 악업을 지었기에 악취가 풍겨 도저히 다가갈 수 없는 이런 몸을 받았는가?"

아귀가 대답하였다.

"당신이 직접 부처님께 여쭈어보면 말씀해 주실 것입니다."

목련이 곧 부처님께 찾아가 아뢰었다.

"세존이시여!"

먼저 아시고 묻는 것은 모든 부처님에게 흔한 일이었다.

"너는 오늘 어떤 이상한 사건을 보았는가?"

목련이 부처님께 아뢰었다.

"제가 조금 전 한 나무 아래에서 삼매에 들었다가, 온몸에서 사람의 똥보다 지독한 악취를 풍기는 한 아귀가 사방을 치달리면서 똥·오줌을 얻어 맛있게 먹는 것을 보았습니다. 세존이시여, 도대체 왜 이런 과보를 받은 것입니까?"

부처님께서 목련에게 말씀하셨다.

"너는 이제 그 인연을 알고 싶은가?"

목련이 부처님께 아뢰었다.

"기꺼이 듣고 싶습니다."

이때 세존께서 목련에게 말씀하셨다.

"너는 자세히 들어라. 내가 이제 너를 위해 자세히 분별하여 해설하리라. 헤아릴 수 없이 아득히 먼 옛날 바라나국에 어떤 벽지불이 출현하였느니라. 그는 한적한 곳에서 풀을 깔고 생각을 집중하여 좌선하며 지냈다. 그러다 몸에 병이 생겼는데, 훌륭한 의사가 약을 처방하기를 '고기를 먹어야만 그 병이 낫는다.'라고 하였다.

벽지불은 그 말을 듣고 곧 성으로 들어갔다. 벽지불이 길선吉善이라는 장자를 보고 그에게 고기를 구걸하자, 장자가 그의 아내 반타라槃陀羅에게 당부하였다.

'내가 급한 용무가 있어 지금 꼭 외출해야 하니, 당신이 정성껏 이 벽지불께 병에 알맞은 약을 보시하시오.'

장자의 아내가 대답하였다.

'당신은 뒷일은 염려하지 말고 조심해서 일을 보십시오. 제가 벽지불이 잡술 음식은 알아서 챙겨 드리겠습니다.'

장자가 외출하자마자, 반타라는 인색하고 탐욕스러운 마음이 생겨 곧 이렇게 생각하였다.

'내가 만약 오늘 저 사람에게 음식을 주면 내일 또 찾아오겠지. 참 보기 싫은 자들이야.'

이렇게 생각한 뒤에 곧 벽지불에게 발우를 달라고 해 변소로 가서 발우에 똥을 담고 그 위에 살짝 밥을 덮어 벽지불에게 주었다. 벽지불은 곧 지독한 냄새를 맡고 그 발우를 땅에 내동댕이치고 떠나버렸다. 장자의 아내 반타라는 이 업연으로 한량없는 세월 동안 항상 온몸에서 악취가 풍겨 도저히 가까이할 수 없는 아귀가 되었고, 또 항상 사람의 똥을 달게 먹게 되었다."

부처님께서 목련에게 말씀하셨다.

"알아 두라. 그 당시 발우에 똥을 담아 벽지불에게 주었던 장자의 아내가 바로 지금 그 아귀이니라."

부처님께서 이 아귀의 인연을 말씀하셨을 때, 비구들은 모두 인색하고 탐욕스러운 마음을 버리고 생사를 싫어하게 되었으며, 그 가운데 어떤 사람은 수다원과를 얻었고, 혹은 사다함과, 혹은 아나함과, 혹은 아라한과를 얻었으며, 혹은 벽지불이 되겠노라는 마음을 일으킨 자도 있었고, 혹은 위없는 깨달음을 얻겠노라는 마음을 일으킨 자도 있었다.

그때 모든 비구는 부처님의 말씀을 듣고 기뻐하면서 받들어 행하였다.

45

목련이 성에서 만난 500아귀

부처님께서 왕사성 가란타 죽림에 계실 때였다.

그때 목련이 걸식할 때가 되어 옷을 입고 발우를 들고 성에 들어가 걸식하려다가 마침 성문 바깥에서 들어오는 500아귀를 만나게 되었다. 아귀들은 목련을 보고 마음속으로 기뻐하면서 이렇게 말하였다.

"존자여, 부디 자비하신 마음으로 저희를 가엾이 여기셔서 저희의 이름으로 저희 집안 권속들에게 이렇게 말씀 좀 전해 주소서.

'저희는 선한 업을 닦지 않고 보시하기를 좋아하지 않았던 까닭에 지금 아귀세계에 떨어져 이런 몸을 받았습니다.'

존자여, 부디 저희 친척에게 재물을 얻어 그것으로 맛있는 음식을 준비해 부처님과 스님들을 초청해 주소서. 만약 재물이 부족하다면 저희를 위해 함께 공양을 준비하도록 여러 단월에게 권해 주소서. 그리하여 저희가 아귀의 몸을 벗어나게 해 주소서."

이때 목련이 그들의 부탁을 곧 허락하고, 다시 아귀들에게 물었다.

"너희들은 전생에 어떤 업행을 저질렀기에 이런 죗값을 받았는가?"

아귀들이 함께 한목소리로 목련에게 말하였다.

"저희는 전생에 모두 이 왕사성의 장자 아들이었습니다. 저희는 교만하고 방일하였으며, 보시하기를 좋아하지 않고, 세속의 향락에 탐착하여 삼보의 위없는 도의 가르침을 믿지 않았습니다. 성에 들어와 걸식하는 사문들을 보면 스스로 보시하지 않았을 뿐만 아니라 다른 사람이 보시하는 것까지 막으면서 이렇게 말했습니다.

'이 도인이란 자들은 스스로 먹고살 생각은 하지 않고 그저 백성들에게 바라기만 한다. 지금 만약 준다면 나중에 또 찾아오고 끝내 만족할 날이 없을 것이다.'

이 업연 때문에 목숨이 끝난 뒤 모두 아귀세계에 떨어져 이런 죗값을 받게 된 것입니다."

이때 목련이 아귀들에게 말하였다.

"내 이제 너희들을 위해 너희 친척·권속들에게 말하여 서로 협력해 큰 재회齋會를 베풀도록 할 것이니, 너희들은 그때 빠짐없이 참석하도록 하라."

아귀들이 또 한목소리로 존자에게 말하였다.

"이제 저희는 비록 형체가 있긴 하지만 전생의 죗값을 받아 몸은 촛대처럼 말랐는데 배는 큰 산처럼 부풀었으며, 목구멍은 바늘처럼 가늘고, 송곳처럼 날카로운 머리카락이 온몸을 칭칭 감아 마구 찌르며, 뼈마디마다 불길이 치솟고 있습니다. 사방으로 달리며 음식을 찾아봐도 얻을 수 없고, 설령 맛있는 음식을 발견해도 달려가 먹으려 들면 음식이 피고름으로 변하고 맙니다. 이런 몸으로 어떻게 그 대중 모임에 갈 수 있겠습니까?"

이때 목련이 곧 아귀들을 위해 이런 사정을 권속들에게 자세히 말하였다. 권속들은 이 말을 듣고 모두 괴로워하면서 서로 힘을 합해 공양을 베푸는 모임을 준비하였다.

이때 목련이 곧 삼매에 들어 아귀들이 어디에 있는지 살펴보았다. 그런데 열여섯 큰 나라 어느 곳에도 보이지 않고, 염부제와 사천하, 1천 세계, 삼천대천세계 그 어디에서도 보이지 않았다. 이상하게 여긴 목련이 곧 부처님께 찾아가 여쭈었다.

"세존이시여, 제가 방금 아귀들을 위해 그들의 친척과 권속들이 큰 공양 모임을 베풀어 복덕을 짓게 하였습니다. 그리고 온 세계를 관찰하였으나 도무지 아귀가 보이질 않습니다. 세존이시여, 아귀들이 지금 어디에 있습니까?"

부처님께서 목련에게 말씀하셨다.

"저 아귀들은 모두 업의 바람에 날렸으니, 너희 성문들은 볼 수 없느니라. 그러나 이제 저 아귀들은 네가 주선한 공양 모임 덕분에 죄와 허물이 제거되었다. 나만이 그들을 법회에 참석하게 할 수 있느니라."

목련은 곧 아귀들을 위하여 갖가지 음식을 준비하고 부처님과 스님들을 초청하였다. 그러자 부처님께서 신통력으로 그 아귀들을 법회에 모두 참석하게 하여 왕사성의 모든 바라문·찰리·거사가 추악하고 무서운 아귀의 모습을 다들 보게 하셨다. 아귀의 모습을 본 대중은 모두 인색하고 탐욕스러운 마음을 버리고 생사를 싫어하게 되었으며, 마음이 열리고 뜻을 이해하게 되어 어떤 사람은 수다원과를 얻었고, 혹은 사다함과, 혹은 아나함과, 혹은 아라한과를 얻었으며, 혹은 벽지불이 되겠노라는 마음을 일으킨 자도 있었고, 혹은 위없는 깨달음을 얻겠노라는 마음을 일으킨 자도 있었다.

그때 세존께서 아귀들을 위해 탐욕과 인색함의 허물과 잘못에 대해 갖가지 법을 설하시자, 아귀들은 모두 깊은 신심과 공경심을 일으켰다. 아귀들은 그날 밤 곧 목숨이 끊어져 도리천忉利天에 태어났다.

도리천에 태어난 그들은 스스로 생각해보았다.

'우리는 어떤 복된 업을 지었기에 이 도리천에 태어났을까?'

스스로 관찰하다가 아귀들이 알게 되었다.

"저 존자 대목건련께서 우리를 위해 공양 모임을 베풀어 부처님과 스님들을 초청하신 덕분에 우리가 이곳에 태어났구나. 그렇다면 우리 모두 그분께 찾아가 은혜를 갚아야 마땅하리라.'

이렇게 말하고는 곧 하늘나라 왕관을 쓰고, 보배 목걸이를 걸쳐 그 몸을 장엄하고, 각자 꽃과 향을 들고 도리천에서 내려와 부처님과 대목련께 공양하였다. 공양이 끝나자, 그들은 한쪽에 물러나 앉아 부처님의 설법을 들었다. 그들은 곧 마음이 열리고 뜻을 이해하게 되어 각자 도의 자취를 얻었다. 그 후 부처님을 세 바퀴 돌고 하늘나라로 다시 올라갔다.

부처님께서 목련에게 말씀하셨다.

"알아 두라. 500아귀가 바로 지금의 500천자天子이니라."

그때 모든 비구는 부처님의 말씀을 듣고 기뻐하면서 받들어 행하였다.

46
아귀가 된 우다라의 어머니

부처님께서 왕사성 가란타 죽림에 계실 때였다.

그때 그 성에 한량없는 재물과 보물을 가진 한 장자가 있었다. 그는 좋은 집안의 딸과 결혼하여 음악을 즐기면서 살았다. 그러다 그 아내가 태기가 있어 열 달 만에 한 사내아이를 낳았는데, 세상에 드물 정도로 단정하고 매우 아름다웠다. 부모는 기뻐하며 아들의 이름을 우다라優多羅라고 하였다.

세월이 흘러 우다라는 차츰 성장하였고, 그의 아버지는 죽게 되었다. 그때 아들이 스스로 생각하였다.

'우리 집은 돌아가신 아버지 때부터 판매업販賣業으로 먹고 살면서 가업이 되었다. 그러니 이제 나도 장사하는 법을 배우는 것이 마땅하지 않을까? 하지만 나는 부처님 가르침에 깊은 믿음과 존경심을 품고 있다. 이제 출가하고 싶구나.'

아들은 곧 어머니께 찾아가 출가를 허락해 달라고 청하였다. 그러자 그의 어머니가 말했다.

"네 아버지 돌아가시고 나에게는 너 말고 아무도 없다. 그런데 네가 어찌 나를 버리고 출가하겠다는 것이냐? 내가 살아 있는 한 너의 출가 수도는 절대 허락할 수 없다. 내가 죽거든 그 뒤에 네 맘대로 해라."

아들은 자신의 소원을 이루지 못해 고뇌하다가 어머니께 말하였다.

"어머니께서 끝내 허락하지 않으신다면, 저는 높은 절벽에서 떨어지거나 독약을 마시고 죽어버리겠습니다."

그러자 어머니가 말하였다.

"그런 말 하지 말아라. 너는 왜 꼭 출가하겠다는 것이냐? 지금부터 네가 만약 여러 사문·바라문을 초청하고자 한다면, 네 뜻에 따라 모든 공양을 준비해 주리라."

아들은 이 말을 듣고 조금은 위안이 되었다. 아들은 여러 사문·바라문을 자주 집으로 초청해 공양을 올렸다. 그러자 그의 어머니가 도사들이 자주 찾아오는 것을 보고 매우 괴로워하였다. 그의 어머니는 혐오하는 마음으로 사문·바라문들에게 욕설을 퍼부었다.

'스스로 먹고살 생각은 하지 않고 그저 백성들에게 바라기만 하니, 참 보기 싫은 자들이구나.'

마침 아들은 집에 있지 않았다. 어머니는 음식과 국을 땅에 뿌려 버렸다. 얼마 후 아들이 돌아오자, 어머니가 말하였다.

"네가 외출한 뒤 내가 풍성하게 음식을 차리고 사문·바라문들을 초청해 공양을 올렸다."

그러고는 아들을 데리고 가 음식과 국을 버린 곳을 보여 주면서 다시 이렇게 말하였다.

"내가 잘 공양하였더니 곧 가시더라."

아들은 이 말을 듣고 기뻐하였다. 어머니는 그 뒤 목숨이 끝나 아귀세계에 떨어지고 말았다. 아들은 그 후 출가하였고, 부지런히 정진하여 아라한과를 얻었다.

그가 강 언덕 주변의 굴속에서 좌선하고 있을 때였다. 입이 바짝 타들어 가고 굶주림과 목마름에 허덕이는 한 아귀가 그 비구에게 찾아와 말하였다.

"내가 너의 어머니이다."

비구가 이상하게 여겨 말하였다.

"어머니께서는 살아계실 때 항상 보시하기를 좋아하셨는데, 이제 어찌하여 도리어 아귀세계에 떨어져 이런 과보를 받았습니까?"

아귀가 대답하였다.

"내가 인색하고 탐욕스러워 그 당시 사문·바라문들을 정성껏 공양하지 않았다. 그래서 아귀의 몸을 받아 20년 동안 음식과 국을 먹지 못하였다. 내가 강이나 샘이나 못으로 가면 그 물이 다 말라 버리고, 내가 과일나무로 다가가면 나무가 말라 죽어버리니, 지금 내가 겪는 굶주림과 목마름의 고통은 말로 다 할 수 없다."

비구가 다시 물었다.

"도대체 무슨 까닭으로 이렇게 된 것입니까?"

아귀가 대답하였다.

"내가 그 당시 보시하기는 했지만, 항상 인색하고 탐욕스러운 마음이 있어서 사문·바라문들을 공경하는 마음 없이 함부로 욕설을 퍼부었다. 그 탓에 이제 이런 과보를 받은 것이다. 지금이라도 네가 나를 위해 공양을 마련하여 부처님과 스님들께 보시하고 나를 위해 참회한다면, 나는 분명 아귀의 몸을 벗어나게 될 것이다."

비구는 이 말을 듣고 어머니가 너무나 가여웠다. 비구는 곧 신자들에게 보시를 권유하여 갖가지 맛있는 음식을 준비하고 부처님과 스님들을 초청해 공양을 올렸다. 공양을 마치자, 아귀가 과연 그 법회에 모습을 드러내고 대중 앞에서 자신의 잘못을 고하며 참회하였다. 그때 세존께서 그 아귀를 위해 갖가지 법을 설해주시자, 아귀는 마음속으로 부끄러움을 품었다.

아귀는 그날 밤 목숨이 끝나고 다시 몸을 받아 날아다니는 아귀가 되었다. 그녀는 머리에 하늘나라 왕관을 쓰고, 온갖 보배 영락을 걸쳐 그 몸을 장엄하고, 아들이었던 비구에게 찾아와 또 말하였다.

"내가 아직도 아귀의 몸을 벗어나지 못했다. 네가 다시 나를 위해 신자들에게 권유하여 침상과 이부자리 등을 거듭 마련하여 사방의 모든 스님께 보시하거라. 그래야 내가 이 아귀의 몸을 완전히 벗어날 수 있다."

이때 아들이었던 비구는 이 말을 듣고 다시 신자들에게 권유하여 음식과 더불어 침상과 이부자리 등을 갖추어 사방의 모든 스님에게 공양하였다. 그 공양을 마치자, 아귀가 다시 대중 앞에 모습을 드러내더니 다시 참회하였다. 아귀는 그날 밤 곧 목숨이 끝났고, 도리천에 왕생하였다.

도리천에 왕생한 그녀는 이렇게 생각하였다.

'나는 무슨 복을 지었기에 이곳에 태어났을까?'

곧 스스로 관찰하다가 알게 되었다.

'내 아들이었던 비구가 나를 위해 갖가지 맛있는 음식을 풍성하게 차려 부처님과 스님들을 초청한 덕분에 내가 아귀의 몸을 벗어나 이 하늘나라에 태어났구나. 그렇다면 내가 이제 부처님과 비구에게 은혜를 갚아야 하지 않겠는가.'

그녀는 머리에 하늘나라 왕관을 쓰고, 온갖 보배 영락을 걸쳐 그 몸을 장엄하고, 향과 꽃을 들고 하늘에서 내려와 부처님과 아들이었던 비구에게 공양하였다. 공양이 끝난 다음 한쪽에 물러나 앉자 부처님의 설법을 들은 그녀는 곧 마음이 열리고 뜻을 이해하게 되어 수다원과를 얻었다. 그녀는 부처님을 세 바퀴 돌고 다시 하늘나라 궁전으로 돌아갔다.

부처님께서 이 우다라 비구의 인연을 말씀하셨을 때, 비구들은 모두 인색하고 탐욕스러운 마음을 버리고 생사를 싫어하게 되었으며, 그 가운데 어떤 사람은 수다원과를 얻었고, 혹은 사다함과, 혹은 아나함과, 혹은 아라한과를 얻었으며, 혹은 벽지불이 되겠노라는 마음을 일으킨 자도 있었고, 혹은 위없는 깨달음을 얻겠노라는 마음을 일으킨 자도 있었다.

그때 모든 비구는 부처님의 말씀을 듣고 기뻐하면서 받들어 행하였다.

47

나면서부터 눈이 먼 아귀

부처님께서 사위국 기수급고독원에 계실 때였다.

그때 아난阿難이 옷을 입고 발우를 들고 성에 들어가 걸식하다가 어떤 아귀를 보았는데, 그 아귀는 몸이 촛대처럼 말랐는데 배는 큰 산처럼 부풀었으며, 목구멍은 바늘처럼 가늘었다. 게다가 태어날 때부터 눈이 멀어 까마귀·독수리·솔개·올빼미 등 온갖 새들이 달려들어 쪼는 바람에 쉴 새 없이 데굴데굴 구르면서 자신을 때리고 큰소리로 울부짖었다.

아난이 아귀에게 물었다.

"너는 전생에 무슨 업행을 저질렀기에 이런 고통을 받는가?"

아귀가 대답하였다.

"태양이 비추는 곳에는 등불이 필요하지 않습니다. 이 세간에 여래께서 계시니, 당신이 직접 찾아가 물어보십시오."

이에 아난이 곧 부처님께 나아가 아뢰었다.

"제가 조금 전 성에 들어가 걸식하다가 헤아릴 수 없는 고통을 겪는 한 아귀를 보았습니다."

아난이 겪었던 일을 부처님 여래께 자세히 말씀드리고 여쭈었다.

"세존이시여, 그 아귀는 전생에 무슨 업을 지었기에 그런 고통을 겪는 것입니까?"

부처님께서 아난에게 말씀하셨다.

"너는 이제 자세히 들어라. 내가 이제 너를 위하여 자세히 분별하여 해설하리라.

이 현겁에 바라나국에서 가섭부처님께서 출현하신 적이 있느니라. 그 부처님께서 비구들을 데리고 여러 곳을 다니며 교화하시다가 녹야원에 도착하게 되었다.

그때 임신한 한 여인이 부처님을 뵙고 깊은 믿음과 존경심을 품었다. 그녀가 열 달 만에 딸을 낳았는데, 그 용모가 단정하고 뛰어나 사람들이 모두 감탄했다.

세월이 흘러 딸은 차츰 성장하였고, 부처님 처소로 찾아가 부처님의 설법을 듣고는 신심과 존경심을 품게 되었다. 그녀는 집으로 돌아와 부모님에게 말씀드렸다.

'부디 저를 가엾이 여기셔서 저의 출가를 허락해 주십시오.'

부모가 완고하게 막았으나 포기시킬 수 없었다. 딸은 결국 출가하여 비구니가 되었다. 그러자 부모는 딸을 위해 스님들이 머물 절을 짓고, 또 여러 비구니를 초청해 그 절에서 함께 살게 하였다. 그 뒤 장자의 딸이 계율 가운데 몇 가지를 범하자, 다른 비구니들이 그녀를 절에서 쫓아냈다.

장자의 딸은 부끄러워서 본가로 돌아가지 못하고 다른 집에 의탁해 머물렀다. 장자의 딸은 너무 화가 나 이렇게 말하였다.

'내 집에서 내가 사는데 이제 어쩌자고 도리어 나를 쫓아내고 자기들끼리 산다는 말인가?'

딸은 곧 아버지인 장자 거사에게 비구니들의 온갖 나쁜 점들을 들먹였다.

'아귀 같은 것들이 스스로 먹고살 생각은 하지 않고 그저 백성들에게 바라기만 합니다. 저는 다음 생에는 저런 것들은 꼴도 보지 않겠습니다.'

이렇게 맹세한 뒤, 그녀는 마침내 목숨이 끊어져 아귀세계에 떨어졌고 지금 맹인으로 태어난 것이니라."

부처님께서 아난에게 말씀하셨다.

"알아 두라. 그 당시 출가 수도하다가 계율을 범하고 절에서 쫓겨나 다른 비구니들을 비방했던 그 장자의 딸이 바로 지금의 저 맹인으로 태어난 아귀니라."

부처님께서 맹인으로 태어난 아귀의 인연을 말씀하셨을 때, 비구들은 제각기 몸·입·뜻의 업을 잘 보호하면서 생사를 싫어하게 되었으며, 그 가운데 어떤 사람은 수다원과를 얻었고, 혹은 사다함과, 혹은 아나함과, 혹은 아라한과를 얻었으며, 혹은 벽지불이 되겠노라는 마음을 일으킨 자도 있었고, 혹은 위없는 깨달음을 얻겠노라는 마음을 일으킨 자도 있었다.

그때 모든 비구는 부처님의 말씀을 듣고 기뻐하면서 받들어 행하였다.

48

인색하고 탐욕스러워 아귀가 된 야달다 장자

부처님께서 사위국 기수급고독원에 계실 때였다.

그때 그 성에 야달다若達多라는 장자가 있었는데, 그는 재물과 보물이 한량없이 많고 노비·일꾼·코끼리·말·소·양 따위도 셀 수 없이 많았다.

어느 날 그 장자는 여행 도중에 기원정사에 갔다가 32상 80종호를 갖춰 백천 개의 태양이 뜬 것처럼 휘황찬란하게 빛나는 부처님 여래를 뵙고는, 곧 신심과 공경심을 품고 땅에 엎드려 부처님께 예배하였다. 그는 한쪽에 물러나 앉아 부처님의 설법을 듣고 더욱 환희심을 일으켰다. 장자는 그 길로 집에 돌아와 집안 식구와 모든 권속들에게 부처님 도에 들어가겠다고 말하였다.

이때 권속들이 모두 허락하자, 장자는 부처님께 되돌아와 출가를 허락해 달라고 청하였다. 그러자 부처님께서 말씀하셨다.

"잘 왔구나, 비구여."

그러자 수염과 머리카락이 저절로 떨어지고 법복이 몸에 입혀져 곧 사문의 모습이 되었다. 이때 여러 친족과 사람들은 부호의 아들이었다가 출가하여 부처님 도에 들어간 그에게 옷과 발우 등 갖가지 필요한 물품들을 앞다투어 보시하였다. 하지만 그는 그것을 얻고 나서 인색하고 탐욕스러운 마음이 생겨 같이 범행梵行을 닦는 동료들에게 그것을 나눠주지 않았다. 그 후 마침내 목숨이 끝나 아귀세계에 떨어졌는데, 그러고도 자기 옷과 발우를 지키고 있었다.

그때 동료 스님들이 그가 세상을 떠난 것을 알고 시체와 옷·발우를 수습해 화장하려고 방문을 열었다가, 방안에 몸이 촛대처럼 마른 아주 무서운 모습의 한 아귀가 있는 것을 보았다. 그 아귀가 옷과 발우를 지키고 있어 감히 접근할 수가 없었다.

비구들은 이 사건을 목격하고 나서 세존께 찾아가 자신들이 본 것을 자세히 말씀드렸다. 그러자 여래께서 비구들을 거느리고 그 방으로 들어가 아귀에게 말씀하셨다.

"쯧쯧, 부끄러운 줄도 모르는구나. 너는 전생에 출가하여 도에 들어와서도 재물과 이익에 탐착하여 보시하기를 좋아하지 않다가 마침내 아귀가 되어 이런 추악한 몸을 받은 것이다. 너는 어찌하여 아직도 부끄러움을 모르고 다시 이곳으로 돌아와 옷과 발우를 움켜쥐고 있느냐?"

부처님께서는 그의 인색함과 탐욕스러움을 꾸짖고, 인색과 탐욕은 그 허물이 커 중생을 나쁜 세계에 떨어지게 한다고 갖가지 법을 설하였다. 그러자 아귀는 마음이 열리고 뜻을 이해하게 되어 깊이 부끄러움을 느꼈다. 아귀는 곧 움켜쥐고 있던 옷과 발우를 대중 스님들께 보시하였다. 그날 밤, 아귀는 곧 목숨이 끝나 다른 몸을 받았는데, 단정하고 매우 아름다운 모습의 날아다니는 아귀가 되었다. 그는 온갖 영락을 걸쳐 그 몸을 장엄하고, 몸에서 나오는 광명으로 온 기원정사를 비추면서 마치 천신처럼 허공을 자유롭게 거닐어 부처님께 찾아왔다. 날아다니는 아귀가 부처님 앞에 엎드려 예배하고 한쪽에 물러나 앉자, 부처님께서 곧 그를 위해 갖가지 법을 설해주셨다. 그는 마음이 열리고 뜻을 이해하게 되어 기쁨에 넘쳐 돌아갔다.

이튿날 아침, 비구들이 부처님께 여쭈었다.

"세존이시여, 어젯밤 광명이 이 기원정사를 비추었는데, 범천이나 제석천이나 사천왕이 그런 것입니까? 아니면 28부部의 신장들이 그런 것입니까? 아니면 다른 세계의 큰 보살들께서 법을 들으러 찾아왔던 것입니까?"

부처님께서 비구들에게 말씀하셨다.

"범천이나 제석천이나 28부의 신장들이 그런 것이 아니다. 사위성의 큰 부호 장자였다가 출가하여 수도하던 비구가 근래 목숨이 끝나 날아다니는 아귀가 되었는데, 그가 어젯밤 향과 꽃을 들고 나에게 찾아와 공양하면서 비춘 광명이니라."

부처님께서 이 날아다니는 아귀의 인연을 말씀하셨을 때, 모든 비구가 인색하고 탐욕스러운 마음을 버리고 생사를 싫어하게 되었으며, 그 가운데 어떤 사람은 수다원과를 얻었고, 혹은 사다함과, 혹은 아나함과, 혹은 아라한과를 얻었으며, 혹은 벽지불이 되겠노라는 마음을 일으킨 자도 있었고, 혹은 위없는 깨달음을 얻겠노라는 마음을 일으킨 자도 있었다.

그때 모든 비구는 부처님의 말씀을 듣고 기뻐하면서 받들어 행하였다.

49
자기가 낳은 자식 500명을 잡아먹은 아귀

부처님께서 왕사성 가란타 죽림에 계실 때였다.

그때 존자 나라달다那羅達多가 옷을 입고 발우를 들고 성에 들어가 걸식하고는, 다시 본래 처소로 돌아와 음식을 먹었다. 나라달다는 멀리 기원정사 쪽에서 피처럼 붉은빛이 비치는 것을 보고 이상하게 여겨 곧 달려갔다가 한 아귀를 만났다. 그 아귀는 피부와 살이 다 녹아내려 뼈마디만 앙상했고, 하룻밤 사이에 500명의 자식을 낳아 극도로 쇠약하고 기력이 완전히 소진되어 있었다. 아귀는 자식을 낳으면서 정신을 잃고 까무러치며 뼈마디가 풀어졌지만 극심한 굶주림과 목마름을 견디지 못해 자식을 낳는 족족 다 잡아먹어 버렸다. 그러고도 배를 채우지 못해 허둥대고 있었다.

이때 나라달다가 곧 아귀에게 다가가 물었다.

"너는 무슨 업을 저질렀기에 이런 고통스러운 과보를 받았는가?"

아귀가 대답하였다.

"이제 당신이 직접 세존께 물어보시면 당신에게 말씀해 주실 것입니다."

이에 나라달다가 곧 부처님께 찾아가 엎드려 예배하고 한쪽으로 물러나 섰다.

먼저 아시고 묻는 것은 모든 부처님에게 흔한 일이었다.

"너는 오늘 어떤 이상한 일을 보았느냐?"

나라달다가 곧 아뢰었다.

"제가 조금 전 걸식하고 돌아오다가 한 아귀를 보았습니다. 그 아귀가 하룻밤 사이에 500명의 자식을 낳았는데, 너무나 배가 고프고 목이 말라 낳자마자 다 잡아먹었습니다. 세존이시여, 저 아귀는 전생에 무슨 업을 저질렀기에 그런 고통을 받는 것입니까?"

부처님께서 나라달다에게 말씀하셨다.

"네가 알고 싶다면 지극한 마음으로 들어라. 내가 이제 너를 위해 자세히 분별하여 해설하리라.

이 현겁에 바라나국에 한 장자가 있었느니라. 그 장자는 금·은·보배와 노비·일꾼·코끼리·말·소·양 따위가 셀 수 없이 많았다. 그에게는 아내가 하나뿐이고, 또 자식이 없었다. 장자는 천지신명께 기도를 올리며 자식 얻기를 원했지만 끝내 얻지 못했다.

그래서 장자는 다시 훌륭한 가문의 딸을 아내로 맞이하였고, 그 둘째 부인은 얼마 지나지 않아 임신하게 되었다. 큰 부인은 작은 부인이 임신한 것을 알고 문득 질투심이 생겼다. 그래서 몰래 독약을 먹여 아이를 낙태시켰다. 둘째 부인의 자매 권속들이 몰려와 큰 부인과 싸움이 벌어졌고, 결국 서로 치고 때리면서 사실 여부를 따졌다. 큰 부인은 바른말을 하자니 자기도 죽게 될까 봐 겁나고, 거짓말을 하자니 또 그 고통이 말할 수 없었다. 둘째 부인 권속들이 겁박하면서 다그치자, 첫째 부인이 맹세하며 말하였다.

'만약 내가 정말로 당신네 딸을 낙태시켰다면, 죽은 뒤 아귀로 태어나 하루 동안 500명의 자식을 낳고 그 자식을 낳는 족족 잡아먹을 것이며, 그러고도 끝내 굶주림을 면치 못할 것이오.'

그녀는 이렇게 맹세한 후에 곧 풀려났다.

부처님께서 나라달다에게 말씀하셨다.

"알아 두라. 그 당시 장자의 큰 부인은 질투심을 일으켜 다른 부인의 태아를 떨어뜨리고 거짓 맹세까지 했기 때문에 아귀가 되어 이제 그런 고통을 받은 것이니라."

이때 비구들이, 질투심은 허물이 많아 중생을 나쁜 세계로 떨어지게 한다는 부처님의 말씀을 듣고, 다 함께 질투심을 버리고 생사를 싫어하게 되었다. 비구들은 마음이 열리고 뜻을 이해하게 되어 어떤 사람은 수다원과를 얻었고, 혹은 사다함과, 혹은 아나함과, 혹은 아라한과를 얻었으며, 혹은 벽지불이 되겠노라는 마음을 일으킨 자도 있었고, 혹은 위없는 깨달음을 얻겠노라는 마음을 일으킨 자도 있었다.

그때 모든 비구는 부처님의 말씀을 듣고 기뻐하면서 받들어 행하였다.

50

아라한에게 욕한 과보로 아귀가 된 담바라

부처님께서 비사리 미후강 언덕의 중각강당에 계실 때였다.

그때 그 성에 차라遮羅라고 하는 한 장자가 있었다. 그는 배필을 골라 아내로 맞이하여 항상 음악을 즐기면서 지냈다. 그러다 아내가 임신하게 되었는데, 악취가 풍겨 도저히 다가갈 수가 없었다.

남편이 물었다.

"당신이 전에는 이렇지 않았는데, 지금 무슨 까닭으로 이렇게 고약한 악취가 풍기는 것이오?"

아내가 대답하였다.

"이는 틀림없이 태중에 있는 아이 때문입니다. 아이가 전생에 지은 업행의 결과로 이런 것 같습니다."

과연 열 달을 채우고 아들을 낳았는데, 뼈만 앙상할 정도로 야위고 초췌해 볼 수 없을 정도였으며, 또 온몸에 똥칠을 한 채 태어났다.

점차 성장한 그 아이는 집에 있기를 좋아하지 않고 항상 똥·오줌 같은 더러운 것만 탐식하면서 버리려 하지 않았다. 그래서 그의 부모와 친척들이 다들 보기 싫어 집 밖으로 쫓아내고 가까이 오지 못하게 했다. 아이는 곧 거리를 다니면서 똥·오줌을 구해 그걸 맛있다며 먹었다. 이때 모든 사람이 그의 이런 행태를 보고 그 아이를 '담바라 귀신(嚫婆羅鬼)'이라 불렀다.

그러다 그 나라의 어떤 외도가 길을 가다가 우연히 이 아이를 보고는 훌륭하다며 칭찬하였다. 아이는 그 말을 듣고 큰 경사라 여겼다. 그래서 기쁨을 이기지 못해 외도에게 다가가 말하였다.

"자애로운 마음으로 저를 가엾이 여기셔서 함께 다니게 해 주소서."

이때 외도들이 곧 그를 출가시켜 알몸으로 재(灰)를 몸에 바르고 청정한 행을 닦게 하였다. 담바라는 외도들의 도에 입문한 뒤에도 여전히 똥·오줌 따위가 있는 더러운 곳을 탐하였다. 외도들이 그것을 보고 다들 꾸짖고 때로는 때려 가면서 타일렀다.

"너는 도대체 어떤 놈이기에 왜 이렇게 더러운 곳만 좋아하냐?"

담바라는 외도에게 자주 꾸지람을 듣고 매질을 당하자, 그들을 버리고 떠나 강기슭의 구덩이에서 자기 좋을 대로 살려 하였다. 그때 그 강기슭에 이미 자리 잡고 살던 500명의 아귀가 찾아온 담바라를 보니 몸에서 지독한 악취가 풍겼다. 그래서 담바라가 그곳에 머물렀지만, 감히 가까이하려는 자가 아무도 없었다. 담바라는 그런 줄도 모르고 항상 아귀들에게 자기 자랑을 했다.

"내가 사람들 틈에서 지낼 때는 꾸지람을 듣고 매질을 당하며 너무나 괴로웠다. 그런데 이제 여기서 지내니 꾸지람도 매질을 당하지 않고 혼자서 너무나 즐겁다."

그러나 아귀들은 담바라가 냄새나고 깨끗하지 못한 것을 보고 모두 떠나버렸다. 그러자 담바라가 아귀들에게 말하였다.

"내 이 냄새 나는 몸이 당신들 덕분에 며칠 동안 잘 지낼 수 있었습니다. 이제 당신들마저 나를 버리고 떠나면 뒤에 홀로 남은 나는 어떻게 살란 말입니까?"

이렇게 말하고, 매우 괴로워하면서 슬픔에 젖어 땅에 주저앉았다.

그 무렵 세존께서는 낮이건 밤이건 중생들을 관찰하시다가 제도할 만한 자가 있으면 찾아가 그를 제도해 주셨다. 세존께서는 담바라가 동료를 잃고 슬픔에 젖어 괴로워하며 정신을 잃고 주저앉아 있는 것을 보시고, 곧 강가 굴속으로 찾아가 그에게 법을 설하여 그를 기쁘게 하셨다.

그때 담바라는 모든 감관이 고요하고 안정되며 백천 개의 태양처럼 빛나는 광명이 그 몸을 장엄한 것을 보고, 환희심을 품고 땅에 엎드려 부처님께 예배하였다. 그리고 아뢰었다.

"세존이시여, 이 세상에 저처럼 보잘것없는 사람도 출가할 수 있습니까?"

부처님께서 담바라에게 말씀하셨다.

"나의 법에는 높고 낮음이 없어 누구나 출가할 수 있다."

부처님의 말씀을 들은 담바라가 다시 아뢰었다.

"저를 가엾이 여기셔서 출가를 허락해 주소서."

세존께서 곧 황금색 오른팔을 들고 그에게 말씀하셨다.
"잘 왔구나, 비구여."
그러자 수염과 머리카락이 저절로 떨어지고 법복이 몸에 입혀져 곧 사문의 모습이 되었는데, 그 위가 세밀하고 차분한 것이 법랍 20년 된 비구나 다름없었다. 부처님의 은혜를 입고 출가한 담바라가 곧 부처님 앞에서 게송을 읊었다.

　이제 부처님의 은혜를 입어
　평소 소원했던 대로
　더럽고 냄새나는 몸을 벗어나
　사문이 되었습니다.

부처님께서 담바라에게 말씀하셨다.
"너는 이제 나의 법에 출가하였다."
담바라는 부지런히 수행하고 정신을 집중하여 오래지 않아 아라한과를 얻었으며, 3명·6통·8해탈을 구족히여 모든 하늘나라 신들과 사람들로부터 존경받았다."
비구들이 이 사건을 목격하고 부처님께 아뢰었다.
"세존이시여, 지금 저 담바라 비구는 전생에 무슨 업을 지었기에 그런 죗값을 받은 것이며, 또 무슨 인연으로 이제 부처님을 만나 아라한과까지 얻은 것입니까?"
세존께서 곧 비구들에게 게송을 읊으셨다.

전생에 지은 선업과 악업은
백 겁이 지나도 사라지지 않나니
죄업의 인연 때문에
이제 이런 과보를 받았느니라.

비구들은 부처님 세존의 게송을 듣고 다시 부처님께 아뢰었다.
"세존이시여, 과거세에 어떤 일이 있었는지를 저희는 알지 못합니다. 부디 자세히 말씀해 주소서."
그러자 세존께서 비구들에게 말씀하셨다.
"너희들은 자세히 들어라. 내가 이제 너희들을 위해 자세히 분별하여 해설하리라.
이 현겁에 사람의 수명이 4만 세이던 시절, 바라나국에서 가라가손타迦羅迦孫陀 부처님께서 출현하신 적이 있었느니라. 그 부처님께서 비구들과 함께 곳곳을 다니며 교화하시다가 보전국寶殿國에 도착하게 되었다. 그러자 부처님께서 오셨다는 소식을 들은 그 나라 왕이 마음속으로 기뻐하면서 신하들을 거느리고 성을 나와 받들어 맞이하였다. 왕은 땅에 엎드려 예배하고, 무릎을 꿇고 부처님께 청하였다.
'세존이시여, 부디 자비하신 마음으로 저희를 가엾이 여기셔서 석 달 동안 저희가 올리는 의복·음식·탕약·침구 등 네 가지 공양을 받아 주소서.'
부처님께서는 곧 허락하셨다. 그러자 국왕은 부처님께서 허락하셨다는 것을 알고는 곧 부처님과 비구 스님들을 위해 방사를 짓고, 한 비구에게 주지가 되어 승원僧院의 일을 관리하도록 부탁하였다.

그러던 어느 날, 주지가 외출하고 없는 사이에 한 아라한 비구가 그 절에 왔는데, 위의가 세밀하고 차분하여 매우 보기 좋았다. 사주의 신자가 그런 그를 보고는 목욕실로 인도해 깨끗이 씻겨주고 또 향유香油를 그의 몸에 발라 주었다. 그때 외출했던 주지가 돌아와 몸에 향유를 바른 아라한을 보게 되었다. 주지는 질투심이 생겨 곧 욕설을 퍼부었다.

'너는 출가자란 놈이 어쩌자고 이런 짓을 하느냐? 마치 몸에 똥 칠한 사람 같구나.'

주지가 이렇게 말하자, 몸에 향유를 바른 아라한이 그를 가엾이 여겨 곧 하늘로 솟아올라 열여덟 가지 신통 변화를 나타내었다. 이 때 주지가 이 신통 변화를 보고는 매우 부끄러워하면서 아라한에게 참회하고 잘못을 사과하였다. 그리고 각자 처소로 돌아갔다.

그 주지는 이 업연으로 500세 동안 항상 몸에서 악취가 풍겨 사람들이 다가갈 수 없었다."

부처님께서 비구들에게 말씀하셨다.

"알아 두라. 그 당시 아라한에게 욕설을 퍼부었던 주지 비구가 바로 지금의 담바라 비구이다. 하지만 그는 그 당시 일찍이 출가하였고, 또 나중에 아라한 비구에게 자신의 죄를 참회했기 때문에 이제 나를 만나 출가하고 득도하게 된 것이다."

부처님께서 담바라 비구의 인연을 말씀하셨을 때, 비구들은 각자 몸·입·뜻의 업을 잘 보호하여 질투심을 버리고 생사를 싫어하게 되었으며, 그 가운데 어떤 사람은 수다원과를 얻었고, 혹은 사다함과, 혹은 아나함과, 혹은 아라한과를 얻었으며, 혹은 벽지불이 되겠노라는 마음을 일으킨 자도 있었고, 혹은 위없는 깨달음을 얻겠노라는 마음을 일으킨 자도 있었다.

그때 모든 비구는 부처님의 말씀을 듣고 기뻐하면서 받들어 행하였다.

찬집백연경

제6권

하늘나라 신들이 공양한 이야기
(諸天來下供養品)

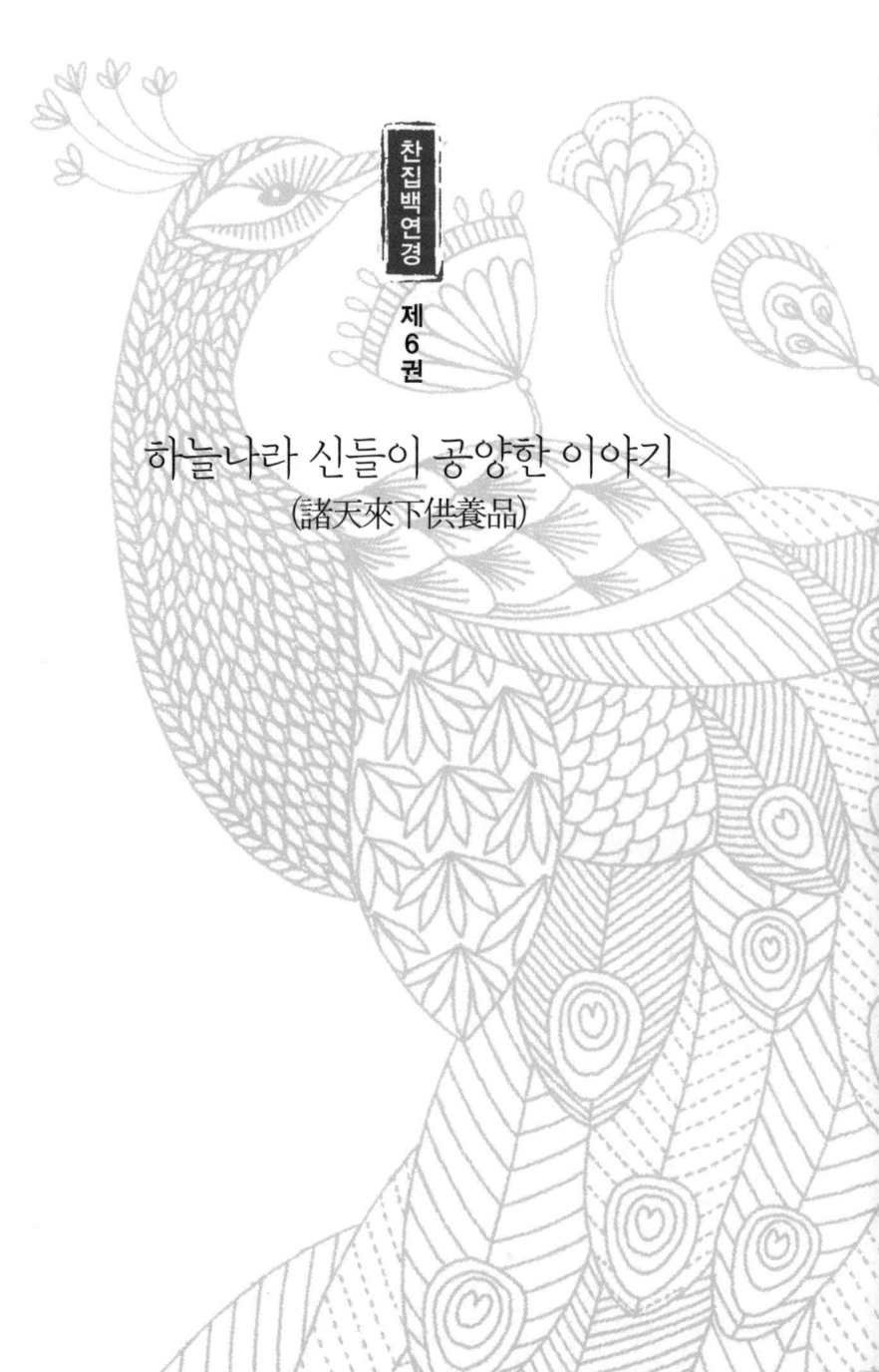

51

인색하고 탐욕스러운 마음 때문에
독사가 된 현면

부처님께서 왕사성 가란타 죽림에 계실 때였다.

그때 그 성에 한량없고 헤아릴 수 없는 재물과 보물을 가진 현면賢面이란 장자가 있었다. 그는 천성이 아첨하기를 좋아하고 매우 사악했으며, 인색하고 탐욕스럽고 질투심이 많았다. 또 보시하려는 마음이 조금도 없어 심지어 새들까지 쫓아내며 집 근처에 얼씬도 못하게 하였다. 가난하고 곤궁한 처지의 사문이나 바라문이 찾아와 그에게 구걸할 때마다 그는 항상 욕설을 퍼부었다. 그렇게 열심히 재산을 모으고 쌓아두는 일만 하고 은혜를 베푸는 일은 전혀 하지 않았다. 그 뒤 그는 죽어서 독사가 되었다. 독사는 자신이 살던 곳으로 돌아와 재물을 지켰으며, 접근하는 사람이 있으면 발칵 성질을 부리고 화난 눈으로 노려보아 사람들을 죽게 하였다.

소문은 빈바사라왕에게까지 전해졌다. 왕은 이 소문을 듣고 놀랍고 기이해 스스로 생각하였다.

'이제 이 독사가 분노가 치성하여 사람을 보는 족족 죽이니, 부처님 세존만이 이 독사를 항복시킬 수 있다.'

이렇게 생각하고 곧 신하들과 함께 부처님께 찾아가 엎드려 예배하고, 한쪽에 물러나 앉아 아뢰었다.

"세존이시여, 지금 이 성에 한량없는 재물과 보물을 지녔던 한 장자가 보시하기를 싫어하다가 목숨이 끝난 뒤 독사의 몸을 받았습니다. 그러고도 자기 재산을 지키면서 불같이 화를 내고, 다가가면 사람을 죽입니다. 세존이시여, 이 독사를 항복시켜 다시는 사람을 해치지 못하게 하소서."

부처님께서 묵묵히 허락하셨다. 그 이튿날, 부처님께서 옷을 입고 발우를 들고 독사가 있는 곳으로 가셨다. 독사는 부처님이 오는 것을 보고 불같이 화를 내며 여래를 물려고 하였다. 그러자 부처님께서 자비의 힘으로 다섯 손가락 끝에서 오색 광명을 놓아 독사의 몸을 비추었다. 그 빛이 닿자, 독사는 곧 몸이 시원해지면서 독기와 열기가 말끔히 사라졌다. 희열을 느낀 독사가 머리를 들고 사방을 둘러보았다.

'복 많은 저 사람은 누구일까? 이 광명을 내 몸에 비추어 시원하게 해주니, 말할 수 없이 상쾌하구나.'

세존께서는 독사가 이미 항복한 것을 아시고 그에게 타이르셨다.

"현면 장자여, 그대는 전생에 인색하고 탐욕스러웠기 때문에 이런 독사의 몸을 받았다. 그런데 어쩌자고 지금 또 그걸 아까워하고 집착해 함부로 독을 품고 사람을 문단 말인가? 이렇게 나쁜 짓만 더하다가는 다음 생에 반드시 더 큰 고통을 받으리라."

독사는 부처님의 말씀을 듣고 깊이 반성하였다. 그러자 그를 뒤덮었던 번뇌의 장애가 모두 제거되어 자신의 전생을 스스로 기억하게 되었다.

'장자였던 전생에 지은 악업으로 지금 이런 과보를 받았구나.'

독사는 비로소 부처님께 깊은 신심과 공경심을 일으켰다. 그때 세존께서 독사의 마음이 완전히 항복했음을 알고 다시 말씀하셨다.

"네가 전생에 내 말을 따르지 않아 이런 독사의 몸을 받았으니, 이제는 나의 말을 잘 듣고 따르도록 하라."

독사가 부처님께 대답하였다.

"부처님의 지시대로 따르며 감히 어기지 않겠습니다."

부처님께서 독사에게 말씀하셨다.

"네가 나에게 순종할 생각이라면 이 발우 속으로 들어가라."

부처님께서 이렇게 말씀하시자, 독사가 곧 부처님 발우 속으로 들어갔다. 부처님께서는 그 발우를 들고 숲속으로 향하셨다. 그때 빈바사라왕을 비롯한 모든 신하와 백성들이, 세존께서 독사를 항복시켜 발우에 담아 오셨다는 소식을 듣고는, 온 백성이 함께 찾아와 부처님 발우 속 독사를 구경하였다.

독사는 구경 온 사람들을 보고 크게 부끄러워하며 독사인 자신의 몸을 싫어하다가 곧 목숨이 끝났다. 그리고 도리천에 태어났다. 그는 스스로 생각해보았다.

'나는 무슨 복을 지었기에 이 하늘나라에 태어났을까?'

곧 스스로 관찰하다가, 전생에 독사의 몸을 받았으나 부처님을 뵌 덕분에 신심과 공경심을 일으키고 독사의 몸을 스스로 싫어한 인연으로 하늘나라에 태어나 쾌락을 누리게 되었다는 것을 알게 되었다.

'이제 부처님 세존의 은혜에 보답하리라.'

천자는 머리에 하늘나라 왕관을 쓰고, 보배 영락을 걸쳐 그 몸을 장엄하고, 향과 꽃을 들고, 찬란한 광명을 비추면서 부처님께 찾아와 엎드려 예배하고 공양을 올렸다. 그런 다음 한쪽으로 물러나 앉아 부처님의 설법을 듣고는 마음이 열리고 뜻을 이해하게 되어 수다원과를 얻었다. 그가 곧 그 자리에서 게송으로 부처님을 찬탄하였다.

높고 높으신 위대한 성인
모든 공덕 빠짐없이 갖추시어
중생의 어둠을 활짝 열어
부처님 과보를 얻게 하시네.

번뇌의 때 말끔히 없애고
생사의 바다 뛰어넘게 하시니
이제 한없는 부처님 은덕으로
3악도로 가는 길 막혀 버렸네.

천자는 이렇게 찬탄하고 나서 부처님을 세 바퀴 돌고 다시 하늘나라 궁전으로 올라갔다.

이튿날 새벽, 빈바사라왕이 부처님께 찾아와 여쭈었다.

"세존이시여, 어젯밤 광명이 세존을 비추었는데, 범천이나 제석천이나 사천왕이 그런 것입니까? 아니면 28부部의 신장들이 그런 것입니까?"

부처님께서 왕에게 대답하셨다.

"제석천이나 범천이나 28부의 신장들이 설법을 들으러 찾아온 것이 아닙니다. 옛날에 인색하고 탐욕스러웠던 장자 현면이 하늘나라에 태어나 나에게 공양을 올리려고 찾아왔으니, 바로 그가 비춘 광명입니다."

빈바사라왕이 부처님으로부터 인색하고 탐욕스러운 인연의 과보를 들었을 때, 그 자리에 있던 사람들 가운데 어떤 사람은 수다원과를 얻었고, 혹은 사다함과, 혹은 아나함과, 혹은 아라한과를 얻었으며, 혹은 벽지불이 되겠노라는 마음을 일으킨 자도 있었고, 혹은 위없는 깨달음을 얻겠노라는 마음을 일으킨 자도 있었다.

그때 모든 비구는 부처님의 말씀을 듣고 기뻐하면서 받들어 행하였다.

52

하늘나라에 태어난 월광

부처님께서 사위국 기수급고독원에 계실 때였다.

그때 그 성에 한 바라문이 있었다. 농사를 업으로 삼았던 그는 자기에게 맞는 짝을 찾다가 여자 노비를 아내로 삼았다. 그 아내가 열 달 만에 사내아이를 낳자, 이름을 월광月光이라 하였다.

세월이 흘러 성장한 월광이 수달須達 장자의 아들과 성문 밖으로 나가 유람하다가 승방僧坊에 도착하게 되었고, 비구들이 열심히 경전을 외우고 익히는 것을 보게 되었다. 이때 바라문의 아들 월광은 네 구절의 게송 한 수를 듣고 깊은 신심과 공경심을 일으켰다. 그리고 곧 집에 돌아왔는데, 7일 만에 갑자기 죽게 되었다. 그는 도리천에 왕생하였다.

한편 그의 부모는 아이의 이름을 부르면서 슬피 울고 마음이 괴로워 스스로 억제할 길이 없었다. 부모는 죽은 아이의 시체를 끌어안고 무덤으로 가 울부짖으면서 말하였다.

"내 하나뿐인 자식이 나를 버리고 떠났으니, 이제 누가 나를 돌보아 주랴. 이 아픔은 말로 할 수가 없구나. 내 차라리 따라 죽지, 집으로 돌아가고 싶지 않구나."

친척들이 달려와서 갖가지로 위로하고 타일렀지만, 부모는 끝내 돌아가려 하지 않았다. 그들의 정성에 감응하여 하늘나라 궁전이 흔들리고 편안하지 않았다.

도리천에 왕생한 아들은 곧 스스로 관찰하다가, 자신이 인간세계에 있다가 하늘나라에 태어났다는 것을 알게 되었다. 또한 부모가 무덤에서 자신의 시체를 끌어안고 목메어 슬피 울면서 슬픔을 스스로 가누지 못하는 것을 보았다.

'저분들의 슬픔에 감응하여 나의 궁전이 이렇게 흔들렸구나.'

월광은 부모를 가엾이 여겨 곧 하늘나라에서 내려와 자신의 몸을 선인仙人의 모습으로 변화시켰다. 그리고 부모님 곁에 다가가 다섯 가지 뜨거운 것으로 자신의 몸을 지졌다.

그러자 바라문이 선인에게 물었다.

"당신은 지금 왜 다섯 가지 뜨거운 것으로 몸을 지집니까? 무엇을 구하려고 그럽니까?"

선인이 대답하였다.

"나는 지금 한 나라의 왕이 되어 금으로 수레를 만들어 온갖 보배로 꾸미고, 일월日月 천자를 좌우에 앉히고, 사천왕에게 내 수레를 끌게 하여 4천하를 두루 돌아다니고 싶습니다. 그럴 수 있다면 얼마나 통쾌하겠습니까?"

그러자 바라문이 선인에게 말하였다.

"선인이여, 그대가 설령 100년 동안 밤낮으로 온몸을 지지면서 바란다 해도, 그대가 보배 수레를 타고 일월 천자가 좌우에서 그대를 모시는 일은 끝내 없을 것입니다."

그러자 선인이 다시 바라문에게 물었다.

"그럼 지금 시체를 끌어안고 있는 당신은 무엇을 바라고 이러는 것입니까?"

바라문이 대답하였다.

"내 하나뿐인 아들이 나를 버리고 갔습니다. 그래서 이렇게 끌어안고 다시 살아나기를 바라고 있습니다."

선인이 바라문에게 말하였다.

"당신이 시체를 끌어안고 100년 동안 밤낮없이 울부짖는다 해도 아들이 다시 살아나는 일은 끝내 없을 것입니다."

바라문은 선인의 말을 듣고 부끄러워하면서 슬픔을 멈추고 가만히 있었다. 그때 아들이었던 천자가 선인의 모습에서 본래의 몸으로 돌아와 자신의 부모에게 말했다.

"제가 바로 당신의 외아들입니다. 제가 언젠가 승방에 갔다가 네 구절의 게송 한 수를 듣고는 속으로 기뻐하면서 신심을 일으킨 적이 있습니다. 그 덕분에 목숨이 끝나고 지금 하늘나라에 태어났습니다. 이제 부모님의 슬픔과 괴로움을 풀어드리고 싶어 선인의 모습으로 변화해 이렇게 찾아와 위로의 말씀을 올린 것입니다."

이에 부모는 천자의 말을 듣고 곧 믿고 이해하게 되어 기쁨을 이기지 못하였다. 이때 천자는 머리에 하늘나라 왕관을 쓰고 보배 영락을 걸쳐 온몸을 장엄하고, 꽃과 향을 들고 부모님께 권하여 함께 부처님께 찾아가 공양을 올렸다. 그런 다음 한쪽에 물러나 앉자, 부처님께서 곧 그들을 위해 4제諦의 법을 설해주셨다. 그들은 마음이 열리고 뜻을 이해하게 되어 동시에 모두 수다원과를 얻었다.

비구들이 이 사실을 알고 부처님께 나아가 여쭈었다.

"지금 저 천자는 전생에 무슨 복을 심었기에 저렇게 훌륭한 위로의 말로 부모의 슬픔과 괴로움을 풀어주어 다시는 울지 않게 하고, 또 도과道果까지 얻게 한 것입니까?"

부처님께서 비구들에게 말씀하셨다.

"저 천자는 단지 오늘만 부모의 슬픔과 괴로움을 풀어드린 게 아니다. 과거세에도 더는 슬퍼하고 고뇌하지 않도록 풀어드린 일이 있었느니라."

비구들이 이 말씀을 듣고, 다시 부처님께 아뢰었다.

"세존이시여, 과거세에 어떤 일이 있었는지 저희는 알지 못합니다. 부디 자세히 말씀해 주소서."

세존께서 비구들에게 말씀하셨다.

"너희들은 자세히 들어라. 내가 이제 너희들을 위해 자세히 분별하여 해설하리라.

아득히 먼 옛날, 바라나국에 한 어리석은 사람이 있었다. 그는 도둑질을 좋아하고 삿된 음행에다 사기를 치다가 관아에 붙잡히게 되었다. 관청에서 그를 꽁꽁 묶어 왕에게 데려가자, 왕은 그의 죄상을 심문하고 사실임이 밝혀지자 곧 사형에 처하도록 명령하였다.

그때 그에게 아들이 있었는데, 아들은 천성이 인자하고 온순하며 현명하고 부드러워 온 나라에 소문이 자자하였다. 아들은 아버지를 위해 국왕에게 찾아가 살려달라고 부탁하였다. 이렇게 세 번이나 부탁하자, 왕이 도저히 거절할 수 없어 결국 죽이지 않고 풀어주었다. 덕분에 아버지는 자유로운 몸이 되었느니라."

부처님께서 비구들에게 말씀하셨다.

"알아 두라. 그때 그 도둑이 바로 지금 천자의 아버지이고, 그때 그 도둑의 아들이 바로 지금 저 천자이다. 월광의 아버지는 한때 가섭 부처님으로부터 삼귀의계三歸依戒를 받았기 때문에 지금 나를 만나 출가하여 도를 얻게 된 것이니라."

부처님께서 이 천자의 인연을 말씀하셨을 때, 그 자리에 있던 사람들 가운데 어떤 사람은 수다원과를 얻었고 나아가 어떤 사람은 위없는 깨달음을 얻겠노라는 마음을 일으켰다.

그때 모든 비구는 부처님의 말씀을 듣고 기뻐하면서 받들어 행하였다.

53

꽃을 꺾어 부처님께 공양하고 하늘나라에 태어난 사람

부처님께서 사위국 기수급고독원에 계실 때였다.

그때 그 성의 부유하고 권세 높은 장자들이 다들 한자리에 모여 샘가로 나가 음악을 즐기면서 함께 놀았는데, 이를 사라 꽃 모임(娑羅花會)이라 하였다. 그때 그 모임에서 한 사람을 숲으로 보내 사라 꽃을 꺾어서 참석자들의 꽃다발을 만들게 하였다. 이때 꽃을 꺾으러 갔던 사람이 모임 장소로 돌아오다가 길에서, 32상 80종호를 갖춰 백천 개의 태양이 뜬 것처럼 휘황찬란하게 빛나는 세존을 뵙게 되었다. 그는 환희심을 품고서 땅에 엎드려 부처님께 예배하고, 꺾은 꽃을 부처님께 뿌렸다.

그리고는 숲으로 돌아가 나무에 올라 꽃을 꺾으려고 하다가 나뭇가지가 부러지는 바람에 땅에 떨어져서 죽었다. 그는 도리천에 태어나 단정하고 매우 아름다운 몸을 얻었으며, 그의 궁전은 사라 꽃으로 만들어졌다.

제석천이 물었다.

"그대는 어느 곳에서 어떤 복된 업을 닦았기에 이곳에 태어났는가?"

천자가 대답하였다.

"저는 염부제에서 사라 꽃을 꺾다가 길에서 세존을 뵙고 그 꽃을 부처님 머리 위로 뿌린 일이 있습니다. 그 공덕으로 이곳에 태어났습니다."

제석천은 이 천자의 몸매가 빼어나고 너무나 단정한 것을 보고 게송으로 찬탄하였다.

　순수한 황금색 피부
　환히 빛나고 아주 선명하며
　너무도 단정한 용모
　모든 천자 가운데 제일이로다.

그러자 천자도 곧 제석에게 게송을 읊어 대답하였다.

　이 모든 게 부처님의 은덕
　부처님께 사라 꽃을 흩뿌린
　그 선한 인연 덕분에
　이제 이 과보를 얻었습니다.

천자는 이 게송을 읊고 나서 곧 제석천과 함께 부처님께 찾아가 엎드려 예배하였다. 그가 한쪽에 물러나 앉자, 부처님께서 곧 그를 위해 갖가지 법을 설해주셨다. 그는 마음이 열리고 뜻을 이해하게 되어 20억 가지 삿된 소견과 업장을 깨뜨리고 수다원과를 얻었다. 그는 기쁨이 넘치는 마음으로 곧 부처님 앞에서 게송으로 찬탄하였다.

> 높고 높으신 위대한 성인
> 가장 높아 견줄 자 없나니
> 부모님이나 스승이라 해도
> 그 공덕 누구도 미칠 수 없네.

> 네 개의 큰 바다 고갈시키고
> 흰 뼈다귀의 산을 뛰어넘어
> 세 갈래 나쁜 길 막아버리고
> 세 개의 선한 문 열어주셨네.

천자는 이 게송을 읊고 나서 부처님께 엎드려 예배하고 부처님을 세 바퀴 돈 뒤에 하늘나라로 돌아갔다.

이때 비구들이 이 사실을 알고 나서, 이튿날 아침에 부처님께 여쭈었다.

"세존이시여, 어젯밤 광명이 기원정사를 비추었는데, 범천이나 제석천이나 사천왕이 그런 것입니까? 아니면 28부部의 신장들이 그런 것입니까? 아니면 다른 세계의 큰 보살들이 법을 들으러 찾아왔던 것입니까?"

부처님께서 비구들에게 말씀하셨다.

"그것은 제석천이나 범천이나 귀신이나 사천왕 등이 그런 것이 아니다. 예전에 사라 꽃을 꺾어 나에게 공양했던 사람이 이제 하늘 나라에 태어나 향과 꽃을 들고 나에게 공양하려고 찾아왔으니, 바로 그가 비춘 광명이다."

그때 모든 비구는 부처님의 말씀을 듣고 기뻐하면서 받들어 행하였다.

54

탑에 공양을 올리고 하늘나라에 태어난 궁인 공덕의

부처님께서 왕사성 가란타 죽림에 계실 때였다.

그때 저 빈바사라왕은 매일 세 번씩 여러 관속官屬을 거느리고 부처님께 찾아가 예배하고 문안을 올렸다. 그러나 나중에 나이가 들어 점점 늙어가자 몸이 무거워 날마다 찾아가서 예배드릴 수가 없었다. 그러자 신하들이 왕에게 건의하였다.

"부처님께 머리카락과 손톱을 얻어서 후궁에 탑을 세워 봉안하고, 그곳에 향과 꽃과 등불을 공양하소서."

왕은 군신들의 건의를 수용하여 곧 부처님께 찾아가 부탁드렸다. 그러자 세존께서 바로 머리카락과 손톱을 빈바사라왕에게 주셨다. 왕은 그의 궁궐 안에 탑을 모신 사원을 세우고 비단 깃발과 일산을 달고 향과 꽃과 등불을 하루에 세 번씩 공양하였다.

그러나 얼마 후 왕태자 아사세阿闍世가 제바달다提婆達多와 함께 음모를 꾸며 부왕을 살해하고 스스로 왕이 되면서 궁내에 명령을 내렸다.

"저 탑에 예배하고 공양하지 말라. 거역하는 자가 있으면 그 죄를 용서하지 않겠다."

그 후 7월 보름, 스님들이 자자自恣하시는 날에 공덕의功德意라는 한 궁인이 이렇게 생각하였다.

'이 탑은 선왕께서 세우신 것인데, 이제 이렇게 먼지가 수북하고 더러운데도 청소하는 사람이 없구나. 내가 이제 형벌을 받는 한이 있어도 이 탑을 깨끗이 청소하고 향과 꽃과 등불을 공양하리라.'

이렇게 생각하고 나서 곧바로 등불을 밝혀 탑에 공양하였다. 마침 아사세왕이 멀리 누각 위에 있다가 그 등불을 보게 되었다. 아사세왕은 곧 크게 화를 내면서 당장 사람을 보내 누가 공양을 올리는지 알아보게 하였다. 공덕의가 공양하는 것을 보고 사령이 돌아와 사실 그대로 보고하자, 왕이 그녀를 데려오라고 명령하였다. 왕이 그녀에게 등불을 밝힌 이유를 묻자, 공덕의가 왕에게 대답하였다.

"이 탑은 선왕께서 세워 공양을 올리시던 곳입니다. 게다가 오늘은 좋은 날이기에 깨끗이 청소하고 등불을 밝혀 공양한 것입니다."

아사세왕이 이 말을 듣고 공덕의에게 말하였다.

"너는 내가 앞서 내린 명령을 듣지 못했느냐?"

공덕의가 말하였다.

"저도 왕께서 내린 명령을 들었습니다. 하지만 지금 왕께서 하는 정치는 선왕만 못합니다."

아사세왕은 이 말을 듣고 더욱 화가 나 당장 칼을 휘둘러 공덕의를 베어 죽였다. 공덕의는 그 착한 마음 덕분에 죽어서 도리천에 왕생하였는데, 그 몸에서 나오는 빛이 1유순由旬까지 비추었다. 이때 제석천을 비롯한 여러 하늘나라 신들이 함께 찾아와 구경하다가 물었다.

"그대는 무슨 복을 지었기에 이 하늘나라에 태어났고, 다른 천신들보다 배나 뛰어난 광명을 가지게 되었는가?"

천자가 곧 게송을 읊어 제석천에게 대답하였다.

여래께서 세간에 출현하시니
그 광명 마치 해와 달 같아
어둡고 외진 곳 모두 비추어
어디나 환히 밝아지게 하시네.

부처님 뵙고 환희심 일으키면
마음의 번뇌 저절로 제거되니
훌륭하십니다, 위없는 세존이여
중생들 복을 심는 기름진 밭이로다.

신심 내어 복덕을 닦으며
몸과 목숨을 아끼지 않았으므로
왕의 손에 죽게 되었지만

나는 하늘나라에 태어났다네.

천자는 제석천에게 이 게송을 읊은 다음 머리에 하늘나라 왕관을 쓰고, 보배 영락을 걸쳐 그 몸을 장엄하고, 천자들과 함께 각각 꽃과 향을 들고 하늘에서 내려와 부처님께 공양하였는데, 그 광명이 온 가란타죽림을 널리 비추어 평소보다 몇 배나 밝았다. 천자가 부처님께 엎드려 예배하고서 한쪽에 앉자, 부처님께서 곧 그를 위해 4제의 법을 설해주셨다. 천자는 마음이 열리고 뜻을 이해하게 되어 수다원과를 얻었다.

그가 곧 이렇게 말하였다.

"저는 기억하나니, 저는 지난날 수미산보다 더 많은 흰 뼈를 쌓고, 큰 바다보다 더 많은 눈물을 흘리면서 피와 살이 마르도록 헛되이 목숨만 버렸습니다. 그러다 이제야 괴로움을 벗어나게 되었습니다."

천자는 이렇게 말하고 나서 부처님을 세 바퀴 돌고 다시 하늘나라 궁전으로 올라갔다.

이튿날 아침, 비구들이 세존께 여쭈었다.

"세존이시여, 어젯밤 평소보다 배나 밝은 광명이 비추었습니다. 제석천이나 범천이나 사천왕이 그런 것입니까? 아니면 28부의 귀신 대장들이 그런 것입니까?"

부처님께서 비구들에게 말씀하셨다.

"그 광명은 제석천이나 범천이나 귀신 대장이 그런 것이 아니다. 바로 빈바사라왕의 후궁 궁녀였던 공덕의가 그런 것이다. 그녀는 탑에 공양했다는 이유로 아사세왕에게 피살되었지만, 목숨이 끝나고 바로 도리천에 왕생하였다. 그녀가 나에게 공양하려고 찾아왔으니, 바로 그가 비춘 광명이다."

부처님께서 공덕의 인연을 말씀하셨을 때, 그 자리에 있던 사람들 가운데 어떤 사람은 수다원과를 얻었고, 혹은 사다함과, 혹은 아나함과, 혹은 아라한과를 얻었으며, 혹은 벽지불이 되겠노라는 마음을 일으킨 자도 있었고, 혹은 위없는 깨달음을 얻겠노라는 마음을 일으킨 자도 있었다.

그때 모든 비구는 부처님의 말씀을 듣고 기뻐하면서 받들어 행하였다.

55

코끼리를 타고 다니면서
보시를 권한 수달다

부처님께서 사위국 기수급고독원에 계실 때였다.

그때 그 성에 수달須達이라는 장자가 있었다. 그는 백천 금의 돈을 부처님께 보시하고 이렇게 생각하였다.

'나는 지금 재물이 한량없다. 비록 백천 금의 돈으로 기원정사를 지어 부처님과 스님들께 보시를 했다지만 사실 어려운 일을 했다고 하기엔 부족하다. 이제 만약 가난하고 미천한 사람들에게 권하여 바늘이나 실만큼이라도 덜어 부처님께 보시하게 한다면 그것이야말로 어려운 일이라 할 수 있고, 또 한량없고 그지없는 공덕을 얻으리라.'

이렇게 생각하고 곧 파사닉왕에게 찾아가 그 뜻을 밝혔다. 왕은 즉시 허락하고, 신하를 파견하여 북을 울리고 성안의 모든 사람에게 알리도록 하였다.

"수달 장자가 이제 보시의 공덕을 닦도록 모든 사람에게 권유하고자 하노라."

그리고 7일째 되는 날, 수달 장자는 흰 코끼리를 타고 도시의 네거리와 마을길에 이르기까지 곳곳을 다니면서 보시하라고 널리 권하였다. 그러자 사람들이 모두 기뻐하며 앞 다투어 보시하였다. 어떤 사람은 옷·영락·금·은 따위의 보물을, 어떤 사람은 갖가지 옥가락지·바늘·실 등 각자 집에 있는 대로 가져와 보시하였다.

그때 한 가난한 여인이 석 달 동안 남의 집 품팔이로 겨우 담요 한 장을 마련해 그것을 옷 삼아 입고 있었는데, 수달 장자가 사람들에게 권화하는 것을 보고서 그 옆에 있는 사람에게 물었다.

"저 수달 장자는 많은 재물에다 보물도 넘쳐 부족한 것이 없고, 땅속에 묻힌 보물창고까지 찾아낼 수 있는 사람인데, 이제 무엇이 부족해서 또 사람들에게 구걸하고 다니는가요?"

그러자 사람들이 말했다.

"저 장자는 사실 부족한 것이 없는 사람이오. 다만 중생을 가엾이 여기기 때문에 함께 복을 닦고 싶어서 부처님과 스님들을 초청해 공양을 올리자고 사람들에게 권유하는 것이라오."

가난한 여인이 이 말을 듣고는 마음속으로 기뻐하며 이렇게 생각하였다.

'나는 전생에 보시하지 않았던 탓에 지금 가난뱅이가 된 것이다. 지금 또 보시하지 않으면 다음 생에는 더욱 가난하겠지.'

또 생각하였다.

'부처님이 세상에 출현하는 시기는 매우 만나기 어렵다. 나도 지금 부처님과 스님들을 초청하고야 싶지만 가진 게 없구나. 내게는 지금 몸에 걸친 이 담요 한 장뿐이니, 이것을 보시하면 벌거숭이로 웅크리고 앉아 있어야 한다. 하긴 담요를 보시하지 않는다고 달리 기대할 만한 미래도 없다. 나는 어차피 가난의 고통 속에서 죽을 게 뻔하다. 차라리 이 담요를 보시하는 데 쓰자.'

이렇게 생각하고 곧 그 담요를 창문을 통해 수달 장자에게 던져 주었다. 수달 장자가 그 담요를 받은 뒤 사람을 보내 살펴보게 하였다. 심부름꾼이 가서 보니, 가난한 여인이 알몸으로 앉아 있었다. 심부름꾼이 물었다.

"당신은 지금 어쩌자고 옷 삼아 입은 담요를 보시하였소?"

그러자 가난한 여인이 대답하였다.

"저는 다음 생에 더 가난해질까 두렵습니다. 그래서 이것이나마 보시한 것입니다."

심부름꾼이 돌아가 이 사실을 수달 장자에게 자세히 보고하였다. 수달 장자는 이 말을 듣고 '기이한 일이구나.' 하고 감탄하면서 자신이 입은 옷을 벗어 가난한 여인에게 보시하였다.

가난한 여인은 그 옷을 얻고 기뻐하면서 이렇게 말하였다.

"내가 이제 보시하고 이생에서 바로 과보를 얻었다. 하물며 미래세에 받을 복덕이야 말할 것이 있겠는가?"

며칠 뒤 가난한 여인은 목숨을 마쳤고, 도리천에 왕생하였다.

도리천에 태어난 그녀는 스스로 생각하였다.

'내가 무슨 복을 지었기에 이 하늘나라에 태어났을까?'

곧 스스로 관찰하다가, 인간세계에 있을 때 매우 가난했는데 담요 한 장을 보시한 공덕으로 하늘나라에 태어났다는 것을 알게 되었다.

"내 이제 돌아가 부처님과 수달 장자의 은혜에 보답하리라."

천자는 곧 하늘나라 왕관을 쓰고 보배 영락을 걸쳐 그 몸을 장엄하고, 꽃과 향을 들고서 하늘나라에서 내려와 부처님과 수달 장자에게 공양하였다. 그런 다음 부처님께 엎드려 예배하고, 한쪽에 물러나 앉았다. 그러자 부처님께서 천자에게 곧 4제의 법을 설해 주셨다. 천자는 마음이 열리고 뜻을 이해하게 되어 곧 수다원과를 얻었다. 천자는 부처님을 세 바퀴 돌고 하늘나라로 돌아갔다.

이튿날 아침, 비구들이 부처님께 여쭈었다.

"세존이시여, 어젯밤 여래를 환하게 비춘 그 광명은 제석천이나 범천이나 사천왕이 그런 것입니까? 아니면 28부의 귀신 대장들이 그런 것입니까?"

부처님께서 비구들에게 말씀하셨다.

"그 광명은 제석천이나 범천이나 사천왕이나 귀신 대장들이 그런 것이 아니다. 바로 수달 장자의 권유로 담요를 보시했던 가난한 여인이 그런 것이다. 그녀는 옷 삼아 입었던 담요를 보시한 공덕으로 하늘나라에 태어났고, 이제 나에게 공양을 올리려고 찾아왔으니, 바로 그가 비춘 광명이다."

부처님께서 비구들에게 말씀하셨다.

"알아 두라. 그때 그 가난한 여인이 바로 지금 이 천자이니라."

그때 모든 비구는 부처님의 말씀을 듣고 기뻐하면서 받들어 행하였다.

56

부처님을 초청한 앵무새들의 왕

부처님께서 사위국 기수급고독원에 계실 때였다.

부처님께서는 여름 안거를 마치고 비구들과 함께 다른 나라로 떠나려 하셨다. 그때 빈바사라왕이 신하들을 거느리고 성을 나와 멀리 여래가 계신 쪽을 바라보며 이렇게 아뢰었다.

"세존이시여, 어디 계십니까? 부디 자비로 가엾이 여기셔서 비구 스님들과 함께 이곳으로 오셔서 저의 공양을 받으소서."

그때 세존께서 왕이 간절히 우러르는 마음을 깊이 일으켰다는 것을 멀리에서 아시고, 비구들과 함께 여러 곳을 거쳐 마갈제국摩竭提國으로 향하셨다. 그때 수많은 새 가운데 있던 앵무새 왕이 부처님이 오시는 것을 멀리서 보고는 곧 하늘로 날아와 길을 가로막으며 맞이하였다.

"부처님과 비구 스님들이시여, 부디 자비로 가엾이 여기셔서 저희 숲에서 하룻밤만 주무시고 가소서."

부처님께서 허락하시자, 앵무새 왕은 부처님께서 허락하심을 알고 자신이 머물던 숲으로 돌아가 모든 앵무새에게 명령하였다.

"다들 와서 받들어 맞이하라."

이때 세존께서 비구들을 거느리고 앵무새 숲에 이르러 각각 나무 아래에 방석을 펴고 좌선하며 사유하였다. 앵무새 왕은 부처님과 비구들이 고요히 앉아 계시는 것을 보고 마음이 너무나 기뻤다. 앵무새 왕은 혹시 사자나 호랑이 따위의 짐승이나 도적이 부처님과 비구 스님들을 괴롭히지 않을까 염려하여 부처님과 비구들 주위를 밤새도록 날아다니면서 사방을 경계하였다.

이튿날 아침, 세존께서 출발하시자 앵무새는 기뻐하며 앞에서 길을 인도하고 왕사성에 이르러 빈바사라왕에게 알렸다.

"세존께서 지금 비구들을 데리고 곧 도착하십니다. 대왕이시여, 부디 맛있는 음식을 풍성히 준비하고 길에 나가서 맞이하소서."

빈바사라왕이 이 말을 듣고는, 맛있는 음식을 풍성하게 준비시키고 당기·번기·꽃·향을 들고 기악을 연주하면서 신하들과 함께 길에 나가 맞이하였다.

한편 앵무왕은 그날 밤 목숨이 끝났고, 홀연히 여덟 살 정도의 아이 모습으로 도리천에 태어났다. 그는 생각하였다.

'내가 무슨 복을 지었기에 이 하늘나라에 천자로 태어났을까?'

곧 관찰을 해보고는, 전생에 자신이 앵무새 왕이었는데 부처님을 초청해 하룻밤을 주무시게 한 공덕으로 그곳에 태어났다는 것을 알게 되었다.

'내가 이제 세존의 은혜에 보답하리라.'

천자는 머리에 하늘나라 왕관을 쓰고, 보배 영락을 걸쳐 그 몸을 장엄하고, 향과 꽃을 들고 하늘에서 내려와 부처님께 공양하였다. 그리고 한쪽에 물러나 앉았다.

부처님께서는 곧 그에게 4제의 법을 설해주셨고, 그는 마음이 열리고 뜻을 이해하게 되어 곧 수다원과를 얻었다. 천자는 부처님을 세 바퀴 돌고는 다시 하늘나라로 돌아갔다.

이튿날 아침, 비구들이 부처님께 여쭈었다.

"세존이시여, 어젯밤 여래를 비춘 그 광명은 제석천이나 범천이나 사천왕이 그런 것입니까? 아니면 28부의 귀신 대장들이 그런 것입니까?"

부처님께서 비구들에게 말씀하셨다.

"그 광명은 제석천이나 범천이나 사천왕이나 귀신 대장들이 그런 것이 아니다. 길에서 나와 비구들을 숲으로 초청해 하룻밤을 묵게 했던 앵무새 왕이 그런 것이다. 그 앵무새 왕의 생명이 다해 하늘나라에 태어났고, 이제 나에게 공양을 올리려고 찾아왔으니, 바로 그가 비춘 광명이다."

비구들이 다시 부처님께 아뢰었다.

"저 천자는 전생에 무슨 업을 지었기에 앵무로 태어났고, 또 무슨 복을 닦았기에 법을 듣고 과위를 얻게 된 것입니까?"

세존께서 비구들에게 말씀하셨다.

"너희들은 자세히 들어라. 내가 이제 너희들을 위해 자세히 분별하여 해설하리라.

이 현겁에 바라나국에서 가섭 부처님께서 출현하신 적이 있느

니라. 그때 한 장자가 그 부처님 법 가운데서 5계를 받아 지키다가 한때 잠깐 한 가지 계율을 범하였다. 장자는 그 업보로 앵무새로 태어났으나 나머지 네 가지 계율은 온전히 지켰기 때문에 이제 나를 만나 출가하고 도를 얻게 된 것이다."

부처님께서 비구들에게 말씀하셨다.

"알아 두라. 그때 그 우바새가 바로 지금의 앵무 천자니라."

그때 모든 비구는 부처님의 말씀을 듣고 기뻐하면서 받들어 행하였다.

57

부처님을 초청하고 하늘나라에 태어난 왕의 사신

부처님께서 왕사성 가란타 죽림에 계실 때였다.

그때 부처님께서 여름 안거를 마친 다음 비구들을 데리고 다른 나라로 가려고 하셨다. 그때 수달須達 장자가 파사닉왕에게 말하였다.

"저희가 근래 한참 동안 부처님을 뵙지 못했습니다. 대왕께서 이제 편지와 함께 사신을 보내 세존을 이곳으로 초청하여 함께 공양을 올렸으면 합니다."

파사닉왕이 이 말을 듣고 곧 사신을 파견하여 세존을 초청하도록 하고, 편지와 함께 문안을 여쭙게 하였다.

"멀리서 세존께 예배드립니다. 오랫동안 뵙지 못하였습니다. 부디 어여삐 여기고 가엾이 여기셔서 이곳으로 오셔서 저의 청을 받아 주소서."

여래께서 곧 허락하시자, 사신이 돌아가 왕에게 보고하였다.

"세존께서 허락하셨습니다."

왕은 다시 사신에게 명하여, 수레를 장엄하고 세존께 찾아가 모셔오게 하였다. 사신이 부처님께 찾아가 아뢰었다.

"부디 어여삐 여기고 가엾이 여기셔서 이 수레에 올라 저 왕의 청을 받아 주소서."

그러자 부처님께서 사신에게 대답하셨다.

"나에게는 6신통의 신족神足이 있고, 7각覺의 꽃다발이 있으며, 8성도聖道의 길이 있고, 5乘의 편안한 수레 있다. 이런 신족이 있는 나에게 너희의 수레는 필요하지 않다."

사신이 여러 번 정성을 다해 청하였다.

"부디 저를 가엾이 여기셔서 신족통을 사용하지 마시고 이 수레에 올라 저 왕의 청을 받아 주소서."

이때 세존께선 그 사신을 가엾이 여겨 곧 수레에 오르셨다. 그리고 신통력으로 그 수레가 하늘을 날게 하여 왕사성에 도착하고, 그 왕의 청을 받으셨다.

한편 사신은 그날 밤 목숨을 마쳤고, 홀연히 여덟 살 정도의 아이 모습으로 도리천에 왕생하였다. 그는 생각하였다.

'내가 무슨 복을 닦았기에 이 하늘나라에 태어났을까?'

곧 스스로 관찰하다가, 세간에 있을 때 왕의 사신으로서 부처님 세존께 수레를 타고 가서 왕의 청을 받도록 권한 일이 있었음을 알게 되었다. 그 선심 덕분에 하늘나라에 태어난 것이었다.

'이제 내가 부처님의 은혜에 보답하리라.'

그는 곧 머리에 하늘나라 왕관을 쓰고 보배 영락을 걸쳐 그 몸을 장엄하고, 향과 꽃을 들고 찬란한 광명으로 기원정사를 비추면서 내려와 부처님께 공양하였다. 그가 부처님 앞에 엎드려 예배한 다음 물러나 한쪽에 앉자, 부처님께서 곧 그를 위해 4제의 법을 설해주셨다. 그는 마음이 열리고 뜻을 이해하게 되어 곧 수다원과를 얻었다. 천자는 부처님을 세 바퀴 돌고 다시 하늘나라 궁전으로 돌아갔다.

이튿날 아침, 비구들이 부처님께 여쭈었다.

"어젯밤 이곳을 비춘 광명은 제석천이나 범천이나 사천왕이 그런 것입니까? 아니면 28부의 귀신 대장들이 그런 것입니까?"

부처님께서 비구들에게 말씀하셨다.

"그 광명은 제석천이나 범천이나 사천왕이나 귀신 대장들이 설법을 듣기 위해 찾아와 비춘 것이 아니다. 그것은 바로 나를 초청하러 왕이 파견했던 사신이 그런 것이다. 그는 착한 마음 덕분에 하늘나라에 태어났고, 이제 나에게 공양하려고 찾아왔으니, 바로 그가 비춘 광명이다."

그때 모든 비구는 부처님의 말씀을 듣고 기뻐하면서 받들어 행하였다.

58

부처님의 제도로 하늘나라에 태어난 물소

부처님께서 교살라국憍薩羅國에 계실 때였다.

부처님께서 비구들과 함께 늑나勒羅 나무 아래로 가시다가 어느 못가에 도착하셨다. 마침 그곳에 아주 크고 사나운 500마리 물소와 소치는 사람 500명이 있었다. 부처님께서 비구들을 거느리고 길을 따라 걸어오시는 것을 물소를 방목하던 사람들이 보고 큰소리로 외쳤다.

"세존이시여, 그 길로 다니지 마십시오. 이 소 떼 중에 사람을 들이받아 해치는 매우 크고 사나운 소가 있어 지나가기 어렵습니다."

그러자 부처님께서 그들에게 말씀하셨다.

"당신들은 너무 걱정하지 마시오. 그 물소가 달려들어 나를 들이받더라도 내가 스스로 알아서 하겠소."

이렇게 말씀하시는 순간, 그 사나운 소가 별안간 달려와 꼬리를 휘젓고 뿔을 낮추고 땅을 파헤치면서 소리를 지르더니 바로 앞에서 마구 날뛰었다. 그때 여래께서 다섯 손가락 끝에서 다섯 사자를 변화로 나타내어 부처님 좌우에 두고, 사방으로 빙 둘러 큰 불구덩이를 만드셨다. 그러자 물소가 겁을 먹고 사방으로 내달렸지만 달아날 곳이 없었다. 안전하고 시원한 곳은 오직 세존의 발 아래 약간의 땅뿐이라 물소는 곧장 그곳으로 달려갔다. 그러자 마음이 편안해지면서 더는 두려움이 없게 되었다. 물소는 무릎을 꿇고 머리를 숙여 세존의 발을 핥다가 다시 머리를 들어 세존을 우러러보면서 기쁨을 스스로 이기지 못했다.

그때 세존께서 그 사나운 물소가 마음으로 이미 항복했다는 것을 아시고, 곧 소를 위해 게송을 읊으셨다.

불같은 마음에 나쁜 생각 품고
나를 해치려 달려들었다가
승리자 우러러 진심으로 귀의하고
도리어 다가와 내 발을 핥는구나.

이때 물소가 부처님이 읊으신 게송을 듣고 깊이 부끄럽게 여겼다. 그러자 별안간 이해하고 깨닫게 되어 구름처럼 뒤덮었던 장애가 제거되었다. 그리하여 물소는 자기가 전생에 인간으로 있으면서 지었던 나쁜 업을 깨닫게 되었고, 더욱더 부끄럽게 여겨 물과 풀을 먹지 않았다. 물소는 곧 목숨이 끝났고, 홀연히 여덟 살 정도의 아이 모습으로 도리천에 태어났다.

아이는 스스로 생각하였다.

'내가 무슨 복을 닦았기에 이 하늘나라에 태어났을까?'

곧 스스로 관찰하다가, 전생에 물소의 몸으로 부처님의 교화를 받아 하늘나라에 태어났다는 것을 알게 되었다.

'내가 이제 부처님의 은혜에 보답하리라.'

이렇게 생각하고 나서 그는 곧 머리에 하늘나라 왕관을 쓰고 보배 영락을 걸쳐 그 몸을 장엄하고, 향과 꽃을 들고 부처님께 찾아와 찬란한 광명으로 부처님 세존을 비추면서 땅에 엎드려 예배하였다. 그런 다음 한쪽에 물러나 앉자, 세존께서 곧 그를 위해 4제의 법을 설해주셨다. 그는 마음이 열리고 뜻을 이해하게 되어 수다원과를 얻었다. 천자는 부처님을 세 바퀴 돌고 다시 하늘나라로 돌아갔다.

이튿날 아침, 물소를 방목하던 사람들이 부처님께 여쭈었다.

"어젯밤 광명은 제석천이나 범천이나 사천왕이 그런 것입니까? 아니면 28부의 귀신 대장들이 그런 것입니까?"

부처님께서 물소를 방목하던 사람들에게 말씀하셨다.

"그 광명은 제석천이나 범천이나 사천왕이나 귀신 대장들이 설법을 듣기 위해 찾아와 비춘 것이 아니다. 그것은 바로 그대들이 방목하던 그 사나운 물소가 그런 것이다. 그 물소는 나를 만난 덕분에 목숨이 끝나고 하늘나라에 태어났다. 그가 나에게 공양하려고 찾아왔으니, 바로 그가 비춘 광명이다."

이때 물소를 방목하던 500명이 부처님의 말씀을 듣고, 각기 서로에게 말하였다.

'저 사나운 물소도 부처님을 뵙고 하늘나라에 태어났거늘, 하물

며 사람인 우리가 어찌 선한 법을 닦지 않겠는가?'

이렇게 말하고 나서 그들은 서로 모여 맛있는 음식을 풍성히 차리고 부처님과 스님들을 초청하였다. 부처님께서 공양을 마치신 뒤 그들을 위해 갖가지 법을 설해주시자, 그들은 마음이 열리고 뜻을 이해하게 되어 각자 도의 자취를 얻었다. 그들이 출가하기를 원하자, 부처님께서 말씀하셨다.

"잘 왔구나, 비구들이여."

그러자 수염과 머리카락이 저절로 떨어지고 법복이 몸에 입혀져 사문의 모습이 되었다. 그들은 정성을 다해 부지런히 닦고 익혀 아라한과를 얻고, 3명·6통·8해탈을 구족하여 모든 하늘나라 신들과 사람들의 존경을 받았다.

그때 비구들이 이 사실을 알고 부처님께 여쭈었다.

"저 물소와 물소를 방목하던 사람 500명은 전생에 무슨 업을 지었기에 물소와 물소를 방목하는 사람으로 태어난 것입니까? 또 무슨 복을 닦았기에 부처님 세존을 만나 출가하여 도를 얻게 된 것입니까?"

이때 세존께서 비구들에게 말씀하셨다.

"너희들은 저 물소와 물소를 방목하던 사람들이 전생에 지은 악업의 인연을 알고 싶은가? 내가 이제 너희들을 위해 게송으로 설명해 주리라."

전생에 지은 선한 업과 악한 업
백겁을 지나도 사라지지 않나니

선업과 악업을 지은 인연으로
지금 이런 과보를 얻은 것이니라.

비구들이 부처님께서 말씀하신 게송을 듣고 나서 다시 부처님께 아뢰었다.

"전생에 어떤 일이 있었는지 저희는 알지 못합니다. 세존이시여, 부디 자세히 말씀해 주소서."

부처님께서 비구들에게 말씀하셨다.

"너희들은 자세히 들어라. 내가 이제 너희들을 위해 자세히 분별하여 해설하리라.

이 현겁에 바라나국에서 가섭 부처님께서 출현하신 적이 있느니라. 그 부처님 시절에 한 삼장三藏 비구가 500명의 제자를 거느리고 여러 나라를 다니다가 대중 앞에서 함께 법을 논하게 되었다. 그는 어려운 질문을 받고 대답할 수 없게 되자, 화를 내면서 도리어 욕설을 퍼부었다.

'너희들이 확실하게 아는 것도 없으면서 곤란한 질문을 억지로 만들어 나에게 던지는 꼴이 마치 물소가 사람을 들이받는 것 같구나.'

이때 그의 제자들도 모두 '그렇다.'라고 하며 질문한 사람들을 비난하였다. 그리고 이렇게 말하고 나서 각자 뿔뿔이 흩어졌다. 그들은 이 나쁜 구업口業을 지은 인연 때문에 500세 동안 물소나 물소를 방목하는 사람으로 태어나 서로 어울리며 함께하게 되었고, 지금까지도 벗어나지 못한 것이다."

부처님께서 비구들에게 말씀하셨다.

"알아 두라. 그때 그 삼장 비구가 바로 지금의 저 물소 중 가장 사나운 물소이며, 그때의 500제자가 바로 지금의 물소를 방목하던 500명이니라."

부처님께서 이 물소의 인연을 말씀하셨을 때, 비구들은 각자 몸·입·뜻의 업을 보호하여 생사를 싫어하게 되었으며, 그 가운데 어떤 사람은 수다원과를 얻었고, 혹은 사다함과, 혹은 아나함과, 혹은 아라한과를 얻었으며, 혹은 벽지불이 되겠노라는 마음을 일으킨 자도 있고, 혹은 위없는 깨달음을 얻겠노라는 마음을 일으킨 자도 있었다.

그때 모든 비구는 부처님의 말씀을 듣고 기뻐하면서 받들어 행하였다.

59

함께 재계를 받은 두 범지

부처님께서 사위국 기수급고독원에 계실 때였다.

어느 날 초저녁에 500천자가 머리에 하늘나라 왕관을 쓰고 보배 영락을 걸쳐 그 몸을 장엄하고, 향과 꽃을 들고 찬란한 광명으로 온 기원정사를 비추면서 부처님께 찾아왔다. 그들은 부처님 앞에 엎드려 예배하고 공양을 올린 다음 물러나 한쪽에 앉았다. 그들은 부처님의 설법을 듣고는 마음이 열리고 뜻을 이해하게 되이 수다원과를 얻었다. 그리고 부처님을 세 바퀴 돌고 다시 하늘나라로 돌아갔다.

이튿날 아침, 아난이 부처님께 여쭈었다.

"세존이시여, 어젯밤 평소보다 배나 밝은 광명이 기원정사를 비추었습니다. 제석천이나 범천이나 사천왕이 그런 것입니까? 아니면 28부의 귀신 대장들이 그런 것입니까?"

부처님께서 아난에게 말씀하셨다.

"그 광명은 제석·범천이나 귀신 대장들이 설법을 듣기 위해 찾아와 비춘 것이 아니다.

과거 가섭 부처님 시절에 두 바라문이 국왕을 따라 부처님께 찾아와 예배하고 문안을 여쭙게 되었다. 그때 그들을 따라왔던 한 우바새가 두 바라문에게 권유하였다.

'당신들이 이제 국왕을 따라 함께 부처님 세존을 뵈었으니, 이 기회에 재계齋戒를 받으십시오.'

바라문이 말하였다.

'그 재계의 법을 받으면 어떤 이익이 있습니까?'

우바새가 말하였다.

'재계의 법을 받으면 무엇을 바라건 반드시 소원대로 됩니다.'

두 바라문이 이 말을 듣고 함께 재계를 받았는데, 한 사람은 하늘나라에 태어나기를 바라고, 다른 한 사람은 국왕이 되기를 원하였다. 그들은 재계를 받은 뒤 함께 바라문들이 모인 곳으로 돌아갔다.

그러자 그곳에 있던 바라문들이 말하였다.

'당신들도 목이 마르고 배가 고프겠군요. 같이 음식을 먹읍시다.'

재계를 받은 두 바라문이 말하였다.

'우리는 부처님의 재계를 받았습니다. 식사 때가 지나면 먹지 않습니다.'

바라문들이 말하였다.

'우리는 우리의 바라문법이 있는데 왜 굳이 저 사문의 재계를 받

습니까?'

이렇게 은근하게 여러 차례 권유하자, 하늘나라에 태어나기를 원했던 바라문은 그 뜻을 지키지 못하고 결국 음식을 먹었다. 그는 재계를 깨뜨린 까닭에 소원을 이루지 못하고, 목숨이 끝나고는 용龍으로 태어났다. 하지만 다른 한 바라문은 끝내 음식을 먹지 않고 재계를 지켰다. 그 덕분에 과연 그의 소원대로 국왕이 되었다. 그리고 용이 된 바라문은 전생에 재계를 함께 받은 인연으로 그 국왕의 정원에 있는 못에 태어났다.

이때 정원 관리인이 날마다 갖가지 과일을 왕에게 바쳤는데, 어느 날 문득 못에서 색깔과 향기가 매우 좋은 맛있는 과일 하나를 얻었다. 그는 생각하였다.

'내가 정원을 드나들긴 하지만 항상 문지기의 허락을 받아야만 한다. 내가 이 과일을 그에게 선물로 주어야겠다.'

이렇게 생각하고, 곧 가져다 문지기에게 주었다. 문지기는 그 과일을 받고 또 이렇게 생각했다.

'내가 정원을 드나들긴 하지만 항상 내시의 허락을 받아야만 한다. 내가 이 과일을 그에게 선물로 주어야겠다.'

이렇게 생각하고, 곧 가져다 내시에게 주었다. 내시는 그 과일을 받고 또 이렇게 생각했다.

'부인께서 나를 위해 항상 대왕께 나의 덕을 칭찬하신다. 내가 이 과일을 부인에게 선물로 주어야겠다.'

이렇게 생각하고, 곧 가져다 부인에게 주었다. 부인은 그 과일을 받아 다시 대왕에게 바쳤다. 왕은 그 과일을 받자마자 바로 먹었는데 너무나 향기롭고 맛있었다. 그래서 곧 부인에게 물었다.
'당신은 어디서 이 과일을 얻었소?'
부인이 즉시 사실대로 대답하였다.
'저는 내시에게서 이 과일을 받았습니다.'
왕이 다시 내시에게 물었다.
'너는 어디서 이 과일을 얻었느냐?'
이렇게 차례차례 과일의 출처를 따져 정원 관리자에까지 미쳤다. 왕이 곧 정원 관리자를 불렀다.
'나의 정원에 이렇게 맛있는 과일이 있는데 왜 나에게 올리지 않고 다른 사람에게 주었느냐?'
그러자 정원 관리자가 그 경위를 자세히 말씀드렸다. 하지만 왕은 그 말을 들으려 하지 않고 그에게 말하였다.
'지금부터 항상 이 과일을 보내라. 그러지 않으면 내가 너를 죽이리라.'
정원 관리자는 정원으로 돌아와 울부짖으며 흐르는 눈물을 자제할 수 없었다.
'이 과일은 종자가 없는데 어떻게 얻는단 말인가?'
그때 용왕이 그의 울음소리를 듣고 사람의 형상으로 변해 정원 관리자에게 다가와 물었다.
'당신은 지금 왜 그렇게 우는 것이오?'
정원 관리자가 대답하였다.
'내가 어제 이 정원의 못에서 맛있는 과일 하나를 주워 문지기에게 선물했더니, 문지기가 다시 그것을 내시에게 선물하고, 내시는 다시 부인에게 드리고, 부인은 다시 그것을 왕에게 올렸습니다. 그러자 대왕이 이제 이렇게 명령하였습니다.

〈지금부터 이 과일을 바쳐라. 그러지 않으면 사형에 처하리라.〉

지금 이 정원에는 이런 과일의 종자가 없습니다. 그래서 우는 것입니다.'

이 말을 들은 화인化人은 다시 물속으로 들어가 향기롭고 맛있는 그 과일을 가져와 황금 쟁반에 얹어 정원 관리자에게 주었다. 그러면서 이렇게 말하였다.

'당신은 이 과일을 가져가 왕에게 올리면서 내 뜻도 함께 전달해 주시오.

〈나와 왕은 과거 부처님이 세상에 계시던 시절에 본래 친한 벗이었고 둘 다 범지였소. 우리는 함께 8재계齋戒를 받고 각자 소원을 빌었소. 당신은 재계를 온전히 지킨 덕분에 국왕이 되었지만, 나는 계율을 제대로 지키지 못해 용으로 태어났소. 나는 이제 다시 재법齋法을 닦아 이 몸을 벗어나고 싶소.〉

그리고 당신 왕에게 이 말도 전해 주시오

〈나를 위해 팔관재문八關齋文을 찾아 나에게 보내주시오. 그러지 않으면 내가 당신의 나라를 뒤엎어 큰 바다로 만들 것이오.〉'

정원 관리자는 황금 쟁반을 받아 왕에게 올리고, 또 용이 부탁했던 말을 전달하였다. 대왕이 그 말을 듣고 매우 근심하였다. 왜냐하면 당시는 '불법佛法이라는 이름조차 없었는데 하물며 팔관재문을 어떻게 구한단 말인가? 하지만 그것을 찾지 못하면 위해危害를 당할 게 뻔했다. 아무리 궁리해도 해결할 길이 없었다. 그러다 왕이 가장 소중히 여기는 한 대신에게 물었다.

'용신龍神이 나에게 팔관재문을 요구하고 있소. 그대가 찾아내 용신에게 드리길 바라오.'

대신이 대답하였다.

'지금 세상에 없는 법을 어떻게 구하겠습니까?'

왕이 다시 말하였다.

'그대가 팔관재문을 찾아내 용왕에게 보내지 못하면 내 반드시 그대를 죽일 것이오.'

이 말을 듣고 물러난 대신은 집으로 돌아와 평소와 다른 안색으로 매우 근심하며 괴로워하였다. 그때 연세가 많고 덕망이 높은 그의 아버지가 집에 돌아온 아들의 안색이 평소와 달리 바뀐 것을 보고 물었다.

'무슨 일이 있기에 네 안색이 그러냐?'

이에 대신이 전후 사정을 아버지에게 자세히 말씀드리자, 아버지가 이렇게 말하였다.

'우리 집 기둥에서 빛이 나는 것을 내가 본 적이 있다. 네가 기둥을 베어 보아라. 그 속에 혹시라도 이상한 물건이 있는지 함께 살펴보자.'

대신이 아버지의 가르침에 따라 곧 기둥을 베고 그 속을 살펴보았다. 과연 경전 두 권이 있었으니, 하나는 '십이인연경'이고, 또 하나는 '팔관재문'이었다. 대신은 이것을 얻고 매우 기뻐하면서 황금 책상에 받들어 왕에게 올렸다. 왕도 이것을 얻고는 기쁨을 이기지 못하면서 다시 용왕에게 보냈다. 용왕 역시 이것을 얻고 매우 기뻐하면서 값진 보물을 가져와 왕에게 선물로 보냈다. 그리고 각자 본래 있던 곳으로 돌아갔다.

용왕은 500용자龍子와 함께 팔관재법을 부지런히 받들어 닦았다. 그들은 그 뒤 목숨이 끝나고 도리천에 태어났고, 어젯밤 나에게 공양하려고 찾아왔으니, 바로 그들이 비춘 광명이니라."

부처님께서 아난에게 말씀하셨다.

"알아 두라. 그때 팔관재법을 받들어 닦았던 500용자가 지금의 500천자니라."

부처님께서 이 인연을 말씀하셨을 때, 그 말씀을 듣고 어떤 사람은 수다원과를 얻었고, 혹은 사다함과, 혹은 아나함과, 혹은 아라한과를 얻었으며, 혹은 벽지불이 되겠노라는 마음을 일으킨 자도 있었고, 혹은 위없는 깨달음을 얻겠노라는 마음을 일으킨 자도 있었다.

그때 모든 비구는 부처님의 말씀을 듣고 기뻐하면서 받들어 행하였다.

60
부처님 설법을 듣고 하늘나라에 태어난 500마리 기러기

부처님께서 바라나국의 못 부근 숲에서 하늘나라 신들과 사람들을 위해 오묘한 법을 연설하셨다.

그때 하늘을 날던 기러기 500마리가 부처님 설법을 듣고 마음 깊이 사랑하고 좋아해 빙빙 맴돌다 내려와 설법을 들었다. 그때 사냥꾼이 그물을 쳐서, 500마리 기러기가 그 그물에 걸려 사냥꾼들에게 모조리 죽고 말았다.

기러기들은 그곳에서 목숨이 끝났고, 도리천에서 홀연히 여덟 살 정도의 아이 모습으로 태어났다. 그들은 단정하고 매우 아름다웠으며, 몸에서 나오는 광명이 궁전을 환히 비추어 보배산처럼 찬란하였다.

그들은 곧 생각하였다.

'우리는 무슨 복을 닦았기에 이 하늘나라에 태어났을까?'

곧 스스로 관찰하다가, 전생에 기러기였는데 부처님의 설법을 듣고 마음 깊이 믿고 즐거워하였기에 그 착한 마음 덕분에 목숨이 끝나자마자 그곳에 태어났다는 것을 알게 되었다.

'우리가 이제 부처님의 은혜에 보답하리라.'

그들은 함께 머리에 하늘나라 왕관을 쓰고 보배 영락을 걸쳐 그 몸을 장엄하고, 온갖 향을 몸에 바르고 향과 꽃을 들고서 부처님께 찾아와 세존께 공양하였다. 공양을 마치고 나서 땅에 엎드려 부처님께 예배하고 물러나 한쪽에 앉아 부처님께 아뢰었다.

"세존이시여, 저희가 이제 세존께서 연설하신 오묘한 법을 듣고 신심을 일을 일으키고 기뻐한 덕분에 아주 훌륭한 하늘나라에 태어났습니다. 세존이시여, 부디 저희를 어여삐 여기고 가엾이 여기셔서 다시 한 번 법을 설해 도道의 요체를 열고 보여 주소서."

이에 세존께서 그들을 위해 곧 갖가지 법요를 설해 주시자, 그들은 마음이 열리고 뜻을 이해하게 되었다. 500천자는 동시에 모두 수다원과를 얻어 마음속으로 기뻐하며 부처님을 세 바퀴 돌고 다시 하늘나라로 돌아갔다.

이때 아난이 부처님께 아뢰었다.

"세존이시여, 어젯밤 어떤 인연으로 광명이 이 숲을 비춘 것입니까? 부디 말씀해 주소서."

부처님께서 아난에게 말씀하셨다.

"너는 자세히 들어라. 내가 이제 너를 위해 자세히 분별하여 해설하리라.

내가 예전에 못 부근의 숲에서 여러 하늘나라 신들과 사람들을 위해 오묘한 법을 연설한 적이 있었다. 그때 기러기 500마리가 설법하는 나의 음성을 사랑하고 공경해 마음속으로 기뻐하며 내가 있는 곳으로 날아오다가 사냥꾼에게 잡혀 죽었다. 그들은 그 착한 마음 덕분에 하늘나라에 태어났고, 은혜를 갚으려고 어젯밤 찾아왔었다."

아난이 부처님의 말씀을 듣고, 전에 없었던 일이라고 찬탄하였다.

"여래께서 세간에 출현하심은 진실로 존귀하고도 미묘하여 그 은혜를 입지 않는 이가 없습니다. 저 날아다니는 새들도 부처님의 음성을 듣고 오히려 도과道果를 얻었는데, 하물며 사람이겠습니까? 신심으로 받들어 간직한다면, 그 과보는 저들보다 백천만 배나 뛰어나 비유조차 할 수 없을 것입니다."

"그러므로 너희들은 모두 한마음 한뜻으로 불법을 믿고 공경하며 법대로 수행하라."

그때 비구들이 부처님 말씀을 듣고 어떤 사람은 수다원과를 얻었고, 혹은 사다함과, 혹은 아나함과, 혹은 아라한과를 얻었으며, 혹은 벽지불이 되겠노라는 마음을 일으킨 자도 있었고, 혹은 위없는 깨달음을 얻겠노라는 마음을 일으킨 자도 있었다.

그때 모든 비구는 부처님의 말씀을 듣고 기뻐하면서 받들어 행하였다.

찬집백연경

제 7 권

현생에 과보가 나타난 비구들 이야기
(現化品)

황금색 피부로 태어난 금색 비구

부처님께서 가비라위국迦毘羅衛國의 니구타 나무 아래 계실 때였다.

그때 그 성에 한량없는 재물과 보물을 지닌 한 장자가 있었다. 그는 좋은 집안의 딸을 선택해 아내로 맞이하여 온갖 음악을 즐기면서 살았다. 그러다 그의 아내가 임신하여 열 달 만에 아들을 낳았다. 그 아이는 황금색 피부에 세상에 드물 만큼 단정하고 매우 아름다웠으며, 몸에서 나오는 광명이 성안을 비춰 모두 황금색으로 만들었다.

아이의 부모는 이것을 보고 마음속으로 기뻐하며 전에 없었던 일이라고 감탄하였다. 부모가 점술사를 불러 아이의 상을 보게 하자, 점술사가 상을 보고 나서 부모에게 물었다.

"이 아이를 낳을 때 어떤 상서로운 현상이 있었습니까?"

부모가 대답하였다.

"이 아이는 태어날 때부터 온몸이 황금색이고 또 빛이 났습니다."

그래서 이름을 금색金色이라 하였다.

차츰 성장한 그 아이는 성품이 어질고 유순하였으며 인자하고 효성스러웠다. 그는 이 세간에 부처님이 니구타 나무 아래에 계신다는 소식을 듣고 친구들과 함께 부처님께 찾아갔다. 그는 32상 80종호를 갖춰 백천 개의 태양이 뜬 것처럼 휘황찬란하게 빛나는 세존을 뵙고는 환희심을 품고 부처님 앞에 엎드려 예배하였다. 그가 물러나 한쪽에 앉자, 부처님께서 그를 위해 4제의 법을 설해주셨다. 그는 곧 마음이 열리고 뜻을 이해하게 되어 수다원과를 얻었다.

그는 집으로 돌아와 부모님께 말씀드렸다.

"제가 오늘 니구타 나무 아래로 찾아가 부처님 세존을 뵈었는데, 백천 개의 태양이 뜬 것처럼 찬란히 빛나는 신비한 용모였습니다. 또 비구들을 보니, 모든 감관이 고요히 안정되고 위의가 보기 좋았습니다. 제가 좋아하고 바라던 바이니, 부디 어여삐 여기고 가엾이 여기셔서 저의 출가를 허락해 주소서."

이 말을 들은 부모는 아들을 사랑하고 아꼈기에 그의 뜻을 거절할 수 없었다. 그가 곧 부처님께 찾아가 출가의 뜻을 밝히자, 부처님께서 말씀하셨다.

"잘 왔구나, 비구여."

그러자 머리카락이 저절로 떨어지고 법복이 몸에 입혀져 곧 사문의 모습이 되었다. 그는 정성을 다해 부지런히 닦고 익혀 아라한과를 얻었고, 3명·6통·8해탈을 구족하여 모든 하늘나라 신들과 사람들의 존경을 받았다.

비구들이 이 사실을 알고 부처님께 여쭈었다.

"세존이시여, 이 금색金色 비구는 전생에 무슨 복을 심었기에 훌륭한 가문에 태어나 황금색 몸을 받고, 또 세존을 만나 출가하여 도를 얻게 된 것입니까?"

그러자 세존께서 비구들에게 말씀하셨다.

"너희들은 자세히 들어라. 내가 너희들을 위해 자세히 분별하여 해설하리라.

과거 91겁 전 바라나국에서 비바시毘婆尸 부처님께서 출현하신 적이 있느니라. 그 부처님께서 두루 교화를 마치신 뒤 열반에 드시자, 당시의 국왕 반두말제槃頭末帝가 사리舍利를 거두어 높이 1유순 되는 네 개의 보탑寶塔을 세우고 공양을 올렸다.

그때 어떤 사람이 길을 가다가 그 탑에 약간 허물어진 곳이 있는 것을 보게 되었다. 그는 진흙을 이겨 보수하고, 나아가 금박을 사서 그 위에 바른 다음 발원하고 떠났다. 그는 이 공덕으로 91겁 동안 나쁜 세계 떨어지지 않고 하늘나라와 인간세계에서 항상 황금색 몸으로 태어나 쾌락을 누렸으며, 여전히 황금색 몸으로 이제 또 나를 만나 출가하고 도를 얻게 된 것이다."

부처님께서 비구들에게 말씀하셨다.

"알아 두라. 그때 금박을 입혔던 사람이 바로 지금의 금색 비구니라."

그때 모든 비구는 부처님의 말씀을 듣고 기뻐하면서 받들어 행하였다.

62

몸에서 향기가 난 전단향 비구

부처님께서 가비라위국의 니구타 나무 아래 계실 때였다.

그때 그 성에 한량없고 헤아릴 수 없는 재물과 보물을 지닌 한 장자가 있었다. 그는 좋은 집안의 딸을 선택해 아내로 맞이하여 온갖 음악을 즐기면서 살았다. 그러다 그의 아내가 임신하여 열 달 만에 아들을 낳았다. 그 아이는 세상에 드물 만큼 용모가 단정하였으며, 온몸 털구멍에서 우두전단牛頭栴檀 향기가 나고, 얼굴에서는 우발라優鉢羅 꽃향기가 풍겨 부모와 친척 모두 기뻐하지 않는 자가 없었다.

점술사를 불러 아이의 상을 보게 하자, 점술사가 상을 보고 나서 부모에게 물었다.

"이 아이를 낳을 때 어떤 상서로운 일이 있었습니까?"

부모가 대답하였다.

"이 아이가 태어날 때 온몸의 털구멍에서 우두전단 향기가 나고 입에서는 우발라 꽃향기가 났습니다."

그래서 아이의 이름을 전단향이라 하였다.

차츰 성장한 그 아이는 성품이 어질고 부드러워 보는 이마다 사랑하고 공경하였다. 어느 날 그 아이가 친구들과 함께 성을 나가 여러 곳을 유람하다가 니구타 나무 아래에 계시는 세존을 뵙게 되었는데, 32상 80종호를 갖춰 백천 개의 태양이 뜬 것처럼 휘황찬란하게 빛나고 있었다. 아이는 곧 환희심을 품고 부처님 앞에 엎드려 예배하고 한쪽에 물러나 앉았다. 세존께서는 그를 위해 4제의 법을 설해주셨고, 그는 마음이 열리고 뜻을 이해하게 되어 수다원과를 얻었다.

그는 집으로 돌아와 부모님에게 이별을 고하고 출가하여 도를 닦을 뜻을 밝혔다.

부모는 아이를 사랑하고 아꼈기에 그의 뜻을 거절할 수 없었다. 아이가 부처님께 찾아가 출가하기를 원하자, 부처님께서 말씀하셨다.

"잘 왔구나, 비구여."

그러자 머리카락이 저절로 떨어지고 법복이 몸에 입혀져 사문의 모습이 되었다. 그는 정성을 다해 부지런히 닦고 익혀 아라한과를 얻었고, 3명·6통·8해탈을 구족하여 모든 하늘나라 신들과 사람들의 존경을 받았다.

비구들이 이 사실을 알고 부처님께 여쭈었다.

"세존이시여, 이 전단향 비구는 전생에 무슨 복을 심었기에 태어나자마자 향기가 풍겼으며, 또 부처님을 만나 출가하여 도를 얻게 되었습니까?"

세존께서 비구들에게 말씀하셨다.

"너희들은 자세히 들어라. 내가 이제 너희들을 위해 자세히 분별하여 해설하리라.

과거 91겁 전 바라나국에서 비바시 부처님께서 출현하신 적이 있었다. 그 부처님께서 두루 교화를 마치고 열반에 드시자, 당시의 국왕 반두말제가 부처님의 사리를 거두어 네 개의 보배 탑을 세우고, 모든 신하·왕후·궁녀와 함께 향과 꽃을 들고 탑으로 들어가 공양하였다. 그러면서 탑이 있는 땅을 밟다 보니 한쪽 구석 푹 꺼진 곳이 있었다. 그때 어떤 장자가 이 탑에 땅이 푹 꺼진 곳이 있음을 발견하고는 곧 진흙을 이겨 수리하고, 그 위에 전단향을 뿌린 다음 발원하고 떠났다.

그 장자는 이 공덕으로 91겁 동안 나쁜 세계에 떨어지지 않고 하늘나라와 인간 세상에 태어나 몸과 입에서 항상 향기를 풍기고 하늘나라의 쾌락을 누렸으며, 여전히 몸과 입에서 향기가 풍기는 몸으로 이제 또 나를 만나 출가하고 도를 얻게 된 것이다."

부처님께서 비구들에게 말씀하셨다.

"알아 두라. 그때 탑의 꺼진 땅을 보수하고 그 위에 전단향을 뿌렸던 장자가 바로 지금의 이 전단향 비구이니라."

그때 모든 비구는 부처님의 말씀을 듣고 기뻐하면서 받들어 행하였다.

63

큰 위엄과 덕망을 가진 위덕 비구

부처님께서 가비라위국의 니구타 나무 아래 계실 때였다.

그때 그 성에 한량없고 헤아릴 수 없는 재물과 보물을 지닌 한 장자가 있었다. 그는 좋은 집안의 딸을 선택해 아내로 맞이하여 온갖 음악을 즐기면서 살았다. 그러다 그의 아내가 임신하여 열 달 만에 아들을 낳았다. 그 아이는 몸이 매우 부드럽고 얼굴이 또렷하고 윤택하였으며, 세상에 드물 만큼 용모가 단정하고 매우 아름다워 부모와 친척들이 보고 모두 기뻐하였다. 그래서 이름을 위덕威德이라 하였다.

차츰 성장한 그 아이는 성품이 부드럽고 온화하며 조화롭고 순종적이었으므로 보는 이마다 사랑하고 공경하며, 멀고 가까운 이들이 모두 믿고 따랐다. 어느 날 그 아이가 친구들과 함께 성을 나가 여러 곳을 유람하다가 니구타 나무 아래에 계시는 세존을 뵙게 되었는데, 32상 80종호를 갖춰 백천 개의 태양이 뜬 것처럼 휘황찬란하게 빛나고 있었다. 아이는 곧 환희심을 품고 부처님 앞에 엎드려 예배하고 한쪽에 물러나 앉았다. 세존께서는 그를 위해 4제의 법을 설해주셨고, 그는 마음이 열리고 뜻을 이해하게 되어 수다원과를 얻었다.

그는 집으로 돌아와 부모님에게 이별을 고하고 출가하여 도를 닦을 뜻을 밝혔다.

부모는 아이를 사랑하고 아꼈기에 그의 뜻을 거절할 수 없었다. 아이가 부처님께 찾아가 출가하기를 원하자, 부처님께서 말씀하셨다.

"잘 왔구나, 비구여."

그러자 머리카락이 저절로 떨어지고 법복이 몸에 입혀져 사문의 모습이 되었다. 그는 정성을 다해 부지런히 닦고 익혀 아라한과를 얻었고, 3명·6통·8해탈을 구족하여 모든 하늘나라 신들과 사람들의 존경을 받았다.

비구들이 이 사실을 알고 부처님께 여쭈었다.

"세존이시여, 이 위덕 비구는 전생에 무슨 복을 심었기에 몸이 너무나 부드럽고 낯빛이 선명하여 사람들의 존경을 받게 된 것이며, 또 무슨 인연으로 세존을 만나 출가하고 도를 얻게 된 것입니까?"

그러자 세존께서 비구들에게 말씀하셨다.

"너희들은 자세히 들어라. 내가 이제 너희들을 위해 자세히 분별하여 해설하리라.

과거 91겁 전 바라나국에서 비바시 부처님께서 출현하신 적이 있었다. 그 부처님께서 두루 교화를 마치고 열반에 드시자, 당시의 국왕 반두말제가 부처님의 사리를 거두어 네 개의 보배 탑을 공양하였다. 그때 어떤 사람이 길을 가다가 그 탑에 시든 꽃들이 더러운 흙먼지 구덩이에 나뒹구는 것을 보고는, 곧 시든 꽃들을 주워 먼지를 털고 깨끗이 하여 다시 공양한 다음 발원하고 떠났다.

그는 이 공덕으로 91겁 동안 지옥·아귀·축생 등 나쁜 세계에 떨어지지 않고 하늘나라와 인간 세상에 태어나 빛나는 얼굴빛에 큰 위덕을 갖추고 하늘나라의 쾌락을 누렸으며, 여전히 위덕을 지닌 몸으로 이제 또 나를 만나 출가하고 도를 얻게 된 것이다."

부처님께서 비구들에게 말씀하셨다.

"알아 두라. 그때 시든 꽃들의 먼지를 털었던 사람이 바로 지금 이 위덕 비구이니라."

그때 모든 비구는 부처님의 말씀을 듣고 기뻐하면서 받들어 행하였다.

64

큰 힘을 가지고 태어난 대력 비구

부처님께서 가비라위국 니구타 나무 아래 계실 때였다.

그때 그 성에 한량없고 헤아릴 수 없는 재물과 보물을 지닌 한 장자가 있었다. 그는 좋은 집안의 딸을 선택해 아내로 맞이하여 온갖 음악을 즐기면서 살았다. 그러다 그의 아내가 임신하여 열 달 만에 아들을 낳았다. 그 아이는 골격이 굵고 컸으며, 몸집이 크고 튼튼하며 힘이 셌다. 부모가 이를 보고 아이의 이름을 대력大力이라 하였다.

차츰 성장한 그 아이는 용감하고 힘이 세 따를 자가 없었다. 어느 날 그 아이가 친구들과 함께 성을 나가 여러 곳을 유람하다가 니구타 나무 아래에 계시는 세존을 뵙게 되었는데, 32상 80종호를 갖춰 백천 개의 태양이 뜬 것처럼 휘황찬란하게 빛나고 있었다. 아이는 곧 환희심을 품고 부처님 앞에 엎드려 예배하고 한쪽에 물러나 앉았다. 세존께서는 그를 위해 4제의 법을 설해주셨고, 그는 마음이 열리고 뜻을 이해하게 되어 수다원과를 얻었다.

그는 집으로 돌아와 부모님에게 이별을 고하고 출가하여 도를 닦을 뜻을 밝혔다.

부모는 아이를 사랑하고 아꼈기에 그의 뜻을 거절할 수 없었다. 아이가 부처님께 찾아가 출가하기를 원하자, 부처님께서 말씀하셨다.

"잘 왔구나, 비구여."

그러자 머리카락이 저절로 떨어지고 법복이 몸에 입혀져 사문의 모습이 되었다. 그는 정성을 다해 부지런히 닦고 익혀 아라한과를 얻었고, 3명·6통·8해탈을 구족하여 모든 하늘나라 신들과 사람들의 존경을 받았다.

비구들이 이 사실을 알고 부처님께 여쭈었다.

"세존이시여, 이 대력 비구는 전생에 무슨 복을 심었기에 태어날 때부터 힘이 세고 용감하여 대적할 자가 없는 것이며, 또 이제 무슨 인연으로 부처님을 만나 출가하고 도를 얻게 된 것입니까?"

그러자 세존께서 비구들에게 말씀하셨다.

"너희들은 자세히 들어라. 내가 이제 너희들을 위해 자세히 분별하여 해설하리라.

과거 91겁 전 바라나국에서 비바시 부처님께서 출현하신 적이 있었다. 그 부처님께서 두루 교화를 마치고 열반에 드시자, 당시의 국왕 반두말제가 부처님의 사리를 거두어 네 개의 보배 탑을 세웠다. 그때 마침 한 사람이 그 탑 근처에 있다가 큰소리로 사람들을 불러 모아 탑의 문설주를 세운 다음 발원하고 떠났다.

그는 이 공덕으로 91겁 동안 지옥·축생·아귀 세계에 떨어지지 않고 항상 큰 힘을 가진 몸으로 하늘나라와 인간 세상에 태어나 하늘나라의 쾌락을 누렸으며, 여전히 힘이 센 몸으로 이제 또 나를 만나 출가하고 도를 얻게 된 것이다."

부처님께서 비구들에게 말씀하셨다.

"알아 두라. 그때 사람들을 불러 모아 탑의 문설주를 세웠던 그 사람이 바로 지금의 이 대력 비구이니라."

그때 모든 비구는 부처님의 말씀을 듣고 기뻐하면서 받들어 행하였다.

65

보는 이마다 존경했던 비구

부처님께서 가비라위국 니구타 나무 아래 계실 때였다.

그때 그 성에 한량없고 헤아릴 수 없는 재물과 보물을 지닌 한 장자가 있었다. 그는 좋은 집안의 딸을 선택해 아내로 맞이하여 온갖 음악을 즐기면서 살았다. 그러다 그의 아내가 임신하여 열 달 만에 아들을 낳았다. 아이는 보통 사람을 훌쩍 뛰어넘을 만큼 단정하고 매우 아름다워 보는 이마다 공경하지 않는 자기 없었다.

차츰 성장한 그 아이가 어느 날 친구들과 함께 성을 나가 여러 곳을 유람하다가 니구타 나무 아래에 계시는 세존을 뵙게 되었는데, 32상 80종호를 갖춰 백천 개의 태양이 뜬 것처럼 휘황찬란하게 빛나고 있었다. 아이는 곧 환희심을 품고 부처님 앞에 엎드려 예배하고 한쪽에 물러나 앉았다. 세존께서는 그를 위해 4제의 법을 설해주셨고, 그는 마음이 열리고 뜻을 이해하게 되어 수다원과를 얻었다.

그는 집으로 돌아와 부모님에게 이별을 고하고 출가하여 도를 닦을 뜻을 밝혔다.

부모는 아이를 사랑하고 아꼈기에 그의 뜻을 거절할 수 없었다. 아이가 부처님께 찾아가 출가하기를 원하자, 부처님께서 말씀하셨다.

"잘 왔구나, 비구여."

그러자 머리카락이 저절로 떨어지고 법복이 몸에 입혀져 사문의 모습이 되었다. 그는 정성을 다해 부지런히 닦고 익혀 아라한과를 얻었고, 3명·6통·8해탈을 구족하여 모든 하늘나라 신들과 사람들의 존경을 받았다.

비구들이 이 사실을 알고 부처님께 여쭈었다.

"세존이시여, 이제 저 사람들에게 존경받는 비구는 전생에 무슨 복을 심었기에 단정하게 태어나 보는 이마다 존경하지 않는 자가 없게 된 것이며, 또 무슨 인연으로 부처님을 만나 출가하고 도를 얻게 된 것입니까?"

세존께서 비구들에게 말씀하셨다.

"너희들은 자세히 들어라. 내가 이제 너희들을 위해 자세히 분별하여 해설하리라.

과거 91겁 전 바라나국에서 비바시 부처님께서 출현하신 적이 있었다. 그 부처님께서 두루 교화를 마치고 열반에 드시자, 당시의 국왕 반두말제가 부처님의 사리를 거두어 네 개의 보배 탑을 세워 공양하였다. 그리고 그 뒤 조금 허물어진 곳이 있었다.

그때 어떤 아이가 그 탑에 들어갔다가 허물어진 곳을 보고는,

온화한 얼굴로 사람들을 불러 모아 함께 허물어진 곳을 수리한 다음 발원하고 떠났다.

  그 아이는 이 공덕으로 91겁 동안 지옥·축생·아귀 세계에 떨어지지 않고 하늘나라와 인간세계에서 끝없는 쾌락을 누렸으며, 하늘나라 신이건 인간이건 보는 이마다 항상 존경하였으며, 여전히 보는 이마다 존경하는 몸으로 이제 또 나를 만나 출가하고 도를 얻게 된 것이다."

  부처님께서 비구들에게 말씀하셨다.

  "알아 두라. 그때 사람들을 불러 모아 탑의 허물어진 곳을 수리했던 아이가 바로 지금 보는 이마다 존경하는 이 비구이니라."

  그때 모든 비구는 부처님의 말씀을 듣고 기뻐하면서 받들어 행하였다.

66

머리 위에 보배 일산이 따라다닌 보개 비구

부처님께서 가비라위국 니구타 나무 아래 계실 때였다.

그때 그 성에 한량없고 헤아릴 수 없는 재물과 보물을 지닌 한 장자가 있었다. 그는 좋은 집안의 딸을 선택해 아내로 맞이하여 온갖 음악을 즐기면서 살았다. 그러다 그의 아내가 임신하여 열 달 만에 아들을 낳았다. 그 아이는 세상에 드물 만큼 용모가 단정하였으며, 태어날 때 마니摩尼 보배가 달린 일산이 머리 위에 저절로 나타나 온 성을 뒤덮었다. 그래서 부모가 기뻐하며 아이의 이름을 보개寶蓋라 하였다.

차츰 성장한 그 아이가 성을 나가 친구들과 함께 여러 곳을 유람하다가 니구타 나무 아래에 계시는 세존을 뵙게 되었는데, 32상 80종호를 갖춰 백천 개의 태양이 뜬 것처럼 휘황찬란하게 빛나고 있었다. 아이는 곧 환희심을 품고 부처님 앞에 엎드려 예배하고, 출가하기를 원하였다.

부처님께서 곧 말씀하셨다.

"잘 왔구나, 비구여."

그러자 머리카락이 저절로 떨어지고 법복이 몸에 입혀져 이내 사문의 모습이 되었다. 그는 정성을 다해 부지런히 닦고 익혀 아라한과를 얻었다.

비구들이 이 사실을 알고, 전에 없던 이상한 일이라 여겨 부처님께 여쭈었다.

"저 보개 비구는 전생에 무슨 복을 심었기에 태어날 때 저절로 마니 보배가 달린 일산이 머리 위에 나타나 온 성을 뒤덮었던 것이며, 또 이제 무슨 인연으로 부처님을 만나 출가한 지 얼마 되지도 않아 도과道果를 얻은 것입니까?"

세존께서 비구들에게 말씀하셨다.

"너희들은 자세히 들어라. 내가 너희들을 위해 자세히 분별하여 해설하리라.

과거 91겁 전 바라나국에서 비바시 부처님께서 출현하신 적이 있었다. 그 부처님께서 두루 교화를 마치고 열반에 드시자, 당시의 국왕 반두말제가 부처님의 사리를 거두어 1유순 높이의 보배 탑 네 개를 세워 공양하였다.

그때 바다로 나가 보물을 채취하고 무사히 돌아온 한 상단의 우두머리가 곧 마니 구슬로 그 탑 꼭대기를 덮은 다음 발원하고 떠났다.

그 상단의 우두머리는 이 공덕으로 91겁 동안 나쁜 세계 떨어지지 않고 하늘나라와 인간세계에서 항상 보배 일산이 함께 따라다

녔으며, 이제 또 나를 만나 출가하고 도를 얻게 된 것이다."

"알아 두라. 그때 마니 보배 구슬을 받들어 올렸던 상단의 우두머리가 바로 지금의 이 보개 비구이니라."

그때 모든 비구는 부처님의 말씀을 듣고 기뻐하면서 받들어 행하였다.

67

아름다운 음성을 타고난 묘성 비구

부처님께서 가비라위국 니구타 나무 아래 계실 때였다.

그때 그 성에 한량없고 헤아릴 수 없는 재물과 보물을 지닌 한 장자가 있었다. 그는 좋은 집안의 딸을 아내로 맞이하여 온갖 음악을 즐기면서 살았다. 그러다, 그 아내가 임신하여 열 달 만에 아들을 낳았다. 그 아이는 세상에 드물 만큼 용모가 단정하고 아름다웠다. 차츰 성장한 그 아이는 그 음성이 아름다워 그의 목소리를 듣는 사람마다 다들 좋아하였다.

그러던 어느 날, 친구들과 함께 성을 나가 여러 곳을 유람하다가 니구타 나무 아래에 계시는 세존을 뵙게 되었는데, 32상 80종호를 갖춰 백천 개의 태양이 뜬 것처럼 휘황찬란하게 빛나고 있었다. 아이는 곧 환희심을 품고 부처님 앞에 엎드려 예배하고 한쪽에 물러나 앉았다. 세존께서는 그를 위해 4제의 법을 설해주셨고, 그는 마음이 열리고 뜻을 이해하게 되어 수다원과를 얻었다.

그는 집으로 돌아와 부모님에게 이별을 고하고 출가하여 도를 닦을 뜻을 밝혔다.

부모는 아이를 사랑하고 아꼈기에 그의 뜻을 거절할 수 없었다. 아이가 부처님께 찾아가 출가하기를 원하자, 부처님께서 말씀하셨다.

"잘 왔구나, 비구여."

그러자 머리카락이 저절로 떨어지고 법복이 몸에 입혀져 사문의 모습이 되었다. 그는 정성을 다해 부지런히 닦고 익혀 아라한과를 얻었고, 3명·6통·8해탈을 구족하여 모든 하늘나라 신들과 사람들의 존경을 받았다.

비구들이 이 사실을 알고 부처님께 여쭈었다.

"세존이시여, 이 묘성妙聲 비구는 전생에 무슨 복을 심었기에 이런 아름다운 음성을 갖게 되었으며, 또 무슨 인연으로 이제 부처님을 만나 출가하고 도를 얻게 된 것입니까?"

이때 세존께서 비구들에게 말씀하셨다.

"너희들은 자세히 들어라. 내가 이제 너희들을 위해 자세히 분별하여 해설하리라.

과거 91겁 전 바라나국에서 비바시 부처님께서 출현하신 적이 있었다. 그 부처님께서 두루 교화를 마치고 열반에 드시자, 당시의 국왕 반두말제가 부처님의 사리를 거두어 1유순 높이의 보배 탑네 개를 세워 공양하였다.

그때 어떤 사람이 이 탑을 보고는 환희심이 생겨 탑을 돌면서 음악을 연주하여 공양하였다. 그런 다음 발원하고 떠났다.

그는 이 공덕으로 91겁 동안 지옥·축생·아귀 세계에 떨어지지 않고 하늘나라와 인간세계에서 항상 좋은 음성을 가져 듣는 이들을 즐겁게 하였으며, 여전히 아름다운 음성을 가진 몸으로 이제 또 나를 만나 출가하고 도를 얻게 된 것이니라."

그때 모든 비구는 부처님의 말씀을 듣고 기뻐하면서 받들어 행하였다.

68

한꺼번에 100명의 아들을 낳은 여인

부처님께서 가비라위국 니구타 나무 아래 계실 때였다.

그때 그 성에 한량없고 헤아릴 수 없는 재물과 보물을 지닌 한 장자가 있었다. 그는 좋은 집안의 딸을 선택해 아내로 맞이하여 온갖 음악을 즐기면서 살았다. 그러다 그의 아내가 임신하였고, 열 달 만에 큰 고깃덩어리(肉團) 하나를 낳았다.

그때 장자는 이것을 보고 마음속으로 걱정하고 고뇌하면서 상서롭지 못한 일이라 여겼다. 그래서 부처님께 찾아가 엎드려 예배하고, 무릎을 꿇고 여쭈었다.

"임신했던 저의 아내가 큰 고깃덩어리 하나를 낳았습니다. 세존이시여, 이것이 좋은 일인지 나쁜 일인지 모르겠습니다. 부디 세존께서 말씀해 주소서."

부처님께서 장자에게 말씀하셨다.

"그대는 이상하게 여기지 말고 그저 잘 보살피기만 하라. 7일 후 그대 스스로 확인하게 되리라."

장자는 이 말을 듣고 기쁨을 스스로 이기지 못하며 집으로 돌아와 가족들에게 잘 보살피라고 명령하였다. 7일째가 되자, 과연 그 고깃덩어리가 열리면서 100명의 아들이 나왔는데, 모두 세상에 보기 드문 매우 단정하고 빼어난 모습이었다.

차츰 성장한 아이들이 어느 날 함께 성을 나가 여러 곳을 유람하다가 니구타 나무 아래에 계시는 세존을 뵙게 되었는데, 32상 80종호를 갖춰 백천 개의 태양이 뜬 것처럼 휘황찬란하게 빛나고 있었다. 아이들은 모두 환희심을 일으켜 부처님 앞에 엎드려 예배하고 한쪽에 물러나 앉았다.

부처님께서 곧 그들을 위해 4제의 법을 설해주셨고, 그들은 마음이 열리고 뜻을 이해하게 되어 각각 수다원과를 얻었다. 그들이 곧 부처님 앞에서 출가하여 들어가길 원하자, 부처님께서 동자들에게 타일렀다.

"부모의 허락이 없이는 출가할 수 없다."

이 말을 들은 동자들은 집으로 돌아와 부모에게 이별을 고하고 출가할 뜻을 밝혔다. 부모님은 아이들을 사랑하고 아꼈기에 그들의 뜻을 거절할 수 없었다. 동자들이 다시 부처님께 찾아가 출가하길 원하자, 부처님께서 동자들에게 말씀하셨다.

"잘 왔구나, 비구들이여."

그러자 머리카락이 저절로 떨어지고 법복이 몸에 입혀져 사문의 모습이 되었다. 그들은 정성을 다해 부지런히 닦고 익혀 아라한과를 얻었고, 3명·6통·8해탈을 구족하여 모든 하늘나라 신들과 사람들의 존경을 받았다.

비구들이 이 사실을 알고 부처님께 여쭈었다.

"세존이시여, 한꺼번에 출생한 이 100명의 비구는 전생에 무슨 복을 심었기에 100명의 형제가 동시에 매우 단정하고 아름다운 몸으로 태어나 사람들의 사랑과 존경을 받은 것이며, 이제 또 무슨 인연으로 부처님을 만나 출가하고 도를 얻은 것입니까?"

세존께서 비구들에게 말씀하셨다.

"너희들은 자세히 들어라. 내가 이제 너희들을 위해 자세히 분별하여 해설하리라.

과거 91겁 전 바라나국에서 비바시 부처님께서 출현하신 적이 있었다. 그 부처님께서 두루 교화를 마치고 열반에 드시자, 당시의 국왕 반두말제가 부처님의 사리를 거두어 네 개의 보배 탑을 세워 공양하였다. 그때 같은 마을 사람 100여 명이 음악을 연주하고 노래하고 춤추면서 향과 꽃을 들고 그 탑에 공양하였다. 그리고 각자 서원을 세웠다.

'이렇게 공양을 올린 선근 공덕으로 저희가 미래세에 태어나는 곳마다 모두 형제가 되게 하소서.'

이렇게 서원을 세우고 나서 각자 돌아갔다."

부처님께서 비구들에게 말씀하셨다.

"알아 두라. 그때 같은 마을 사람들이 지금의 100비구이다. 그들은 그때 세운 서원의 힘으로 91겁 동안 지옥·축생·아귀 세계에 떨어지지 않고 하늘나라와 인간세계에서 항상 함께 태어나 하늘나라의 쾌락을 누렸으며, 지금 또 예전처럼 함께 태어나서 나를 만나 출가하고 도를 얻게 된 것이니라."

그때 모든 비구는 부처님의 말씀을 듣고 기뻐하면서 받들어 행하였다.

69

머리에 보배 구슬이 달린 보주 비구

부처님께서 가비라위국 니구타 나무 아래 계실 때였다.

그때 그 성에 한량없고 헤아릴 수 없는 재물과 보물을 지닌 한 장자가 있었다. 그는 좋은 집안의 딸을 선택해 아내로 맞이하여 항상 음악을 즐기면서 살았다. 그러다 그 아내가 임신하여 열 달 만에 아들을 낳았다. 그 아이는 세상에 드물 만큼 용모가 단정하고 매우 아름다웠으며, 머리에 저절로 나타난 마니 구슬이 달려 있었다. 부모가 이것을 보고 아이의 이름을 보주寶珠라 하였다.

차츰 성장한 그 아이가 성을 나가 친구들과 함께 여러 곳을 유람하다가 니구타 나무 아래에 계시는 세존을 뵙게 되었는데, 32상 80종호를 갖춰 백천 개의 태양이 뜬 것처럼 휘황찬란하게 빛나고 있었다. 아이는 곧 환희심을 품고 부처님 앞에 엎드려 예배하고 한 쪽에 물러나 앉았다. 부처님의 설법을 들은 아이는 마음이 열리고 뜻을 이해하게 되어 수다원과를 얻었다.

아이는 집으로 돌아와 부모님에게 이별을 고하고 출가하여 도를 닦을 뜻을 밝혔다. 부모는 아이를 사랑하고 아꼈기에 그의 뜻을 거절할 수 없었다. 그래서 아이를 데리고 부처님께 찾아가 출가시키기를 원하자, 부처님께서 말씀하셨다.

"잘 왔구나, 비구여."

그러자 머리카락이 저절로 떨어지고 법복이 몸에 입혀져 이내 사문의 모습이 되었다. 그는 정성을 다해 부지런히 닦고 익혀 아라한과를 얻었고, 3명·6통·8해탈을 구족하여 모든 하늘나라 신들과 사람들의 존경을 받았다.

그가 옷을 입고 발우를 들고 성에 들어가 걸식할 때도 그 보배 구슬이 항상 정수리에 있었다. 성 사람들은 괴이하게 여기면서 '왜 저 비구는 머리에 구슬을 이고 걸식하러 다닐까?'라고 하면서 앞다투어 다가와 구경하였다. 보주 비구는 이것을 매우 부끄러워하면서 곧 처소로 돌아와 부처님께 여쭈었다.

"세존이시여, 제 머리에 있는 이 보배 구슬을 제거할 수는 없습니까? 걸식하러 갈 때마다 사람들이 비웃습니다. 세존이시여, 부디 이 구슬을 없애주소서."

부처님께서 비구에게 말씀하셨다.

"너는 이렇게 말하라. '나는 이제 윤회가 끝났으니, 더는 네가 필요치 않다.'라고 이렇게 세 번 말하면 구슬이 저절로 사라지리라."

이에 보주 비구가 부처님의 가르침대로 세 번을 말하자, 과연 보배 구슬이 홀연히 사라졌다.

비구들이 이 사실을 알고 부처님께 아뢰었다.

"저 보주 비구는 전생에 무슨 복을 심었기에 해나 달보다 더 빛나는 보배 구슬을 머리에 달고 태어났으며, 또 무슨 인연으로 이제 세존을 만나 출가하고 도를 얻게 된 것입니까?"

부처님께서 비구들에게 말씀하셨다.

"너희들은 자세히 들어라. 내가 이제 너희들을 위해 자세히 분별하여 해설하리라.

과거 91겁 전 바라나국에서 비바시 부처님께서 출현하신 적이 있었다. 그 부처님께서 두루 교화를 마치고 열반에 드시자, 당시의 국왕 반두말제가 부처님의 사리를 거두어 높이 1유순 되는 보배 탑을 네 개나 세워 공양하였다. 그때 그의 왕자가 그 탑에 들어가 예배하고 공양하면서 마니 보배 구슬 하나를 탑의 문설주에 걸어 두었다. 그런 다음 발원하고 떠났다.

왕자는 이 공덕으로 91겁 동안 지옥·축생·아귀 세계에 떨어지지 않고 하늘나라와 인간세계에서 항상 보배 구슬이 정수리에 달린 모습으로 천상의 쾌락을 누렸으며, 지금 또 예전처럼 머리에 보배 구슬이 달린 모습으로 나를 만나 출가하고 도를 얻게 된 것이니라."

부처님께서 비구들에게 말씀하셨다.

"알아 두라. 그때 그 왕자가 바로 지금의 이 보주 비구이니라."

그때 모든 비구는 부처님의 말씀을 듣고 기뻐하면서 받들어 행하였다.

70

부처님께 깃발을 보시한 파다가 비구

부처님께서 가비라위국 니구타 나무 아래 계실 때였다.

그때 그 성에 한량없고 헤아릴 수 없는 재물과 보물을 지닌 한 장자가 있었다. 그는 좋은 집안의 딸을 선택해 아내로 맞이하여 온갖 음악을 즐기면서 살았다. 그러다 그의 아내가 임신하여 열 달 만에 아들을 낳았다. 그 아이는 세상에 드물 만큼 용모가 단정하고 매우 아름다웠으며, 태어나던 날 하늘에 큰 깃발이 나타나 온 성을 뒤덮었다. 그래서 사람들이 아이의 이름을 파다가波多迦(patka:幡)라고 하였다.

차츰 성장한 그 아이가 어느 날 친구들과 함께 성을 나가 여러 곳을 유람하다가 니구타 나무 아래에 계시는 세존을 뵙게 되었는데, 32상 80종호를 갖춰 백천 개의 태양이 뜬 것처럼 휘황찬란하게 빛나고 있었다. 아이는 곧 환희심을 품고 부처님 앞에 엎드려 예배하고 한쪽에 물러나 앉았다. 세존께서는 그를 위해 4제의 법을 설해주셨고, 그는 마음이 열리고 뜻을 이해하게 되어 수다원과를 얻었다.

그는 집으로 돌아와 부모님에게 이별을 고하고 출가하여 도를 닦을 뜻을 밝혔다. 부모는 아이를 사랑하고 아꼈기에 그의 뜻을 거절할 수 없었다. 부모가 아이를 데리고 부처님께 찾아가 출가시키기를 원하자, 부처님께서 말씀하셨다.

"잘 왔구나, 비구여."

그러자 머리카락이 저절로 깎이고 법복이 몸에 입혀져 곧 사문의 모습이 되었다. 그는 정성을 다해 부지런히 닦고 익혀 아라한과를 얻었고, 3명·6통·8해탈을 구족하여 모든 하늘나라 신들과 사람들의 존경을 받았다.

비구들이 이 사실을 알고 부처님께 여쭈었다.

"세존이시여, 저 파다가 비구는 전생에 무슨 복을 심었기에 남달리 단정하고 매우 아름다운 모습으로 태어나고, 또 하늘에 큰 깃발이 나타나 온 성을 뒤덮었던 것이며, 또 부처님을 만나 출가하고 도를 얻게 된 것입니까?"

부처님께서 말씀하셨다.

"너희들은 자세히 들어라. 내가 이제 너희들을 위해 자세히 분별하여 해설하리라.

과거 91겁 전 바라나국에서 비바시 부처님께서 출현하신 적이 있었다. 그 부처님께서 두루 교화를 마치고 열반에 드시자, 당시의 국왕 반두말제가 부처님의 사리를 거두어 1유순 높이의 보배 탑 네 개를 세워 공양하였다.

그때 한 사람이 큰 재회를 베풀었고, 공양을 마치자 기다란 깃발 하나를 만들어 그 탑에 달았으며, 그런 다음 발원하고 떠났다.

그 사람은 이 공덕으로 91겁 동안 지옥·축생·아귀 세계에 떨어지지 않고 하늘나라와 인간세계에서 항상 깃발이 그 위를 덮으면서 천상의 쾌락을 누렸으며, 이제 또 나를 만나 출가하고 도를 얻게 된 것이니라."

부처님께서 비구들에게 말씀하셨다.

"알아 두라. 그때 탑 위에 깃발을 달았던 사람이 바로 지금의 이 파다가 비구이니라."

그때 모든 비구는 부처님의 말씀을 듣고 기뻐하면서 받들어 행하였다.

찬집백연경

제8권

현생에 과보가 나타난 비구니들 이야기
(比丘尼品)

71

태어날 때 빛으로 성을 밝힌 보광 비구니

부처님께서 사위국 기수급고독원에 계실 때였다.

그때 그 성에 한량없고 헤아릴 수 없는 재물과 보물을 지닌 선현善賢이라는 장자가 있었다. 그는 좋은 집안의 딸을 선택해 아내로 맞이하여 온갖 음악을 즐기면서 살았다. 그러다 아내가 임신하여 열 달 만에 한 여자아이를 낳았다. 그 아이는 세상에 드물 만큼 용모가 단정하고 매우 아름다웠으며, 그 정수리에 저절로 나타난 보배 구슬이 하나 있어 그 빛이 온 성을 비추었다. 그래서 아이의 부모가 기뻐하며 이름을 보광寶光이라 하였다.

차츰 성장한 그 아이는 성품이 조화롭고 유순하였으며 보시하기를 좋아하였다. 정수리에 달린 보배 구슬을 요구하는 이가 있으면 아이는 곧 서슴지 않고 보시하였는데, 그러고 나면 곧 보배 구슬이 다시 생겼다. 그래서 부모님이 매우 기뻐하며 아이를 데리고 부처님께 찾아갔다. 딸은 부처님을 뵙고는 환희심을 일으켜 출가하기를 원하였다.

부처님께서 곧 이렇게 말씀하셨다.

"잘 왔구나, 비구니여."

그러자 머리카락이 저절로 떨어지고 법복이 몸에 입혀져 이내 비구니의 모습이 되었다. 그녀는 정성을 다해 부지런히 닦고 익혀 아라한과를 얻었고, 3명·6통·8해탈을 구족하여 모든 하늘나라 신들과 사람들의 존경을 받았다.

비구들이 이 사실을 알고 부처님께 여쭈었다.

"저 보광 비구니는 전생에 무슨 복을 심었기에 태어날 때부터 보배 구슬이 정수리에 있게 되었으며, 또 무슨 인연으로 이제 부처님을 만나 도과道果를 얻은 것입니까?"

세존께서 비구들에게 말씀하셨다.

"너희들은 자세히 들어라. 내가 이제 너희들을 위해 자세히 분별하여 해설하리라.

과거 91겁 전 바라나국에서 비바시 부처님께서 출현하신 적이 있었다. 그 부처님께서 두루 교화를 마치고 열반에 드시자, 당시의 국왕 범마달다가 부처님의 사리를 거두어 네 개의 보배 탑을 세우고 공양하였다.

그때 한 사람이 이 탑에 들어가 보배 구슬 하나를 문설주에 걸어 두었으며, 그런 다음 발원하고 떠났다.

그 사람은 이 공덕으로 91겁 동안 나쁜 세계에 떨어지지 않고 하늘나라와 인간세계에서 항상 보배 구슬과 함께 태어나 하늘나라의 쾌락을 누렸으며, 지금 또 나를 만나 출가하고 도를 얻게 된 것이니라."

 그때 모든 비구는 부처님의 말씀을 듣고 기뻐하면서 받들어 행하였다.

72

태어날 때 저절로 음식이 나타난
선애 비구니

부처님께서 왕사성 가란타 죽림에 계실 때였다.

그때 그 성에 한량없고 헤아릴 수 없는 재물과 보물을 가진 수가修伽라는 장자가 있었다. 그는 좋은 집안의 딸을 선택해 아내로 맞이하여 항상 음악을 즐기면서 살았다. 그러다 그의 아내가 임신하여 열 달 만에 한 여자아이를 낳았다. 아이는 태어나자마자 말을 하였고, 그 집에는 저절로 맛있는 음식이 빠짐없이 갖춰졌다. 아이의 부모는 이것을 보고 '이 아이는 사람이 아니라 비사사毘舍闍 귀신일 것이다.'라고 하며 두려워 감히 가까이하지 못했다.

부모가 두려워하는 모습을 본 딸아이는 곧 어머니에게 합장하고 게송을 읊었다.

어머니, 부디 제 말을 들으소서.

이제 사실대로 말하리니
저는 비사사 귀신이 아니고
또 다른 귀신도 아닙니다.

저는 진실로 사람이니
전생에 지은 업에 따라
선한 업을 지은 인연으로
지금 이런 과보를 받은 것입니다.

부모는 딸아이의 게송을 듣고는 기쁨을 이기지 못하였다. 부모는 곧 아이를 끌어안고 젖을 먹여 기르면서 아이의 이름을 선애善愛라 하였다. 아이는 부모님이 기뻐하는 것을 보고는 다시 합장하고 말하였다.

"저를 위해 부처님과 비구 스님들을 초청해 주십시오."

부모가 곧 허락하자, 온갖 맛있는 음식들이 모두 충족되었다. 아이가 곧 부처님 앞에 나아가 설법 듣기를 간절히 원하자, 부처님께서 곧 그녀를 위해 4제의 법을 설해주셨다. 그러자 그녀는 마음이 열리고 뜻을 이해하게 되어 수다원과를 얻었다.

차츰 성장한 아이는 곧 부모님에게 출가할 뜻을 밝혔다. 부모는 아이를 사랑하고 아꼈기에 그녀의 뜻을 거절할 수 없었다. 부모가 아이를 데리고 부처님께 찾아가 출가시키기를 원하자, 부처님께서 말씀하였다.

"잘 왔구나, 비구니여."

그러자 머리카락이 저절로 떨어지고 법복이 몸에 입혀져 곧 비구니의 모습이 되었다. 그녀는 정성을 다해 부지런히 닦고 익혀 아라한과를 얻었고, 3명·6통·8해탈을 구족하여 모든 하늘나라 신들과 사람들의 존경을 받았다.

언젠가 세존께서 1,250명의 비구를 거느리고 다른 지방으로 가시다가 어느 넓은 벌판에 이르게 되었다. 마침 식사 때가 되자 선애 비구니에게 분부하셨다.

"네가 이제 음식을 준비해 나와 비구들에게 공양을 올리도록 해라."

선애 비구니가 곧 부처님 발우를 받아 허공에 던지자, 맛있는 음식이 저절로 발우에 가득 담겼다. 이렇게 차례로 1,250비구의 발우를 던지자, 그들의 발우에도 음식이 가득 차 모두를 풍족하게 하였다.

아난이 이 사실을 알고는 전에 없었던 일이라 감탄하며, 곧 부처님 앞에 나아가 여쭈었다.

"저 선애 비구니는 전생에 무슨 복을 심었기에 생각만 하면 맛있는 음식이 나타나는 이런 기특하고 미묘한 능력이 있게 되었으며, 또 부처님을 만나 출가하고 도를 얻게 된 것입니까?"

그러자 부처님께서 아난에게 말씀하셨다.

"너희들은 자세히 들어라. 내가 이제 너희들을 위해 자세히 분별하여 해설하리라.

이 현겁에 바라나국에서 가섭 부처님께서 출현하신 적이 있었다. 그 부처님께서 옷을 입고 발우를 들고 비구들과 함께 성에 들어가 차례로 걸식하다가 어느 장자 집에 이르게 되셨다. 마침 그 장자 집에서는 손님을 초대하려고 많은 음식을 준비해 두었는데, 손님이 아직 도착하지 않은 상황이었다. 그때 그 집의 한 여자 노비가 걸식하려고 문밖에 서 계신 부처님과 스님들을 보고는, 상전의 허락도 없이 그 음식을 가져와 모조리 부처님과 스님들께 보시하였다. 그 뒤 초청했던 손님이 도착하자, 장자가 노비에게 명령하였다.

'준비한 음식들을 가져오너라.'

그러자 여자 노비가 상전에게 대답하였다.

'조금 전 부처님과 스님들이 걸식하러 문밖에 서 계시기에 제가 준비해 둔 음식을 모두 보시하였습니다.'

상전이 이 말을 듣고는 매우 기뻐하면서 여자 노비에게 말하였다.

'우리가 이제 복밭(福田)을 만났구나. 네가 그 음식을 잘 보시하였으니, 기쁜 마음 이루 말할 수 없구나. 나는 이제 너를 노비에서 풀어주고 네 소원을 들어주리라.'

여자 노비가 상전에게 대답하였다.

'저를 풀어주시겠다면 출가하도록 허락해 주소서.'

장자는 곧 그녀의 요구대로 허락하였고, 그녀는 비구니가 되어 1만 년 동안 정성을 다해 변함없이 정진하다가 죽었다. 그 후 나쁜 세계에 떨어지지 않고 하늘나라와 인간 세상에 태어나 맛있는 음식을 생각만 하면 저절로 생기게 되었느니라."

부처님께서 비구들에게 말씀하셨다.

"알아 두라. 그때 여자 노비였다가 비구니가 된 여인이 바로 지금의 이 선애 비구니이다. 그녀는 그때 정성을 다해 계율을 지켰기 때문에 이제 또 나를 만나 출가하고 도를 얻게 된 것이니라."

그때 모든 비구는 부처님의 말씀을 듣고 기뻐하면서 받들어 행하였다.

옷을 입고 태어난 백정 비구니

부처님께서 가비라위국의 니구타 나무 아래 계실 때였다.

그때 그 성에 구사瞿沙라는 장자가 있었다. 그는 좋은 집안의 딸을 선택해 아내로 맞이하여 온갖 음악을 즐기면서 살았다. 그러다 아내가 임신하여 열 달 만에 한 여자아이를 낳았다. 아이는 용모가 단정하고 매우 아름다웠으며, 하얗고 깨끗한 옷을 입은 채로 태어났다. 그래서 이름을 백정白淨이라 하였다.

아이는 차츰 성장하였고 그 옷도 따라서 커졌는데, 새하얀 빛깔에 깨끗하여 빨거나 염색할 필요가 없었다. 그래서 사람들이 이 아이를 보려고 앞 다퉈 몰려들었다.

그러던 어느 날 아이가 부모님에게 말씀드렸다.

"저는 이제 세속의 영화를 탐하지 않고 출가하기를 원합니다."

부모는 아이를 사랑하고 아꼈기에 그 뜻을 거절할 수 없었다. 부모가 아이를 데리고 부처님께 찾아가 출가시키기를 원하자, 부처님께서 말씀하였다.

"잘 왔구나, 비구니여."

그러자 머리카락이 저절로 떨어지고 법복이 몸에 입혀져 곧 비구니의 모습이 되었다. 그녀는 정성을 다해 부지런히 닦고 익혀 아라한과를 얻었고, 3명·6통·8해탈을 구족하여 모든 하늘나라 신들과 사람들의 존경을 받았다.

아난이 이 사실을 알고 부처님께 여쭈었다.

"세존이시여, 저 백정 비구니는 전생에 무슨 복을 심었기에 하얗고 깨끗한 옷을 입은 채로 태어났으며, 이제 또 무슨 인연으로 출가한 지 얼마 되지도 않아 도의 자취를 얻은 것입니까?"

세존께서 아난에게 말씀하셨다.

"너희들은 자세히 들어라. 내가 이제 너희들을 위해 자세히 분별하여 해설하리라.

이 현겁에 바라나국에서 가섭 부처님께서 출현하신 적이 있느니라. 그 부처님께서 비구들과 함께 여러 마을을 다니며 중생들을 교화하실 때, 어떤 여인이 부처님과 스님들을 보고는 환희심을 품게 되었다. 그녀는 곧 담요 한 장을 가지고 와 부처님과 스님들께 보시한 다음 발원하고 떠났다.

그녀는 이 공덕의 인연으로 하늘나라와 인간세계에서 항상 깨끗한 옷을 입은 채로 태어났으며, 이제 또 나를 만나 출가하고 도를 얻게 된 것이니라."

부처님께서 아난에게 말씀하셨다.

"알아 두라. 그때 담요 한 장을 보시했던 여인이 바로 지금의 백정 비구니이니라."

그때 모든 비구는 부처님의 말씀을 듣고 기뻐하면서 받들어 행하였다.

74

뛰어난 말솜씨를 가진 수만 비구니

부처님께서 사위국 기수급고독원에 계실 때였다.

그때 그 성에 범마梵摩라는 바라문이 있었다. 그는 학식이 많고 변재辯才가 뛰어났으며, 경론에 밝아 네 가지 베다(韋陀)의 전적을 모두 통달하였다. 그는 좋은 집안의 딸을 아내로 맞이하였고, 아내가 열 달 만에 여자아이를 낳았다. 그 아이는 단정하고 매우 아름다웠으며, 지혜와 말솜씨가 뛰어나 누구도 따를 수 없었다. 그녀는 아버지와 바라문들의 논의를 들으면 한마디도 빠짐없이 모두 이해하고 기억하였다. 이 소문이 널리 퍼져 나이 많고 덕망 있는 어른들이 모두 찾아와 질문하였는데, 아이는 모르는 것이 없었다.

그러던 어느 날, 아이는 이 세상에 처음으로 정각을 이룬 부처님이 계시어 중생을 교화하신다는 소문을 듣게 되었다. 아이는 법의 뜻을 묻고 배우기 위해 곧 갖가지 영락을 걸쳐 그 몸을 장엄하고 부처님께 찾아갔다. 아이는 32상 80종호를 갖춰 백천 개의 태양이 뜬 것처럼 휘황찬란하게 빛나는 세존을 뵙고는 부처님 앞에 엎드려 예배하고 한쪽으로 물러나 앉았다.

부처님께서 그녀를 위해 4제의 법을 설해주시자, 그녀는 마음이 열리고 뜻을 이해하게 되어 수다원과를 얻었다. 그녀가 부처님께 출가하기를 원하자, 부처님께서 말씀하셨다.

"잘 왔구나, 비구니여."

그러자 머리카락이 저절로 떨어지고 법복이 몸에 입혀져 비구니의 모습이 되었다. 그녀는 정성을 다해 부지런히 도를 닦고 익혀 아라한과를 얻었다.

아난이 이 사실을 알고 부처님께 여쭈었다.

"세존이시여, 저 수만須漫 비구니는 전생에 무슨 복을 심었기에 여자로 태어났으면서도 누구보다 학식이 뛰어나며, 또 무슨 인연으로 부처님을 만나 출가하고 도를 얻게 된 것입니까?"

세존께서 아난에게 말씀하셨다.

"너는 자세히 들어라. 내가 이제 너를 위해 자세히 분별하여 해설하리라.

이 현겁에 바라나국에서 가섭 부처님께서 출현하여 두루 교화를 마치고 열반에 드신 후였다. 그 상법像法 시대에 한 비구니가 항상 기쁜 마음으로 설법하고 교화하면서 정성을 다해 변함없이 정진하였다. 그러면서 이런 서원을 세웠다.

'제가 미래세에 석가모니 부처님의 법 가운데서 경론經論을 명확하게 풀이할 수 있게 해 주소서.'

이렇게 발원하고는 곧 목숨이 끝났고, 하늘나라와 인간 세상에 태어나 그 총명한 지혜를 누구도 따를 자가 없게 되었다."

부처님께서 아난에게 말씀하셨다.

"알아 두라. 그때 설법하고 교화했던 비구니가 바로 지금 나를 만나 출가하고 도를 얻은 다문제일多聞第一 수만 비구니이니라."

그때 모든 비구는 부처님의 말씀을 듣고 기뻐하면서 받들어 행하였다.

75

비구니가 된 무용가의 딸

부처님께서 왕사성 가란타 죽림에 계실 때였다.

그때 그 성의 부유한 장자들이 서로 협력하여 큰 모임을 열고 춤과 음악을 즐겼다. 그때 춤을 추는 부부가 청련화靑蓮華라는 예쁜 딸을 데리고 남방에서 왔다. 그 아이는 이 세상에 보기 드물 만큼 단정하고 매우 아름다웠으며, 총명하고 지혜로워 대적하기 어려웠다. 또한 예순네 가지 여인의 기예를 모두 갖추었고, 춤추는 법을 잘 알아 빙빙 돌면서 하늘을 바라보고 몸을 굽히는 모든 동작을 자유자재로 구사하였다.

그런 그녀가 큰소리로 외쳤다.

"지금 이 성에 나처럼 춤을 출 수 있는 사람이 있는가? 경론에 해박하여 나와 문답할 수 있는 사람이 있는가?"

이때 어떤 사람이 대답하였다.

"저 가란타 죽림에 부처님 세존이 계신다. 그분이 문답을 잘하시니, 너의 모든 의심을 해결해 주실 것이다."

춤추는 여인은 이 말을 듣고 사람들과 함께 어우러져 노래를 부르고 춤을 추면서 죽림으로 찾아갔다. 그녀는 부처님 세존을 뵙고도 여전히 교만하고 방일하고 비웃으면서 여래를 공경하지 않았다. 그때 여래께서 그런 그녀를 보시고는 곧 신통력으로 그 여인을 백 살 먹은 노파로 변화시켰다. 그녀는 하얀 머리카락에 얼굴이 쭈글쭈글하고, 이빨은 빠져 듬성듬성하며, 허리도 꼬부라져 비틀거리며 걸었다. 춤추는 여인은 폭삭 늙은 자신의 모습을 보고 생각하였다.

'지금 내 몸이 무슨 까닭으로 갑자기 늙은이가 되었을까? 분명 부처님께서 위신력威神力으로 나를 이렇게 만드셨을 것이다.'

그녀는 곧 깊이 부끄러워하며 부처님 앞에 나아가 아뢰었다.

"제가 오늘 부처님 앞에서 함부로 교만하고 방자하게 굴었습니다. 세존이시여, 부디 용서해 주소서."

세존께서는 춤추는 여인이 이미 마음으로 항복했다는 것을 아시고, 다시 신통력으로 그의 몸을 본래 모습 그대로 돌아오게 하셨다.

대중들은 춤추는 여인이 갑자기 늙은이가 되었다가 젊은이가 되었다가 딱히 정해진 모습이 없는 것을 보고는, 각자 싫어하여 벗어날 마음을 일으키고 또 무상함을 이해하고 깨닫게 되었다. 그들은 마음이 열리고 뜻을 이해하게 되어 어떤 사람은 수다원과를 얻었고, 혹은 사다함과, 혹은 아나함과, 혹은 아라한과를 얻었으며, 혹은 벽지불를 얻겠노라는 마음을 일으킨 자도 있었고, 혹은 위없는 깨달음을 얻겠노라는 마음을 일으킨 자도 있었다.

그때 춤추는 여인과 그의 부모가 곧 부처님 앞에 나아가 출가하기를 원하자, 부처님께서 말씀하셨다.

"잘 왔구나, 비구니여."

그러자 머리카락이 저절로 떨어지고 법복이 몸에 입혀져 비구니의 모습이 되었다. 그녀는 정성을 다해 부지런히 도를 닦고 익혀 아라한과를 얻었고, 3명·6통·8해탈을 구족하여 모든 하늘나라 신들과 사람들의 존경을 받았다.

대중들이 이 사실을 알고 부처님께 여쭈었다.

"저렇게 방일하고 요망하고 신심도 없는 사람을 능히 교화하여 마음을 열게 하고 깨닫게 하고 출가하게 하고 도를 얻게 하시는군요."

그러자 세존께서 대중에게 말씀하셨다.

"저 사람을 교화한 것은 지금뿐만이 아니다. 과거세에도 나는 그녀를 교화하였노라."

대중들이 이 말씀을 듣고 다시 부처님께 여쭈었다.

"세존이시여, 전생에 어떤 일이 있었는지 저희는 모릅니다. 세존이시여, 부디 자세히 말씀해 주소서."

세존께서 대중들에게 말씀하셨다.

"너희들은 자세히 들어라. 내가 이제 너희들을 위해 자세히 분별하여 해설하리라.

아득히 먼 옛날, 바라나국에 손타리孫陀利라는 태자가 있었다. 그 태자는 산에 들어가 도를 배워 다섯 가지 신통을 얻었다. 그러다 긴나라緊那羅 여인을 보게 되었는데, 그녀는 하늘나라 여인처럼 용모가 단정하고 매우 아름다웠다. 그녀는 온갖 자태를 뽐내며 노래하고 춤추면서 태자의 마음을 뒤흔들었다. 그러면서 태자가 자신의 미모에 빠져 선도仙道를 버리고 물러나게 되기를 바랬다. 하지만 태자는 마음을 굳건히 다져 욕망에 물든 생각을 버리고 그 여인에게 말하였다.

'만들어진 모든 것에 항상 정해진 것은 없다. 내가 이제 너의 몸을 관찰해보니, 악취가 풍기는 더러운 오물이 속에 가득하고 얇은 껍질로 그 위를 살짝 덮었으니 오래 보전하지 못하리라. 이제 곧 머리카락이 하얗게 세고, 얼굴에 주름이 자글자글하고, 등이 구부러져 비틀비틀 걷게 될 것이 분명한데, 너는 지금 어찌 이다지도 교만하고 방자하단 말인가? 조금 전 노랫소리만 해도 음성이 이미 변했는데, 어쩌자고 여기서 갖은 교태까지 부린단 말인가?'

긴나라 여인은 이 말을 듣고 곧 선인에게 허물을 참회하였다. 그러면서 '제가 다음 세상에는 생사를 끊고 당신 곁에서 도과道果를 얻게 하소서.'라고 서원을 세웠다."

부처님께서 대중들에게 말씀하셨다.

"알아 두라. 그때 선도를 배웠던 왕태자가 바로 지금의 나이고, 그때의 긴나라 여인은 바로 지금의 청련화 비구니이다. 그녀는 그때 발원한 힘 덕분에 이제 나를 만나 출가하고 도를 얻게 된 것이니라."

그때 모든 비구는 부처님의 말씀을 듣고 기뻐하면서 받들어 행하였다.

몸에 가사를 입고 태어난 가시손타리 비구니

부처님께서 바라나국 녹야원에 계실 때였다.

그때 범마달왕의 부인이 임신하여 열 달 만에 딸아이를 하나 낳았다. 그 아이는 몸에 가사가 입혀져 있었고, 세상에서 보기 드물 만큼 용모가 단정하고 매우 아름다웠다. 왕이 점술사를 불러 아이의 상을 살펴보게 하자, 점술사가 상을 보고 나서 왕에게 물었다.

"아기씨께서 태어날 때 어떤 상서로운 모습이 있었습니까?"

왕이 대답하였다.

"이 아이가 태어날 때 이상하게도 몸에 가사가 입혀져 있었다."

그래서 딸의 이름을 가시손타리伽尸孫陀利라고 하였다.

공주는 차츰 성장하였고 그 옷도 따라서 커졌다. 공주는 성품이 어질고 착했으며 인자하고 효성스러웠다. 그러던 어느 날, 시종들을 거느리고 성을 나가 유희하다가 어느덧 녹야원까지 가게 되었다. 공주는 32상 80종호를 갖춰 백천 개의 태양이 뜬 것처럼 휘황찬란하게 빛나는 세존을 뵙고는 마음속으로 기뻐하며 부처님 앞에 엎드려 예배하고 한쪽으로 물러나 앉았다.

부처님께서 그녀를 위해 4제의 법을 설해주시자, 그녀는 마음이 열리고 뜻을 이해하게 되어 수다원과를 얻었다.

그녀는 궁으로 돌아와 부왕에게 말씀드렸다.

"제가 오늘 성을 나가 구경하다가 녹야원에 이르러 세존을 뵙게 되었는데, 온갖 복덕을 갖춘 상호로 그 몸을 장엄하고 위의가 세밀하고 차분하며 그 용모가 매우 보기 좋았습니다. 부왕이시여, 부디 이제 어여삐 여기고 가엾이 여기셔서 저의 출가를 허락해 주소서."

부왕은 그 딸이 가엾어 거절할 수 없었다. 왕이 딸을 데리고 부처님께 찾아가 출가시키기를 원하자, 부처님께서 곧 말씀하셨다.

"잘 왔구나, 비구니여."

그러자 머리카락이 저절로 떨어지고 법복이 몸에 입혀져 곧 비구니의 모습이 되었다. 그녀는 정성을 다해 부지런히 도를 닦고 익혀 아라한과를 얻었고, 3명·6통·8해탈을 구족하여 모든 하늘나라 신들과 사람들의 존경을 받았다.

비구들이 이 사실을 알고 부처님께 여쭈었다.

"저 가시손타리 비구니는 전생에 무슨 복을 심었기에 지금 저 가사를 입은 채로 태어났으며, 또 도과를 얻게 된 것입니까?"

세존께서 비구들에게 말씀하셨다.

"너희들은 자세히 들어라. 내가 이제 너희들을 위해 자세히 분별하여 해설하리라.

아득히 먼 옛날, 바라나국에서 가나가모니迦那加牟尼 부처님께서 출현하신 적이 있느니라. 그 부처님께서 비구들과 함께 여러 곳을 다니며 교화하실 때였다. 어떤 공주가 우연히 길에서 부처님을 뵙고는 환희심이 일어났다. 그녀는 부처님께 엎드려 예배한 뒤 부처님과 스님들을 초청하였다.

'세존이시여, 부디 석 달 동안 제가 올리는 네 가지 공양을 받아 주소서.'

부처님께서는 곧 허락하셨다. 공주는 석 달 동안 공양을 올리고 나서, 다시 좋은 옷을 한 벌씩 부처님과 스님들께 각각 보시하였다. 그녀는 이 공덕으로 하늘나라와 인간세계에서 항상 가사를 입고 태어나 존귀와 영화를 누렸느니라."

부처님께서 비구들에게 말씀하셨다.

"알아 두라. 그때 그 공주가 바로 지금의 이 손타리 비구니이니라."

그때 모든 비구는 부처님의 말씀을 듣고 기뻐하면서 받들어 행하였다.

77

이마에 진주 장신구가 있었던 진주만 비구니

부처님께서 사위국 기수급고독원에 계실 때였다.

그때 그 성에 한량없고 헤아릴 수 없는 재물과 보물을 지닌 비소沸疏라는 장자가 있었다. 그는 좋은 집안의 딸을 선택해 아내로 맞이하여 온갖 음악을 즐기면서 살았다. 그러다 아내가 임신하여 열 달 만에 여자아이 하나를 낳았다. 아이는 세상에 드물 만큼 용모가 단정하고 매우 아름다웠으며, 저절로 나타난 진주 장신구를 이마에 걸치고 태어났다. 부모가 이것을 보고는 매우 기뻐하며 점술사를 불러 아이의 상을 보게 하였다.

점술사가 살펴보고 나서 부모에게 물었다.

"이 아이가 태어날 때 어떤 상서로운 모습이 있었습니까?"

부모가 대답하였다.

"이 아이는 태어날 때부터 이마 위에 진주 장신구가 있었습니다."

그래서 아이의 이름을 진주만眞珠鬘이라 하였다.

차츰 성장한 아이는 성품이 어질고 착했으며, 외롭고 가난한 이들을 가엾게 여기고 가엾이 여겨 찾아와 구걸하는 자가 있으면 그 진주 장신구를 벗어 곧바로 보시하였다. 그러면 그 장신구가 예전처럼 다시 생겨났다.

이때 수달 장자가 비소 장자에게 좋은 딸이 있다는 소문을 듣고는, 진주만을 자기 며느리로 삼으려고 편지를 보냈다.

진주만이 이 사실을 알고 부모님에게 말씀드렸다.

"저를 어여삐 여기고 가엾이 여기소서. 만약 저를 그 집 아들에게 시집보내시려면 반드시 함께 출가시킬 것을 서약한 뒤에 그렇게 하십시오. 그렇지 않으면 저는 이 세속의 영화를 떠나겠습니다."

부모는 딸을 사랑하고 아꼈기에 그녀의 뜻을 거절할 수 없었다. 부모는 곧 수달 장자에게 찾아가 딸의 생각을 자세히 전달하였다. 수달 장자는 이 말을 듣고 그렇게 하겠다고 합의하고 곧 진주만을 며느리로 맞이하였다. 그렇게 결혼한 부부는 얼마 지나지 않아 둘 다 세간을 싫어하는 마음이 생겼다. 그래서 함께 부처님께 찾아가 출가하기를 원하자, 부처님께서 말씀하셨다.

"잘 왔구나, 비구니여."

그러자 머리카락이 저절로 떨어지고 법복이 몸에 입혀져 곧 비구와 비구니의 모습이 되었다. 부부는 정성을 다해 부지런히 도를 닦고 익혀 각각 도과를 얻고, 3명·6통·8해탈을 구족하여 모든 하늘나라 신들과 사람들의 존경을 받았다.

비구들이 이 사실을 알고 부처님께 여쭈었다.

"저 진주만 부부는 전생에 무슨 복을 심었기에 저런 진주 장신구를 이마에 걸치고 태어났으며, 또 출가한 지 얼마 되지도 않아 아라한과를 얻은 것입니까?"

세존께서 비구들에게 말씀하셨다.

"너희들은 자세히 들어라. 내가 너희들을 위해 자세히 분별하여 해설하리라.

이 현겁에 바라나국에서 가섭 부처님께서 출현하신 적이 있느니라. 그 부처님께서 비구들을 거느리고 녹야원에서 바른 법륜을 굴려 중생들을 제도하셨는데, 그때 아사라阿沙羅라는 장자가 부처님께서 그곳에서 중생을 제도하신다는 소식을 듣고 이렇게 말하였다.

'내가 이 성의 백성들에게 권유하여 부처님과 스님들을 위해 무차대회無遮大會를 열게 하리라.'

이같이 말하고 국왕에게 이 사실을 보고하였다. 장자는 흰 코끼리를 타고 거리 곳곳에서 사람들에게 무차대회를 열자고 권하였다. 그때 어떤 부인이 보시를 권하는 아사라 장자를 보고는 곧바로 머리에 걸쳤던 구슬 장신구를 풀어 그에게 주었다. 얼마 후, 집으로 돌아온 남편이 아내의 머리 위에 구슬 장신구가 없는 것을 보고 물었다.

'당신 그 구슬 장신구는 누구에게 주었소?'

아내가 대답했다.

'오늘 아사라 장자가 이곳에 와서 사람들에게 보시를 권유하기

에 제가 그 구슬 장신구를 풀어 보시했습니다.'

그 말은 들은 남편은 기뻐하며 다른 보배 구슬까지 가져와 보시하였다. 그러면서 서원을 세웠다.

'제가 다음 세상에 나쁜 세계에 떨어지지 않고 하늘나라와 인간세계에서 항상 구슬 장신구와 함께 태어나게 하소서.'"

부처님께서 비구들에게 말씀하셨다.

"그때 그 부인은 아사라 장자에게 구슬 장신구를 보시한 공덕으로 지금 또 나를 만나 출가하고 도를 얻게 된 것이니라."

그때 모든 비구는 부처님의 말씀을 듣고 기뻐하면서 받들어 행하였다.

78

태어나던 날 두 국왕을 화해시킨
차마 비구니

    부처님께서 사위국 기수급고독원에 계실 때였다.
    그때 파사닉왕과 범마달왕은 항상 서로 분쟁을 일으켰다. 그러다 각자 코끼리 부대·기마 부대·전차 부대·보병 부대 등 모든 군사를 거느리고 강 양쪽 언덕에 주둔하며 서로 전투태세를 갖췄을 때였다.
    그때 두 왕의 부인이 달이 차서 한 사람은 아들 한 사람은 딸을 낳았는데, 두 아이 모두 용모가 단정하고 매우 아름다웠다. 소식을 들은 두 왕은 크게 기뻐하며 북을 쳐 모든 군사를 집합시키고 재물을 하사하는 한편 함께 축하하면서 서로에게 화해를 구하였다.
    '혼약을 맺고, 우리 두 나라는 지금부터 자손에 이르기까지 다시는 서로 침범하지 맙시다.'
    이렇게 약속하고 각자 본국으로 돌아갔다.

그 뒤 범마달왕은 아들이 일곱 살이 되자 값진 보물을 비롯한 온갖 물품들을 예물로 갖춰 파사닉왕에게 보내면서 약속대로 혼인을 청하였다. 이때 파사닉왕의 딸 차마가 이 소식을 듣고 부왕에게 말씀드렸다.

"얻기 어려운 사람의 몸을 제가 이미 얻었고, 갖추기 어려운 모든 신체 기관을 제가 이미 갖추었으며, 일으키기 어려운 신심을 제가 이미 일으켰고, 만나기 어려운 부처님 시대를 제가 이미 만났습니다. 대왕이시여, 저를 재난 속에 던져 선지식善知識들을 영원히 떠나게 하지 마시고, 부디 자비하신 마음으로 저의 출가를 허락하소서."

왕이 공주에게 말하였다.

"네가 태에 있을 때 내가 이미 그와 약속하였다. 네 덕분에 두 나라가 화해하고 좋은 사이가 되어 서로 침범하지 않게 되었다. 내가 지금 만약 그의 요구대로 하지 않는다면 약속을 어기는 것이니, 그들은 분명 나를 다시 원수로 삼을 것이다. 또 모든 하늘나라 신들도 나를 혐오하여 더는 옹호하지 않을 것이며, 대신과 백성들도 모두 믿지 않을 것이며, 나아가 선왕께서 제정한 옛 법률까지 어기는 것이다. 너는 저 아사세왕阿闍世王과 파구리왕波瞿利王을 비롯한 수십 명의 왕이 거짓말 때문에 모두 지옥에 떨어졌다는 이야기를 들어보지 못했느냐? 그 왕들처럼 지옥의 고통을 받게 되는데, 너는 지금 왜 나더러 거짓말을 하게 하느냐? 네가 지금 나에게 이별을 고하고 출가를 청하는 것은 옳지 않은 짓이다."

파사닉왕은 딸에게 이렇게 말하고, 곧 범마달왕에게 사신을 파견하여 7일 안으로 빨리 와서 결혼식을 하라는 뜻을 전하게 하였다. 사신은 왕명을 받들어 쏜살같이 그 나라로 가서 범마달왕에게 말하였다.

"7일 안으로 결혼식을 해야 합니다."

공주는 부왕이 사신을 파견하여 사위를 불렀다는 소식을 듣고 마음이 우울하고 괴로웠다. 공주는 때가 꼬질꼬질한 옷을 입고, 걸쳤던 온갖 영락을 벗어버리고, 헝클어지고 초췌한 모습으로 높은 누각에 올라 멀리 기원정사를 향해 무릎을 꿇고 합장하면서 이렇게 말하였다.

"여래 세존께서는 자비로 일체중생을 가엾게 여기시고, 한 생각에 과거·현재·미래의 일을 다 아십니다. 제가 지금 고액에 빠졌으니 부디 어여삐 여기고 가엾이 여기셔서 이 고액에서 구제해 주소서."

그때 세존께서, 공주가 정성을 다해 연민을 구하며 구제해 주길 바란다는 것을 멀리에서 아시고, 순식간에 즉시 공주 앞에 나타나 갖가지 법을 설해주셨다. 그러자 공주는 마음이 열리고 뜻을 이해하게 되어 아나함과를 얻었다.

한편 7일째 되던 날, 범마왕의 아들이 시종 수천만 명을 거느리고 진귀한 보배와 갖가지 의복을 예물로 갖추고 아내를 맞이하러 찾아왔다. 그가 궁궐에 이르러 결혼식을 올리려고 할 때였다. 갑자기 공주가 허공으로 솟아오르더니 열여덟 가지 신통 변화를 나타냈으니, 동쪽에서 솟았다가 서쪽으로 사라지기도 하고, 혹은 남쪽에서 솟았다가 북쪽으로 사라지기도 하며, 허공에서 걷기도 하고

서기도 하고 앉기도 하고 눕기도 하면서 자유자재로 신통 변화를 나타내고, 다시 허공에서 내려왔다.

파사닉왕은 이런 공주를 보고 매우 당황하고 두려워하며 공주에게 말하였다.

"내가 너무나 어리석어 너에게 이런 신통력이 있다는 것을 전혀 몰랐다. 하마터면 더러운 오물로 너를 더럽힐 뻔 하였구나. 이제 나의 잘못을 뉘우치고 너의 출가를 허락하노라."

남편인 왕자 역시 신심과 존경심이 생겨 이렇게 말하였다.

"나 또한 어리석고 식견이 없어 당신과 결혼할 마음을 먹었으니, 부디 나의 죄를 참회하도록 허락해 주시오. 나도 당신의 출가를 허락합니다."

공주는 이 말을 듣고 곧 기원정사로 찾아가 부처님 세존을 뵙고 출가하기를 원하였다. 그러자 부처님께서 곧 허락하여 비구니가 되었다. 그녀는 정성을 다해 부지런히 닦고 익혀 아라한과를 얻었다.

비구들이 이 사실을 알고 부처님께 여쭈었다.

"세존이시여, 저 차마差摩 비구니는 전생에 무슨 복을 심었기에 왕가王家에 태어나고도 욕심이 없는 것이며, 또 출가하고 도를 얻게 된 것입니까?"

그러자 세존께서 비구들에게 말씀하셨다.

"너희들은 자세히 들어라. 내가 이제 너희들을 위해 자세히 분별하여 해설하리라.

이 현겁에 바라나국에서 가섭 부처님께서 출현하신 적이 있느

니라. 그 부처님의 법이 전해지던 시대에 한 부인과 남편이 서로를 아끼는 마음이 없어 항상 서로 다투었다. 그러던 어느 날, 서로 권유하여 비구들께 찾아가 팔관재계를 받고 함께 서원을 세웠다.

'저희가 어디에 태어나건 존귀와 영화를 누리게 하시고, 다툼이 생기더라도 항상 서로 화해하게 하소서.'

이렇게 서원을 세우고 나서 부부는 각자 수명대로 살다가 목숨을 마쳤고, 두 사람 모두 왕가에 태어났느니라."

부처님께서 비구들에게 말씀하셨다.

"알아 두라. 그때 그 남편의 아버지가 바로 지금의 범마달왕이고, 그때 그 아내의 아버지는 지금의 파사닉왕이며, 그때 그 남편은 지금의 왕자이고, 그때 그 아내는 지금의 공주이니라."

그때 모든 비구는 부처님의 말씀을 듣고 기뻐하면서 받들어 행하였다.

79

파사닉왕의 못생긴 딸

부처님께서 사위국 기수급고독원에 계실 때였다.

그때 파사닉왕의 부인 말리가 딸을 낳았는데, 얼굴이 아주 못생겼고, 피부는 뱀 껍질처럼 거칠었으며, 머리카락은 말총처럼 억셌다. 왕은 이 딸을 보고 기쁜 마음이 조금도 없었다. 그래서 곧 내궁內宮에 명하였다.

'정성을 다해 잘 보호하고, 바깥으로 나가 다른 사람이 보는 일이 없도록 하라.'

왕은 생각하였다.

'공주가 비록 추하고 못생겨 사람 같지는 않으나 그래도 말리 부인의 소생이니 잘 양육하자.'

공주가 차츰 성장하여 시집갈 나이가 되자, 왕의 근심은 더해만 갔다.

'어떻게 하면 좋을까?'

아무리 고민해 봐도 달리 방도가 없었다. 그래서 한 신하에게 말하였다.

"그대가 사윗감을 찾아봐라. 근본만 호족豪族 집안이면, 지금 비록 재산이 없어 가난하더라도 데려오라."

신하는 왕의 지시를 받아 널리 사람을 찾아다니다가 마침내 가난한 한 호족의 아들을 발견하게 되었다. 곧 그를 불러 왕에게 데려가자, 왕이 보고는 외진 곳으로 데려가 남몰래 개인 사정을 털어놓았다.

"자네는 호족 출신이라고 들었다. 지금 매우 가난한 처지라고 하니, 앞으로는 내가 필요한 것들을 공급해 주겠다. 그리고 내게 딸이 하나 있는데, 얼굴이 아주 못생겼다. 그대가 나의 청을 거절하지 말고 내 딸을 받아 주면 좋겠다."

그러자 가난한 호족의 아들이 무릎을 꿇고 왕에게 아뢰었다.

"명을 받들겠습니다. 설령 왕께서 개를 아내로 주신다고 해도 저는 왕의 명을 거역하지 않고 당연히 받아들일 것입니다. 하물며 이제 말리 부인께서 낳으신 공주님이겠습니까? 지금 당장이라도 명령만 하시면 아내로 받아들이겠습니다."

왕은 곧 공주를 그 가난한 사람에게 시집보냈다. 그리고 문을 7중으로 단단히 잠글 수 있는 집을 지어주고, 사위에게 부탁하였다.

"열쇠는 자네만 가지고 있으면서 외출할 일이 있으면 자네가 문을 잘 잠가 다른 사람이 내 딸의 추악한 얼굴을 보지 못하게 하게. 그리고 항상 문을 단단히 잠그고 집안에만 있게 하게."

왕은 재산을 나누어 필요로 하는 것들을 사위에게 모두 공급하여 부족함이 없게 하고 또 사위를 대신으로 임명하였다. 그리하여 그는 그 뒤로는 재물과 보물이 풍족하여 모자람이 없었다.

그러던 차에 다른 호족들과 한 달에 한 번씩 읍회邑會를 가지게 되었다. 그 모임은 부부가 같이 나와 남녀가 뒤섞여서 함께 즐겼다. 그때 그 모임에 온 다른 사람들은 다들 아내를 데리고 함께 참석했는데, 국왕의 사위인 그 대신만 혼자 아내를 데려오지 않았다. 그러자 사람들이 이상하게 생각하였다.

'저 사람의 아내는 용모가 아주 빼어나게 단정하고 얼굴이 빛나는 사람이 아니면 아주 못생겨서 남에게 보일 수 없는 사람일 것이다. 그래서 저 사람이 아내를 데려오지 않는 것이다. 이제 계획을 꾸며서 저 사람 아내가 어떤 사람인지 가서 확인해 보자.'

이렇게 뜻을 모으고 비밀스럽게 서로 말을 전하고는 그에게 술을 마구 권하여 만취해 땅바닥에 드러눕게 하였다. 그런 다음, 그가 차고 있던 열쇠를 풀어 다섯 사람이 함께 그 집에 가서 문을 열고 그의 아내를 보려고 하였다.

마침 그때 그의 아내는 괴로워하며 자신을 자책하고 있었다.

'나는 전생에 무슨 죄를 지었기에 남편에게 미움 받아 항상 어두운 방에 갇혀서 해와 달도 보지 못하고 사람도 보지 못하는 걸까?'

한편 또 이렇게 생각하였다.

'지금 이 세간에는 부처님이 계시니, 그분은 항상 자비로운 마음으로 중생들을 관찰하다가 고액에 허덕이는 자가 있으면 곧 찾아가 제도해 주신다.'

그 여인은 곧 지극한 마음으로 멀리 계신 세존을 향해 예배하였다.

'부디 가엾이 여기사 제 앞에 찾아오시어 잠시라도 가르침을 보여 주소서.'

그 여인의 정성과 공경심은 순수하고 돈독하였다. 그러자 부처님께서 그녀의 마음을 아시고, 곧 그 집으로 가 그녀 앞의 땅에서 솟아올라 검푸른 머리카락을 드러내셨다. 그녀는 머리를 들다가 부처님의 머리카락을 보자 환희심이 배로 솟고 존경심이 극도로 깊어졌다. 그러자 그녀의 머리카락이 저절로 부드러워지고 검푸른 색깔로 변했다. 부처님께서는 차츰 얼굴을 드러내셨다. 그녀가 또 그것을 보고 마음속으로 기뻐하자, 그녀의 얼굴 역시 단정해지면서 추악한 모습과 거친 피부가 저절로 변하고 사라졌다. 부처님께서는 차츰 온몸을 드러내 찬란한 황금빛을 그녀가 보게 하셨다. 그녀가 부처님의 몸을 보고 환희심을 배로 일으키자, 그녀의 신체가 천녀天女처럼 단정하고 장엄하게 되었다.

이에 부처님께서 곧 그녀에게 갖가지 법의 핵심을 설해주시자, 그녀는 마음이 열리고 뜻을 이해하게 되어 수다원과를 얻었다. 그녀는 이 세상 무엇과도 견줄 수 없을 만큼 마음이 뛸 듯이 기뻤다. 그러자 부처님께서는 본래 처소로 돌아가셨다.

이때 저 다섯 사람이 문을 열고 집안으로 들어왔다가 세상에 드문 그녀의 단정하고 아름다운 모습을 보게 되었다. 다섯 사람은 서로에게 말하였다.

"저 사람이 아내를 데려오지 않아 이상하게 여겼더니, 아내의 용모가 이 정도로 단정했단 말인가?"

다섯 사람은 그의 아내를 살펴보고 나서 다시 문을 굳게 잠그고 돌아와 열쇠를 그의 허리춤 본래 있던 자리에 달아 두었다. 어느덧 모임이 끝나 각자 흩어지고, 그도 집으로 돌아왔다. 남편이 집에 들어가 아내를 보니, 누구보다 단정하고 빼어난 모습이었다. 남편이 기쁨에 넘쳐 물었다.

"당신은 누구시오?"

아내가 대답하였다.

"저는 당신의 아내입니다."

남편이 다시 물었다.

"그렇게 추악하던 당신이 별안간 무슨 인연으로 이같이 단정하게 되었소?"

이에 아내가 있었던 일을 남편에게 자세히 들려주었다.

"부처님의 신비한 덕을 입어 제가 이제 이런 몸을 얻게 되었습니다."

아내가 다시 남편에게 말하였다.

"이제 저는 부왕을 뵙고 싶습니다. 당신이 저를 위해 이 뜻을 전해 주십시오."

남편은 아내의 부탁을 수락하고 곧 왕에게 달려가 말씀드렸다.

"공주께서 지금 대왕을 뵙고자 합니다."

왕이 사위에게 대답하였다.

"그런 말 하지 말라. 빨리 돌아가 문을 단단히 잠그고 절대로 바깥에 나오지 못하게 하라."

남편이 다시 왕에게 말씀드렸다.

"어찌 그러십니까? 공주님은 이제 부처님의 위신력으로 용모가 단정해져 천녀나 다름이 없습니다."

왕이 그 말을 듣고 나서 말했다.

"정말 그렇다면 빨리 가서 데리고 오라."

왕은 곧 수레를 장엄하여 공주를 맞이해 궁으로 들어오게 하였다. 왕은 딸의 모습이 세상에 둘도 없을 만큼 단정하고 빼어난 것을 보고 한량없는 기쁨을 가눌 길이 없었다. 왕은 곧 명령을 내려 장엄한 행차를 준비하고 딸과 함께 부처님께 찾아갔다. 왕은 땅에 엎드려 예배한 다음 한쪽으로 물러나 무릎을 꿇고 아뢰었다.

"세존이시여, 저는 알 수 없습니다. 저의 딸은 전생에 무슨 복을 심었기에 부유하고 권세 높은 집안에 태어난 것이며, 또 무슨 업을 지었기에 누추한 몸을 받아 피부와 머리카락이 축생보다 거칠고 뻣뻣했던 것입니까? 세존이시여, 부디 가르쳐 주소서."

이때 세존께서 대왕과 공주에게 말씀하셨다.

"그대들은 잘 들으시오. 이제 그대들을 위해 설명하겠습니다.

아득히 먼 옛날 바라나국이라는 큰 나라에 헤아릴 수 없이 많은 재물과 보물을 지닌 한 장자가 있었습니다. 그때 그 장자는 온 가족들과 함께 한 벽지불께 항상 공양을 올렸습니다. 그런데 그 벽지불은 피부가 거칠고 모양새도 누추하고 초췌한 것이 볼품없었습니다. 그때 장자 집의 어린 딸 하나가 이 벽지불이 찾아온 것을 보고는 나쁜 마음으로 깔보아 꾸짖고 모욕하였습니다.

'얼굴이 못생기고 피부가 추악하구나, 어쩌면 저렇게 밉상일까?'

그래도 벽지불은 자주 그 집에 찾아가 공양을 받았습니다. 벽지불은 세상에서 오래 살다가 열반에 들려고 할 무렵 곧 큰 신통변화를 나타내 보였으니, 허공으로 솟아올라 몸에서 물과 불을 뿜어내고, 동쪽에서 솟았다가 서쪽으로 사라지기도 하고, 남쪽에서 솟았다가 북쪽으로 사라지기도 하며, 허공에서 걷고 서고 앉고 눕기를 마음대로 하면서 그 신통변화를 장자의 가족 모두가 보게 하였습니다. 그리고 다시 허공에서 내려와 장자의 집에 이르자, 장자는 기쁨을 이기지 못하였습니다. 그 장자의 딸은 즉시 자신의 잘못을 뉘우치고 자책하였습니다.

'부디 자비하신 마음으로 용서해 주소서. 제가 예전에 나쁜 마음으로 너무나 많은 죄를 지었습니다. 부디 마음에 두지 마시고, 이제 저의 참회를 받아들여 저의 죄를 용서하소서.'"

부처님께서 대왕에게 말씀하셨다.

"알아 두십시오. 그때 그 장자의 딸은 벽지불을 미워하고 헐뜯었기 때문에 훗날 태어나는 곳마다 항상 추악한 몸을 받았습니다. 하지만 나중에 신통변화를 보고 벽지불에게 잘못을 뉘우쳤기 때문에 이제 세상에 따를 자가 없을 만큼 단정한 용모를 얻은 것입니다. 그녀는 벽지불에게 공양을 올린 공덕으로 태어날 때마다 항상 부유한 집에 태어나 존귀와 영화를 누리면서 부족한 것이 없었으며, 이제 또 나를 만나 근심과 괴로움에서 벗어나게 된 것입니다."

이때 파사닉왕과 신하들은 부처님께서 말씀하신 업보의 인연을 듣고 모두 마음이 열리고 뜻을 이해하게 되었으며, 그 가운데 어떤 사람은 수다원과를 얻었고, 혹은 사다함과, 혹은 아나함과, 혹은 아라한과를 얻은 자도 있었으며, 혹은 벽지불의 마음을 일으킨 자도 있었고, 혹은 위없는 깨달음의 마음을 일으킨 자도 있었다.
 그때 모든 비구는 부처님의 말씀을 듣고 기뻐하면서 받들어 행하였다.

80

도둑질을 즐기다가 출가한 사람

부처님께서 비사리의 중각강당에 계실 때였다.

그때 그 성에 한 어리석은 사람이 있었다. 그는 항상 도적질을 좋아해 업으로 삼아 생활하고 있었고, 그 지방 사람들이 소문을 들어 다들 알고 있었다.

어느 날 그는 스님들 사는 곳에 좋은 구리 항아리가 있다는 소문을 듣고는 훔칠 생각으로 곧 패거리와 함께 승방에 들어가 훔치려고 하였지만 결국은 훔치지 못하고 말았다. 그러다가 비구들이 설하는 네 구절의 게송 한 수를 듣게 되었다.

하늘나라 사람들은
눈 깜빡임이 매우 더디고
이 세상 사람들은
눈 깜빡임이 매우 빠르다.

도둑은 이 말을 듣고 마음에 새겨 기억해 두고 곧 스님들이 사는 곳을 **빠져나왔다**. 그 뒤 다른 나라에서 온 상인들이 아주 값비싼 마니 보배 구슬 하나를 왕에게 헌납하였다. 왕은 그 구슬을 얻은 즉시 사람을 보내 탑 꼭대기에 달게 하였다.

그때 그 도둑은, 왕이 구슬을 탑 꼭대기에 달았다는 소문을 듣고 몰래 기회를 노리다가 마침내 그 구슬을 훔쳐 숨겨 두었다. 얼마 뒤 왕이 탑 꼭대기에 달았던 구슬이 없어졌다는 소식을 듣고 매우 진노하여 곧 온 나라에 명령하였다.

"그 구슬을 훔치는 것을 봤거나 밀고하는 사람이 있으면 내가 큰 상을 내릴 것이다."

하지만 상당한 시일이 지나도록 보고하는 자가 없었다.

왕이 아무런 계책이 없어 원망만 되풀이하고 있을 무렵, 한 슬기로운 신하가 왕에게 아뢰었다.

"지금 왕께서 다스리는 도시들은 풍요롭고 즐겁기가 끝이 없어 도둑이 매우 적습니다. 오직 한 사람만 도둑질을 업으로 삼아 생활하고 있는데, 이는 온 나라 사람이 다 아는 사실입니다. 지금 그 보배 구슬도 분명 그 사람이 보고 훔쳤을 것입니다. 하지만 지금 그를 잡아들인다면 몽둥이로 때리고 채찍질을 해도 실토하지 않을 것이 분명합니다. 그러니 왕께서 계획을 세워 그 사람이 사실대로 고백하게 해야 합니다."

이에 왕이 슬기로운 신하에게 물었다.

"어떤 계획을 세워야 할까?"

슬기로운 신하가 대답하였다.

"이제 대왕께서 비밀리에 사람을 보내 그 도둑을 초청하십시오. 그리고 모두가 한꺼번에 술을 권해 그를 만취시킨 다음, 가마에 태워서 궁전으로 옮기십시오. 그리고 그가 술이 깨기 전에 몰래 사람들을 시켜 온 궁전을 장엄하고, 또 최고로 아름다운 기녀들에게 악기를 연주하고 춤추고 노래하면서 즐기게 하십시오. 그러면 도둑이 분명 깜짝 놀라 술에서 깰 것입니다. 그때 기녀들에게 다들 이렇게 말하라고 명하십시오.

'당신은 염부제에 있을 때 탑 꼭대기의 구슬을 훔쳤기 때문에 이제 이 도리천에 태어났습니다. 이제 우리 기녀들이 노래를 부르고 악기를 연주하면서 함께 당신을 모시겠습니다. 당신은 정말 그랬습니까?'"

기녀들은 왕의 명령대로 시행하였다. 그때 그 도둑은 정신이 몽롱하고 아직 술이 덜 깬 상태였는데, 사실대로 말하자니 혹시 이것이 진짜가 아니면 어쩌나 걱정스럽고, 말을 하지 않자니 여인들이 사실대로 말해 보라며 다시 괴롭힐 것이 뻔했다.

그때 도둑은 문득 기억이 떠올랐다.

'내가 지번 번에 사문들이 강론하던 말을 들은 적이 있는데, 하늘나라 사람들은 눈 깜빡임이 매우 더디고 이 세상 사람들은 눈 깜빡임이 매우 빠르다고 하였다. 지금 이 기녀들은 눈 깜빡임이 다들 매우 빠르니, 분명 천녀가 아니다.'

도둑은 곧 고개를 숙이고 실토하지 않았다. 그리고 급기야 술이 다 깨자 관官에서도 더는 죄를 묻지 않고 풀어주어 죽지 않게 되었다.

그러자 슬기로운 신하가 다시 왕에게 말씀드렸다.

"다시 다른 계획을 세워 도둑을 체포해야 합니다."

왕이 다시 물었다.

"다른 계획이란 또 어떤 것인가?"

슬기로운 신하가 대답하였다.

"대왕께서 거짓으로 친한 척하며 그 도둑을 불러 대신의 지위를 주십시오. 그리고 모든 창고의 물품을 비밀리에 미리 다 조사한 다음 그 창고 관리 일체를 그에게 맡기십시오. 그리고 얼마쯤 시간이 지난 뒤 왕께서 부드러운 말씀으로, '이제 그대처럼 가까운 사람은 다시없으니 창고를 잘 관리해 잃어버리는 물건이 없도록 하라.'라고 하십시오. 그러면 그가 틀림없이 마음속으로 기뻐할 것입니다.

이때 왕께서 조용히 물어보십시오.

'내가 얼마 전 마니 보배 구슬을 탑 꼭대기에 달아 둔 적이 있는데 그대는 혹시 그 구슬의 행방을 아는가?'

그러면 그 도둑이 분명 사실대로 고백할 것입니다. 왜냐하면, 이제 왕의 신임을 받아 모든 창고의 재물과 보물을 다 위임받았기 때문입니다. 그래서 분명 왕에게 실토를 할 것입니다."

이에 파사닉왕이 그 신하의 말에 따라 계획을 세우고 시도해 보았다. 그러자 그 도둑이 슬기로운 신하의 말대로 왕에게 사실을 고백하였다.

"제가 사실 그 보배 구슬을 훔친 놈인데, 두려워서 감히 구슬을 내놓지 못하였습니다."

왕이 다시 물었다.

"그대가 앞서 술에 취해 나의 대전에 누워 있을 때, 기녀들이 너에게 하늘나라에 태어났으니 사실대로 말해 보라며 따져 물은 적이 있었다. 그때는 왜 실토하지 않았는가?"

도둑이 대답하였다.

"제가 예전에 스님들이 사는 곳에 들어갔다가 비구들이 네 구절의 게송을 강론하는 것을 듣게 되었는데, '하늘나라 사람들은 눈 깜빡임이 매우 더디고 이 세상 사람들은 눈 깜빡임이 매우 빠르다.'라고 하였습니다. 그 기억이 떠올라, 제가 하늘나라에 태어난 게 아니라는 것을 알았습니다. 그래서 사실대로 고백하지 않았습니다."

이에 파사닉왕은 보배 구슬을 다시 얻게 되었고, 너무나 기뻐 도둑이 지은 죄를 더는 묻지 않았다. 이때 그 도둑이 죄에서 벗어났다는 것을 알고 왕에게 나아가 아뢰었다.

"부디 저의 죄를 용서하시고, 제가 출가할 수 있도록 허락해 주소서."

왕이 도둑에게 대답하였다.

"그대는 이제 높은 지위에 있어 부귀와 쾌락을 다 갖추었는데 무엇 때문에 꼭 출가하려는 것인가?"

도둑이 왕에게 말하였다.

"저는 일찍이 사문들이 강설한 네 구절의 게송 한 수만 듣고도 이런 액난厄難에서 벗어나 죽지 않을 수 있었습니다. 하물며 많은 경을 듣고 읽고 외우고 닦고 익혀서 그대로 수행한다면 얼마나 큰 이익을 얻겠습니까? 그래서 이제 출가하기를 원하는 것입니다."

마침내 출가한 그는 정성을 다해 부지런히 닦고 익혀 아라한과를 얻었고, 3명·6통·8해탈을 구족하여 모든 하늘나라 신들과 사람들의 존경을 받았다.

그때 모든 비구는 부처님의 말씀을 듣고 기뻐하면서 받들어 행하였다.

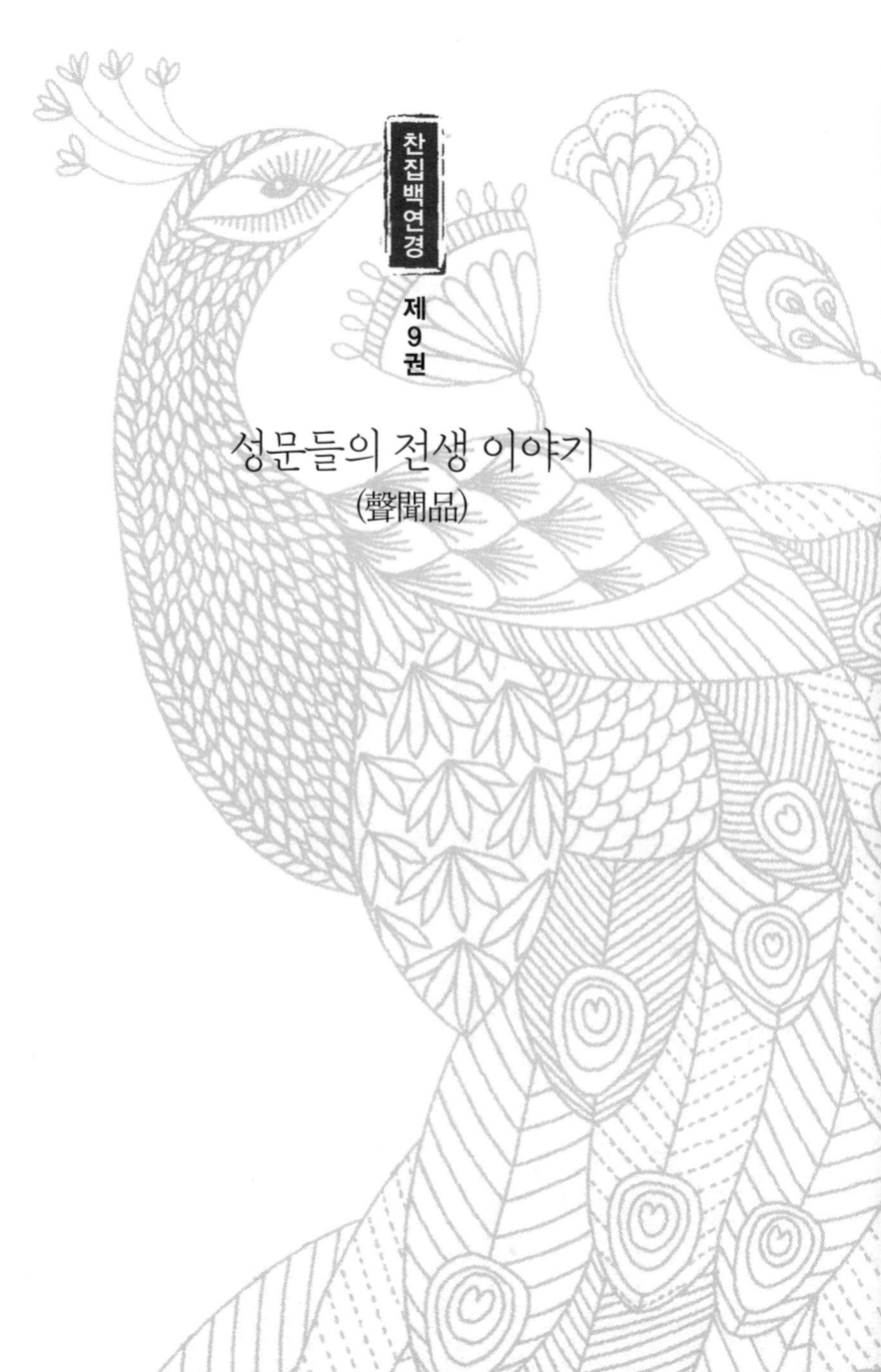

찬집백연경

제9권

성문들의 전생 이야기
(聲聞品)

81

상단의 우두머리 해생

부처님께서 사위국 기수급고독원에 계실 때였다.

그때 그 성의 상인 500명이 큰 바다로 나아가 값진 보물을 채취하려고 하였다. 그때 그 상단의 우두머리가 좋은 집안의 딸을 선택해 아내로 맞이하였다. 그는 부인을 데리고 함께 바다로 나아갔다가 열 달 만에 아들을 하나 낳았다. 그래서 아이의 이름을 해생海生이라 하였다. 이 아이는 큰 복덕이 있어 모든 상인이 값진 보물을 많이 얻어 안전하게 돌아오게 하였다. 그래서 다들 한목소리로 '안은해생安隱海生'이라 불렀다.

차츰 성장한 그 아이는 사람들에게 거듭 권유하여 다시 큰 바다로 들어갔다. 그들은 값진 보물을 얻어 돌아오던 길에 큰 폭풍을 만나게 되었고, 몰아치는 폭풍에 배가 표류하다가 나찰 귀신들의 나라에 떨어지게 되었다. 소용돌이 파도에 검은 폭풍이 몰아치자, 상인들이 각각 꿇어앉아 하늘의 선한 신들에게 예배하였지만 아무런 감응이 없어 그 액난을 피할 길이 없었다.

그러자 그들 가운데 있던 한 우바새優婆塞가 상인들에게 말하였다.

"부처님 세존께서는 항상 대비하신 마음으로 밤이건 낮이건 중생들을 관찰하시다가 고액을 겪는 자가 있으면 곧 직접 찾아가 구제해 주신다고 들었습니다. 우리도 이제 저 부처님의 명호를 함께 부릅시다. 그러면 아마 이곳으로 오셔서 우리의 생명을 구제할 것입니다."

이 말을 들은 상인들이 함께 한목소리로 "부처님께 귀의합니다(南無佛陀)."라고 외쳤다.

그때 세존께서 상인들에게 지독한 액난이 닥친 것을 멀리서 보시고, 곧 광명을 놓아 검은 폭풍을 비추자 바람이 곧 그쳤다. 상인들이 모두 벗어나게 되고 그들은 각자 이렇게 말하였다.

"우리가 이제 부처님의 위광威光을 입어 이 재난에서 벗어나게 되었습니다. 만약 이대로 무사히 육지에 도착하게 된다면, 부처님과 스님들을 위해 탑사塔寺를 세우고 부처님과 스님들을 그곳에 모셔 음식을 풍성하게 베풀고 필요한 물자를 공급하여 모든 것이 부족하지 않게 합시다."

이렇게 말하며 다들 그렇게 하자고 약속하였다. 그리고 그들은 앞으로 나아가 모두 안전하게 고향 땅에 도착했다. 상인들은 다짐한 대로 탑사를 세우고 부처님과 스님들을 거기에 모셔 맛있는 음식을 풍성하게 대접하였다. 공양을 올리고 나서 물러나 한쪽에 앉아 부처님의 설법을 들은 그들은 마음이 열리고 뜻을 이해하게 되어 각자 도의 자취를 얻었다. 상인들이 곧 부처님 앞에 나아가 출가하기를 원하자, 부처님께서 말씀하셨다.

"잘 왔구나, 비구들이여."

그러자 수염과 머리카락이 저절로 떨어지고 법복이 몸에 입혀져 곧 사문의 모습이 되었다. 그들은 정성을 다해 부지런히 닦고 익혀 아라한과를 얻었고, 3명·6통·8해탈을 구족하여 모든 하늘나라 신들과 사람들의 존경을 받았다.

이때 비구들이 이 사실을 알고 부처님께 여쭈었다.

"세존이시여, 상인이었던 저 500비구는 전생에 무슨 업을 지었기에 그런 갖가지 액난을 당해서도 부처님의 위광威光을 입어 액난에서 벗어났으며, 또 무슨 인연으로 세존을 만나 출가하고 도를 얻게 된 것입니까?"

그러자 부처님께서 비구들에게 말씀하셨다.

"오늘만 저들을 구제한 것이 아니다. 과거세에도 나는 저들을 액난에서 구한 일이 있느니라."

비구들이 거듭 부처님께 여쭈었다.

"세존이시여, 과거세에 어떤 일이 있었는지 저희는 모릅니다. 세존이시여, 부디 자세히 말씀해 주소서."

이때 세존께서 비구들에게 말씀하셨다.

"너희들은 자세히 들어라. 내가 이제 너희들을 위해 자세히 분별하여 해설하리라.

아득히 먼 옛날, 바라나국에 다섯 가지 신통을 갖춘 선인이 강 언덕 주변에 머물고 있었다. 그때 500명의 상인이 큰 바다로 나아가려고 강 언덕을 지나다가 그 선인을 보게 되었다. 상인들은 선인에게 다가가 앞날의 길흉을 묻고, 함께 바다로 가자고 권유하였다.

그러자 선인이 대답했다.

'여러분끼리 가십시오. 혹시 도중에 두려운 재난을 만나면 제 이름을 부르십시오. 그러기만 하면 제가 여러분을 보호하겠습니다.'

상인들은 이 말을 듣고 곧 길을 재촉해 바다로 나아가 값진 보물을 많이 얻었다. 그리고 돌아오던 도중 사나운 나찰과 검은 폭풍 등 여러 재난을 만났다. 그때마다 상인들이 함께 한마음으로 선인의 이름을 부르면, 선인이 곧 그들에게 찾아가 구호하고 모든 재난에서 벗어나게 하였다."

부처님께서 비구들에게 말씀하셨다.

"알아 두라. 그때 그 선인이 바로 지금의 나이고, 500명의 상인은 바로 지금의 저 500비구이니라. 나는 그때 번뇌를 완전히 끊지 못한 상태였는데도 저들을 액난에서 구제해 주었다. 하물며 이제 삼계를 벗어난 내가 저들을 교화하여 제도하지 못하겠느냐?"

그때 모든 비구는 부처님의 말씀을 듣고 기뻐하면서 받들어 행하였다.

82

수만꽃 옷을 입고 태어난 수만나

부처님께서 사위국 기수급고독원에 계실 때였다.

그때 그 성에 한량없고 헤아릴 수 없는 재물과 보물을 지닌 한 장자가 있었다. 그는 좋은 집안의 딸을 선택해 아내로 맞이하고 온갖 음악을 즐기면서 살았다. 그러다 그 부인이 임신하여 열 달 만에 아들 하나를 낳았다. 아들은 용모가 단정하고 매우 아름다웠으며, 수만 꽃으로 만들어진 옷을 입은 채 출생하였다. 이에 점술사를 불러 아이의 상을 보게 하였더니, 점술사가 상을 보고 나서 부모에게 물었다.

"이 아이가 태어날 때 어떤 상서로운 모습이 있었습니까?"

부모가 대답하였다.

"수만 꽃으로 만든 옷에 싸여 태어났습니다."

그래서 이름을 수만나須曼那라 하였다.

아이는 성품이 어질고 부드러우며 인자하고 효성스러웠다. 아이가 차츰 성장함에 따라 꽃으로 만들어진 그 옷도 몸에 알맞게 커졌다. 부모는 아이를 사랑하고 아꼈기에 아나율阿那律에게 데리고 가서 사미沙彌로 만들어 좌선坐禪을 가르치게 하였다. 아이는 오래지 않아 아라한과를 얻었고, 3명·6통·8해탈을 구족하여 모든 하늘나라 신들과 사람들의 존경을 받았다.

어느 날 아나율이 수만나 사미에게 이렇게 명하였다.

"너는 지금 저 발제 강(拔提河) 가로 가서 깨끗한 물을 길어 오너라."

사미는 곧 그 강으로 가서 병에 물을 가득 담아 허공으로 던지고, 그 뒤를 따라서 날아왔다. 이때 비구들이 이 사미를 보고는 전에 없었던 일이라 감탄하면서 부처님께 나아가 여쭈었다.

"세존이시여, 저 수만나 사미는 전생에 어떤 복을 심었기에 수만 꽃 옷을 입은 채 큰 부호의 집에 태어났으며, 또 무슨 인연으로 출가한 지 오래지 않아 곧 아라한과를 얻었습니까?"

세존께서 비구들에게 말씀하셨다.

"너희들은 자세히 들어라. 내가 이제 너희들을 위해 자세히 분별하여 해설하리라.

과거세 91겁 전 바라나국에서 비바시 부처님께서 출현하신 적이 있느니라. 그 부처님께서 두루 교화를 마치고 열반에 드시자, 그 당시 국왕인 범마달다가 그 부처님의 사리를 거둬 네 개의 보배 탑을 세우고 공양하였다.

그때 어떤 동자가 그 탑을 보고 환희심을 일으켜 곧 출가하게 되었다. 그러다 어느덧 노년에 이르렀다. 그는 아무것도 성취한 게

없음을 깊이 자책하며 수만 꽃을 사서 실에 꿰어 탑을 두루 덮었다. 그리고 발원하고 떠났다.

그는 이 공덕으로 91겁 동안 지옥·축생·아귀 세계에 떨어지지 않았으며, 하늘나라와 인간세계에서 항상 수만 꽃 옷을 입은 채 태어나 하늘나라의 쾌락을 누렸으며, 이제 또 나를 만나 출가하고 도를 얻게 된 것이니라."

그때 모든 비구는 부처님의 말씀을 듣고 기뻐하면서 받들어 행하였다.

손에 돈을 쥐고 태어난 보수 비구

부처님께서 사위국 기수급고독원에 계실 때였다.

그때 그 성에 한량없고 헤아릴 수 없는 재물과 보물을 지닌 한 장자가 있었다. 그는 좋은 집안의 딸을 선택해 아내로 맞이하여 온갖 음악을 즐기면서 살았다. 그러다 그의 아내가 임신하여 열 달 만에 아들 하나를 낳았다. 아이는 이 세상에서 보기 드물 만큼 단정하고 매우 아름다웠으며, 두 손에 금전金錢을 쥐고 있었다. 부모가 그 돈을 꺼내면 손에 다시 돈이 생겼으며, 아무리 꺼내도 끊임없이 다시 나왔다.

부모가 점술사를 불러 아이의 상을 보게 하자, 점술사가 상을 보고 나서 부모에게 물었다.

"이 아이가 태어날 때 어떤 상서로운 일이 있었습니까?"

부모가 대답하였다.

"양손에 금전을 쥐고 태어났는데, 그 돈을 꺼내면 다시 생겼습니다."

그래서 아이의 이름을 보수寶手라 하였다. 차츰 성장한 아이는 성품이 어질고 부드러우며 인자하고 효성스러웠다. 또 보시하기를 좋아하여 구걸하는 사람이 있으면 두 손을 펴 그 안에 있는 금전을 곧 보시하였다. 어느 날 그는 친구들과 함께 성을 나가 구경하다가 어느덧 기원정사에 이르게 되었다. 그는 32상 80종호를 갖춰 백천 개의 태양이 뜬 것처럼 휘황찬란하게 빛나는 세존을 뵙고는 마음속으로 기뻐하며 부처님 앞에 엎드려 예배하였다. 그런 다음 합장하고 부처님과 비구 스님들을 초청하였다.

"자비하신 마음으로 어여삐 여기셔서 저의 공양을 받아 주소서."

이때 아난이 부처님 옆에 있다가 아이에게 물었다.

"공양하려면 반드시 재물이나 보물이 있어야 하지 않겠느냐?"

아이는 아난이 하는 말을 듣고 곧 두 손을 폈다. 그러자 금전이 비 오듯 쏟아져 잠깐 사이에 수북이 쌓였다.

이때 부처님께서 아난에게 분부하셨다.

"네가 이 금전을 가지고 음식을 풍성하게 마련하여 나와 스님들을 청하라."

이에 아난이 분부를 받고 곧 음식을 마련하여 공양을 올렸다. 공양을 마치고 나서 부처님께서 그를 위해 법을 설해주시자, 아이는 마음이 열리고 뜻을 이해하게 되어 수다원과를 얻었다.

아이는 집으로 돌아와 부모님에게 출가하여 도를 닦겠다는 뜻을 밝혔다. 부모는 아이를 사랑하고 아꼈기에 그의 뜻을 거절할 수 없었다. 부모가 아이를 데리고 부처님께 찾아와 출가시키기를 원하자, 부처님께서 말씀하셨다.

"잘 왔구나, 비구여."

그러자 수염과 머리카락이 저절로 떨어지고 법복이 몸에 입혀져 곧 사문의 모습이 되었다. 그는 정성을 다해 부지런히 닦고 익혀 아라한과를 얻었고, 3명·6통·8해탈을 구족하여 모든 하늘나라 신들과 사람들의 존경을 받았다.

아난이 이 사실을 알고 부처님께 여쭈었다.

"저 보수 비구는 전생에 무슨 복을 심었기에 훌륭한 가문의 큰 장자 집안에서 꺼내면 다시 생기는 금전을 두 손에 쥐고 태어났으며, 이제 또 부처님을 만나 도과를 얻은 것입니까?"

그러자 세존께서 아난에게 말씀하셨다.

"너희들은 자세히 들어라. 내가 이제 너희들을 위해 자세히 분별하여 해설하리라.

이 현겁에 바라나국에서 가섭 부처님께서 출현하신 적이 있느니라. 그 부처님께서 두루 교화를 마치고 열반에 드시자, 당시 그 나라의 왕이었던 가시迦翅가 그 부처님의 사리를 거둬 네 개의 보배 탑을 세우고 공양하였다.

그때 어떤 장자가 그 탑의 기둥을 세우는 것을 보고 환희심이 생겨 금전 한 닢을 기둥 아래에 놓아둔 다음 발원하고 떠났다.

장자는 이 공덕으로 나쁜 세계에 떨어지지 않고 하늘나라와 인간세계에서 손만 펴면 나오는 금전을 항상 가지고 태어났으며, 지금 또 예전처럼 꺼내면 다시 나타나는 금전을 가진 채로 나를 만나 출가하고 도를 얻게 된 것이니라."

그때 모든 비구는 부처님의 말씀을 듣고 기뻐하면서 받들어 행하였다.

84

전생을 기억한 삼장 비구

　부처님께서 사위국 기수급고독원에 계실 때였다.
　그때 파사닉왕의 부인이 임신하여 열 달 만에 아들 하나를 낳았다. 그 아이는 용모가 세상에서 보기 드물 만큼 단정하고 매우 아름다웠으며, 가사를 몸에 걸치고, 태어나자마자 말을 하였다.
　그 아이가 부왕에게 물었다.
　"여래 세존께서 지금 세간에 계십니까? 대덕 가섭과 사리불과 대목건련 등 여러 큰 제자들도 현재 다 계십니까?"
　부왕이 대답하였다.
　"현재 다 계시니라."
　"그러시다면, 대왕께서 저를 위해 공양을 마련하고 부처님과 스님들을 초청해 주십시오."
　왕은 곧 명령을 내려, 공양을 준비하게 하고 부처님과 스님들을 궁으로 초청하였다. 부처님께서 궁에 드시어 그 태자를 보고 물으셨다.

"네가 과거 가섭 부처님 시절에 삼장三藏 비구였던 것을 기억하느냐?"

태자가 대답했다.

"예, 그렇습니다."

"모태에 들어 있는 동안 편안하였느냐?"

"부처님의 은혜를 입어 생명을 보존하면서 시간을 보낼 수 있었습니다."

왕과 부인은 태자가 부처님과 문답하는 것을 보고 기쁨을 이기지 못하였다. 왕이 부처님께 여쭈었다.

"이 태자는 전생에 무슨 복을 심었기에 태어나자마자 말을 하고, 이제 또 감히 부처님과 문답을 주고받는 것입니까? 세존이시여, 부디 자세히 말씀해 주소서."

세존께서 곧 왕에게 게송을 읊어 대답하셨다.

전생에 지은 모든 선업
백 겁이 지나도 사라지지 않나니
그 선업의 인연 때문에
지금 이런 과보를 받은 것입니다.

파사닉왕과 부인은 부처님 세존께서 설하신 이 게송을 듣고 나서 다시 부처님께 여쭈었다.

"세존이시여, 과거세에 어떤 일이 있었는지를 저희는 알지 못합니다. 세존이시여, 부디 다시 자세히 말씀해 주소서."

그러자 세존께서 대왕에게 말씀하셨다.

"자세히 들으시오. 내가 이제 두 분을 위해 자세히 분별하여 해설하겠습니다.

이 현겁에 바라나국에서 가섭 부처님께서 출현하신 적이 있습니다. 그 부처님께서 비구들과 함께 여러 곳을 다니며 교화하시다가 가시왕迦翅王이 다스리는 나라에 도착하게 되었습니다.

이때 왕태자 선생善生이 부처님을 뵙고는 깊은 신심과 공경심을 일으켜 부왕에게 출가할 뜻을 밝혔습니다. 그러자 부왕이 말했습니다.

'내게는 아들이 너 하나뿐이니, 네가 왕위를 이어받아 백성들을 돌보아야 한다. 나는 네가 출가하여 도를 닦는 것을 절대로 허락할 수 없다.'

왕태자는 이 말을 듣고 근심하고 괴로워하다가 땅에 쓰러져 곡기를 끊고 아무것도 먹지 않았습니다. 하루가 지나고, 이틀이 지나고, 드디어 엿새째가 되자 대신들이 왕에게 아뢰었습니다.

'태자가 음식을 끊은 지 이미 엿새가 지나 생명을 보전하지 못할까 염려됩니다. 부디 대왕께서 출가를 허락하시고 태자를 한번 만나 보십시오.'

대왕은 신하들의 말을 듣고, 거스를 수 없어서 그 태자에게 명하였습니다.

'나와 약속하자. 네가 삼장三藏의 경서를 독송하여 통달하면 너의 출가를 허락하겠다. 그런 다음에 나를 보러 오라.'

태자는 왕의 명을 듣고 마음속으로 기뻐하면서 곧 출가하여 부지런히 삼장의 경서를 독송하고 모두 통달하였습니다. 그런 다음 궁으로 돌아와 부왕을 찾아뵙자, 부왕이 아들인 비구에게 물었습니다.

'내가 앞서 너에게 반드시 삼장의 경서를 읽고 외워 모두 통달한 다음에 나를 만나러 오라고 명하였는데, 지금 다 통달하였느냐?'

비구는 이렇게 대답하였습니다.

'분부하신 대로 모두 통달하였습니다.'

왕이 매우 기뻐하여 곧 태자 비구에게 명령하였습니다.

'이제부터 창고에 있는 모든 재물을 네 마음대로 가져서 써도 조금도 아까워하지 않으리라.'

태자 비구는 왕의 말을 듣고 나서, 많은 재물을 꺼내 온갖 맛있는 음식을 준비하고 가섭 부처님과 2만 명의 비구를 초청하였다. 그리고 공양을 마친 다음 낱낱의 비구들에게 세 가지 가사와 여섯 가지 물품을 각각 보시하였습니다.

태자 비구는 이 공덕으로 나쁜 세계에 떨어지지 않고 하늘나라와 인간세계에서 항상 가사를 몸에 입은 채로 태어났으며, 지금 또 예전처럼 가사를 입은 채 태어나 나를 만나고 출가하여 도를 얻게 된 것입니다."

그때 모든 비구는 부처님의 말씀을 듣고 기뻐하면서 받들어 행하였다.

85

어금니 사이에서 8공덕수가 솟은 야사밀다 비구

부처님께서 사위국 기수급고독원에 계실 때였다.

그때 그 성에 한량없고 헤아릴 수 없는 재물과 보물을 지닌 한 장자가 있었다. 그는 좋은 집안의 딸을 선택해 아내로 맞이하여 온갖 음악을 즐기면서 살았다. 그러다 그의 아내가 임신하여 열 달 만에 아들을 하나 낳았다. 아이는 용모가 이 세상에서 보기 드물 만큼 단정하고 매우 아름다웠으며, 출생하던 날 하늘에서 큰비가 내렸다. 부모가 매우 기뻐하며 점술사를 불러 아이의 상을 보게 하자, 점술사가 상을 보고 나서 이렇게 말하였다.

"이 아이의 복덕으로 태어나자마자 비가 내린 것입니다."

이 소문은 온 나라에 퍼졌다. 그래서 아이의 이름을 야사밀다耶舍蜜多라 하였다. 아이는 젖을 먹지 않고, 어금니 사이에서 저절로 8공덕수功德水가 솟아 그것으로 배를 채웠다.

차츰 성장한 그 아이가 어느 날 친구들과 함께 성을 나와 돌아다니며 구경하다가 기원정사에 이르게 되었다. 아이는 32상 80종호를 갖춰 백천 개의 태양이 뜬 것처럼 휘황찬란하게 빛나는 부처님 세존을 뵙고는 마음속으로 기뻐하며 부처님 앞에 엎드려 예배하고, 출가하기를 원하였다. 그러자 부처님께서 곧 허락하시면서 말씀하셨다.

"잘 왔구나, 비구여."

그는 수염과 머리카락이 저절로 떨어지고 법복이 몸에 입혀져 곧 사문의 모습이 되었다. 그는 정성을 다해 부지런히 닦고 익혀 아라한과를 얻었고, 3명·6통·8해탈을 구족하여 모든 하늘나라 신들과 사람들의 존경을 받았다.

이때 비구들이 이 사실을 알고 부처님께 여쭈었다.

"세존이시여, 저 야사밀다 비구는 전생에 무슨 복을 심었기에 출생하던 날 하늘에서 단비가 내리고 젖을 먹지 않아도 어금니 사이에서 저절로 8공덕수가 솟아나 그것으로 충족하였으며, 또 무슨 인연으로 이제 부처님을 만나 출가하고 도를 얻게 된 것입니까?"

이때 세존께서 비구들에게 말씀하셨다.

"너희들은 자세히 들어라. 내가 이제 너희들을 위해 자세히 분별하여 해설하리라.

이 현겁에 바라나국에서 가섭 부처님께서 출현하신 적이 있느니라. 그때 한 나이 많은 장자가 그 부처님 법에 출가하여 도에 들어가기는 했지만, 게으르고 교만하여 부지런히 노력하지 않았고 거기다 중병까지 걸렸다. 어떤 의사가 진찰한 결과 '소를 먹어야 그 병이 낫는다.'라고 하자, 그가 의사의 지시에 따라 소를 먹었다. 그리고 그날 밤 그 약 때문에 열이 나고 갈증이 일어나 사방을 헤매면서 물을 찾았는데, 물그릇이 모두 비어 있었다. 또 샘이나 못으로 달려 가 봐도 모두 바짝 말라 있고, 강으로 달려 가 봐도 역시 바짝 말라 있었다. 이렇게 곳곳에서 물을 찾았지만 얻지 못하자, 스스로 깊이 뉘우치고 자책하면서 강 언덕에 옷을 벗어 나무에 걸어둔 채로 버리고 돌아왔다. 그 이튿날 아침에 이 사실을 스승에게 말씀드리자, 스승이 곧 이렇게 대답했다.

'그대가 겪은 고통이 아귀와 비슷하구나. 내가 이제 병에 넣어둔 물을 주겠으니 그대가 이것을 스님들께 갖다 드려라.'

그는 스승의 가르침대로 곧 스승의 물병을 받아 스님들께 물을 돌렸는데, 그 물 역시 완전히 말라버렸다. 그는 두렵고 걱정스러운 마음에 자신이 죽으면 아귀세계로 떨어지겠다 싶었다. 그래서 곧 부처님께 찾아가 자신에게 일어난 일을 자세히 말씀드렸다.

'제가 이 고액을 만나고, 아귀세계로 떨어지면 어쩌나 싶어 너무나 당황스럽고 두렵습니다. 세존이시여, 부디 크신 자비로 가엾이 여기셔서 가르침을 보여 주소서.'

그러자 부처님께서 그 비구에게 말씀하셨다.

'너는 이제 스님들께 깨끗하고 좋은 물을 돌리도록 하라. 그러면 아귀의 몸을 벗어나리라.'

그 비구는 부처님의 가르침을 듣고 마음속으로 기뻐하면서 곧 스님들 사이에 항상 깨끗한 물을 돌렸다. 그렇게 2만 년 동안 스님들께 깨끗한 물을 돌리고 목숨이 끝났다. 그 후 그는 태어나는 곳마다 어금니 사이에 항상 청정한 8공덕수가 솟아나 젖을 먹지 않아도 그것으로 충족하였으며, 지금 또 나를 만나 출가하고 도를 얻게 된 것이니라."

부처님께서 비구들에게 말씀하셨다.

"알아 두라. 그때 그 나이 많은 비구가 바로 지금의 이 야사밀다 비구이니라."

그때 모든 비구는 부처님의 말씀을 듣고 기뻐하면서 받들어 행하였다.

86
화생하여 대중 스님께 공양한 비구

언젠가 세존께서 도리천 파리질다라波利質多羅 나무 아래 보석전寶石殿에서 석 달 동안 안거하며 어머니 마야摩耶부인을 위해 법을 설하시고는, 안거를 마치고 하늘나라에서 염부제로 내려가려고 하셨다.

그때 석제환인釋提桓因이 부처님께서 내려가시려 한다는 것을 알고, 모든 하늘나라 신들과 용·야차·건달바·아수라·가루라·긴나라·마후라가·구반다 등에게 명령하여 부처님을 위해 세 개의 보배 사다리를 만들게 하였다. 부처님께서 그 보배 사다리를 밟고 하늘에서 내려오시자, 한량없는 백천억 하늘나라 신들과 용·야차와 내지 사람인 듯 사람 아닌 무리가 하늘나라에서 내려오시는 부처님을 뵙고 모두 환희심을 일으켜 법을 듣고자 간절히 원하였다.

그때 세존께서 대중의 선근이 이미 성숙했다는 것을 아시고 곧 그들에게 법을 설해주셨다. 설법을 들은 그들은 마음이 열리고 뜻을 이해하게 되어 어떤 자는 수다원과를 얻었고, 혹은 사다함과, 혹은 아나함과, 혹은 아라한과를 얻었으며, 혹은 벽지불을 얻겠노라고 마음을 일으킨 자도 있었고, 혹은 위없는 깨달음을 얻겠노라고 마음을 일으킨 자도 있었다.

그때 그 모임 가운데 갑자기 화생化生한 비구 한 명이 나타나 대중에게 말하였다.

"여러분, 이제 각각 저의 초청을 받아 주십시오. 풍성한 음식과 갖가지 필요한 물품들을 제가 모두 드리겠습니다."

이 말을 들은 대중은 각자 하늘나라의 보배 그릇에 담긴 온갖 맛있는 음식을 생각했고, 다들 생각대로 모두 얻어 배부르게 먹었다.

그때 아난이 이 사실을 알고 부처님 앞에 나아가 여쭈었다.

"저 화생 비구는 전생에 무슨 복을 심었기에 지금 이렇게 온 대중을 배부르게 먹일 수 있게 된 것입니까? 세존이시여, 어떤 일이 있었는지 저희는 알지 못합니다."

그러자 세존께서 아난에게 말씀하셨다.

"너는 자세히 들어라. 내가 이제 너를 위해 자세히 분별하여 해설하리라. 과거 91겁 전에 바라나국에서 비바시 부처님께서 출현하신 적이 있느니라. 그때 그 부처님의 법을 배우는 비구들이 여름 석 달 동안 숲에서 좌선하며 도를 닦았는데, 걸식하는 곳이 너무 멀어 도를 닦는 데 지장이 많고 매우 피로하였다. 그때 그 대중 가운데 한 비구가 대중 스님들께 말하였다.

'오늘부터 제가 여러분을 위해 시주들에게 권유하여 대중 스님들께 모든 것을 모자람 없이 공급하겠으니, 여러분은 부족하면 어쩌나 걱정하지 마시고 편안한 마음으로 도를 닦으십시오.'

비구들은 이 말을 듣고 다들 마음을 다해 도를 닦아 석 달 만에 모두 도과를 얻었다. 시주들에게 보시를 권유했던 그 비구는 이 공덕으로 태어나는 곳마다 항상 갖가지 맛있는 음식을 생각만 하면 얻을 수 있었고, 지금 또 나를 만나 생각만 하면 곧 음식이 나타나서 대중에게 모자람 없이 공양하게 된 것이니라."

이때 아난이 다시 부처님께 여쭈었다.

"세존이시여, 그는 또 무슨 인연으로 이제 화생한 것입니까?"

부처님께서 아난에게 말씀하셨다.

"이 현겁 가섭 부처님 시절에 상인들을 데리고 다른 나라를 다니면서 장사해 돈을 벌던 한 상단의 우두머리가 있었다. 그러던 중 그의 아내가 아이를 낳다가 그만 죽어버렸다. 그때 그 상단의 우두머리는 생사를 싫어하는 마음이 생겨 상단을 버리고 떠나 출가하고 도에 들어갔다. 그러면서 큰 서원을 세웠다.

'이렇게 출가한 선근 공덕으로 제가 다음 세상에는 태어날 때마다 모태에 들지 않고 항상 화생하게 하소서.'

그래서 지금 이런 과보를 받은 것이니라."

부처님께서 아난에게 말씀하셨다.

"알아 두라. 그때 그 상단의 우두머리가 바로 지금 저 화생 비구이니라."

그때 모든 비구는 부처님의 말씀을 듣고 기뻐하면서 받들어 행하였다.

87
온갖 보물과 함께 태어난 중보장엄 비구

부처님께서 가비라위국 니구타 나무 아래 계실 때였다.

그때 그 성에 한량없고 헤아릴 수 없는 재보를 지닌 한 장자가 있었다. 그는 자식이 없어 하늘과 땅의 신에게 기도하며 아들 얻기를 원하였다. 그 정성에 감응하여 열 달 만에 아들 하나를 낳았는데, 이 세상에서 보기 드물 만큼 용모가 단정하고 매우 아름다웠다. 아이가 태어나던 날 집 마당에서 저절로 샘물이 솟았고 그 안에 온갖 값진 보물이 가득하였으며, 또 최고로 좋은 하늘나라 옷이 주렁주렁 달린 꽃나무가 나타났다. 장자는 이것을 보고 기쁨을 이기지 못하였다. 곧 점술사를 불러 아이의 상을 보게 하자, 점술사가 상을 살펴보고 나서 부모에게 물었다.

"이 아이가 출생할 때 어떤 상서로운 일이 있었습니까?"

부모가 대답하였다.

"이 아이가 태어나던 날 집 마당에서 저절로 샘이 하나 솟았는데 그 속에 온갖 값진 보물이 가득했고, 또 최고로 좋은 하늘나라 옷이 주렁주렁 달린 꽃나무가 나타났습니다."

그래서 아이 이름을 중보장엄衆寶莊嚴이라 하였다.

차츰 성장한 아이는 성품이 어질고 부드러우며 자비롭고 효성스러웠다. 그러던 어느 날, 아이는 친구들과 함께 성을 나가 이곳저곳을 구경하다가 니구타 나무 아래에 이르게 되었다. 아이는 32상 80종호를 갖춰 백천 개의 태양이 뜬 것처럼 휘황찬란하게 빛나는 부처님 세존을 뵙고는 마음속으로 기뻐하며 부처님 앞에 엎드려 예배하였다. 한쪽에 물러나 앉아 부처님의 설법을 들은 아이는 마음이 열리고 뜻을 이해하게 되어 수다원과를 얻었다. 아이는 집으로 돌아가 부모님에게 출가할 뜻을 밝혔다. 부모님은 아이를 사랑하고 아꼈기에 거절할 수 없었다. 부모님이 아이를 데리고 부처님께 찾아가 출가시키기를 원하자, 부처님께서 말씀하셨다.

"잘 왔구나, 비구여."

그러자 수염과 머리카락이 저절로 떨어지고 법복이 몸에 입혀져 곧 사문의 모습이 되었다. 그는 정성을 다해 부지런히 닦고 익혀 아라한과를 얻었고, 3명·6통·8해탈을 구족하여 모든 하늘나라 신들과 사람들의 존경을 받았다.

비구들이 이 사실을 알고 부처님께 여쭈었다.

"저 중보장엄 비구는 전생에 무슨 복을 심었기에 출생과 동시에 그런 기특한 일들이 있었으며, 또 출가한 지 얼마 되지도 않아 도과까지 얻은 것입니까?"

이때 세존께서 비구들에게 말씀하셨다.

"너희들은 자세히 들어라. 내가 이제 너희들을 위해 자세히 분별하여 해설하리라.

아득히 먼 옛날, 바라나국에서 가손타 부처님께서 출현하신 적이 있느니라. 그 부처님께서 두루 교화를 마치고 열반에 드시자, 당시 국왕이었던 범마달다가 그 부처님의 사리를 거둬 높이 1유순의 보배 탑 네 개를 세우고 공양하였다.

그때 어떤 장자가 꽃나무를 가져와 거기에 온갖 값진 보배와 갖가지 옷을 걸어두고, 또 병에다 물을 담아 탑 앞에 안치하고 발원하며 공양하였다. 그는 이 공덕으로 지옥·축생·아귀 세계에 떨어지지 않고 하늘나라와 인간세계에서 항상 샘물 꽃나무와 함께 태어났으며, 나아가 지금 또 나를 만나 출가하고 도를 얻게 된 것이니라."

부처님께서 비구들에게 말씀하셨다.

"알아 두라. 그때 꽃나무를 올려 탑에 공양했던 장자가 바로 지금의 중보장엄 비구이니라."

그때 모든 비구는 부처님의 말씀을 듣고 기뻐하면서 받들어 행하였다.

88

부처님을 뵙고 출가한 계빈녕왕

부처님께서 사위국 기수급고독원에 계실 때였다.

그때 남방의 금지국金地國에 계빈왕罽賓王이 있었다. 그가 부인과 함께 즐기며 살다가 열 달 만에 아들 하나를 낳았는데, 그 아이는 뼈마디가 굵고 힘이 아주 셌다. 그 아이가 태어나던 날 18,000명의 대신이 아들을 낳았고, 그 아이들 역시 왕자처럼 힘이 아주 셌다.

그 왕자는 차츰 장성하였고, 계빈왕이 죽자 왕위를 이어받았다. 새로 등극한 계빈녕왕은 곧 18,000명 대신의 아들을 소집해 대신의 지위를 주고 함께 국사를 논의하였다.

그러던 어느 날, 계빈녕왕이 신하들과 함께 성을 나가서 사냥하다가 신하들에게 물었다.

"지금 이 세간에 나처럼 큰 힘을 가진 자가 또 있을까?"

그러자 왕을 따라온 사람들 가운데 어떤 상인이 왕의 말을 듣고 곧 대답하였다.

"저 중부지방에 대왕이 있으니 그의 이름은 파사닉입니다. 그가 지닌 힘이 대왕보다 백천만 배나 뛰어날 것입니다."

계빈녕왕은 상인의 말을 듣고 곧 화가 치밀었다. 그래서 곧 사신을 파견해 파사닉왕에게 통고하였다.

'앞으로 7일 이내에 그대가 시종들을 거느리고 우리나라로 와서 무릎을 꿇고 조공을 바치기 바란다. 그렇지 않으면 내가 직접 찾아가 그대의 오족五族을 모조리 죽이리라.'

파사닉왕은 사신의 말을 듣고 너무나 당황스럽고 두려웠다. 하지만 아무런 계책이 없었다. 그래서 곧 부처님께 찾아가 세존께 아뢰었다.

"저 계빈녕왕이 저에게 협박하기를, 앞으로 7일 이내에 시종들을 데리고 찾아와 조공을 바치고 절하라고 합니다. 그렇지 않으면 저를 죽이겠답니다. 세존이시여, 이 일을 어찌하면 좋겠습니까?"

그러자 부처님께서 파사닉왕에게 말씀하셨다.

"왕이여, 걱정하지도 두려워하지도 마십시오. 그저 그 사신에게 이렇게 말하십시오.

'나는 작은 왕이고, 진짜 대왕은 가까운 기원정사에 계신다. 너는 이제 그곳에 가서 네 왕의 명을 전달하라.'"

그래서 사신은 곧 기원정사로 찾아갔다. 그때 부처님께서 전륜성왕轉輪聖王으로 변신하고, 대목건련을 총사령관으로 삼아 모든 군사를 거느리고 기원정사를 에워싸게 하셨으며, 사방으로 주변에 일곱 겹의 해자와 칠보로 만든 나무를 줄지어 서게 하고, 그 해자에는 헤아릴 수 없이 다양한 색깔의 여러 가지 연꽃이 있어 그 찬란한 광명이 성안을 환히 비추게 하였다. 그리고 두려움을 느끼게 할 만큼 존엄한 전륜성왕의 모습으로 대전에 앉아 계셨다.

이 모습을 본 사신은 너무나 놀랍고 두려워 이렇게 생각하였다.

'우리 왕이 공연히 화禍를 자초했구나.'

하지만 어쩔 수 없어 왕의 친서를 받들어 올렸다. 이때 변화로 나타난 전륜성왕이 그 친서를 받더니 발로 밟아버리고 사신에게 고하였다.

"나는 사방을 모두 통치하는 대왕이다. 너는 이제 그에게 돌아가 내 명령을 전달하라.

'내 친서를 받는 즉시 당장 달려와 나에게 문안을 올려라. 이 소식을 누워서 들었다면 당장 일어나 앉고, 앉아서 들었다면 당장 일어서고, 서서 들었다면 당장 길을 나서라. 그리하여 7일 이내에 시종들을 거느리고 나에게 찾아와 조공을 올리며 절하라. 만약 이 명령을 어기면 그 죄를 용서치 않으리라.'"

이에 사신이 본국으로 돌아가 있었던 일을 빠짐없이 계빈녕왕에게 보고하였다. 계빈녕왕은 그 말을 듣고 자신의 실수를 깊이 자책하였다. 왕은 곧 36,000명의 신하를 모두 소집해 수레를 장엄하고는 대왕을 찾아뵙고 조공을 바치려 하였다. 그러다 의심이 들어서 길을 나서기 전에 먼저 한 사신을 보내 대왕에게 아뢰었다.

"제가 다스리는 36,000의 작은 왕들이 모두 가기는 곤란하니, 그 반만 데리고 가도 되겠습니까?"

그러자 변화로 나타난 전륜성왕이 사신에게 답하였다.

"반만 데리고 빨리 오라."

사신이 돌아와 계빈녕왕에게 보고하였다.

"대왕께서 반은 남겨두어도 좋다고 허락하셨습니다."

계빈녕왕은 곧 작은 왕 18,000명을 거느리고 쏜살같이 달려와 전륜성왕에게 조공을 바치며 절을 올렸다. 그러면서 이렇게 생각하였다.

'저 대왕이 용모는 비록 뛰어나지만, 힘은 나보다 못하리라.'

이때 변화로 나타난 전륜성왕이 멀찍이서 그의 생각을 알아차리고, 창고 담당관에게 명령하였다.

"나의 선조께서 쓰시던 큰 활을 가져오라."

전륜성왕은 그 활을 계빈녕왕에게 주었는데, 그는 그 무게조차 감당하지 못하였다. 전륜성왕이 그 활을 돌려받아 손가락으로 활줄을 걸고는 다시 계빈녕왕에게 주면서 당겨 보라 하였다. 계빈녕왕은 그 활줄을 조금도 움직일 수 없었다. 그러자 전륜성왕이 다시 달라고 하더니 손가락으로 그 활줄을 튕겼다. 그러자 온 삼천대천 세계가 모두 진동하였다. 그런 다음 화살을 쏘자 화살이 다섯 발로 변하였고, 모든 화살 끝마다 연꽃이 피고, 낱낱의 연꽃마다 다시 화현한 부처님이 나타나셨다.

그 부처님들께서 큰 광명을 놓아 온 삼천대천세계를 비추시자 다섯 세계의 중생들이 모두 그 은혜를 입었으니, 모든 하늘나라 신들과 사람들이 도과를 얻고, 지옥에서는 뜨거운 물이 식고 이글거리던 불길이 꺼졌으며, 아귀들은 배가 부르고, 축생들은 무거운 짐을 벗었다. 또한, 탐욕과 분노와 어리석음으로 번뇌에 시달리던 자들도 이 광명이 닿자 스스로 항복하고 불법에 믿음과 공경심을 일으켰다. 마침내 계빈녕왕이 이러한 신통 변화를 보고 전륜성왕을 향해 온몸을 땅에 엎드려 예배하면서 진심으로 곧 항복하였다.

그때 전륜성왕은 계빈녕왕이 이미 항복했다는 것을 알고 본래의 부처님 모습으로 돌아오셨다. 부처님께서는 대중에 둘러싸인 채 작은 왕 18,000명에게 갖가지 법을 설해주셨다. 그들은 마음이 열리고 뜻을 이해하게 되어 제각기 도의 자취를 얻고 수다원과를 얻었다. 그들이 곧 부처님 앞에서 출가하기를 원하자, 부처님께서 말씀하셨다.

"잘 왔구나, 비구들이여."

그러자 수염과 머리카락이 저절로 떨어지고 법복이 몸에 입혀져 곧 사문의 모습이 되었다. 그들은 정성을 다해 부지런히 닦고 익혀 오래지 않아 아라한과를 얻었고, 3명·6통·8해탈을 구족하여 모든 하늘나라 신들과 사람들의 존경을 받았다.

그때 아난이 부처님께 나아가 아뢰었다.

"세존이시여, 저 계빈녕왕을 비롯한 비구들은 전생에 무슨 복을 심었기에 모두 훌륭한 가문에서 큰 힘을 지니고 태어났으며, 또 무슨 인연으로 부처님을 만나 각각 도과를 얻은 것입니까?"

이때 세존께서 아난에게 말씀하셨다.

"너희들은 자세히 들어라. 내가 이제 너희들을 위해 자세히 분별하여 해설하리라.

먼 옛날 바라나국에서 비바시 부처님께서 출현하신 적이 있었느니라. 그 부처님께서 비구들을 거느리고 보전국寶殿國에 도착하시게 되었다. 그때 그 나라의 왕 반두발제가 부처님이 오셨다는 소식을 듣고 마음으로 기뻐하여 18,000명의 신하와 함께 성문을 나와 맞이하고, 부처님 앞에 엎드려 예배하며 무릎을 꿇고 부처님과 비구 스님들을 초청하였다.

'자비하신 마음으로 연민을 베푸셔서 석 달 동안 제가 올리는 네 가지 공양을 받아 주소서.'

이때 부처님과 스님들이 왕의 공양을 수락하셨다. 그리고 부처님께서 곧 왕을 위해 갖가지 법을 설해주시자, 왕과 신하들은 각각 환희심을 일으키고 다음과 같이 서원을 세웠다.

'이렇게 공양을 올린 선근 공덕으로 저희가 다음 세상에서 태어나는 곳마다 모두 같은 날 함께 태어나게 하소서.'

이렇게 서원을 세우고 나서 각자 처소로 돌아갔다. 그들은 이 공덕으로 한량없는 세월에 나쁜 세계에 떨어지지 않고 하늘나라와 인간세계에서 항상 같은 날 태어나 하늘나라의 온갖 쾌락을 누렸으며, 이제 또 나를 만나 출가하고 도를 얻게 된 것이니라."

부처님께서 아난에게 말씀하셨다.

"알아 두라. 그때 그 반두말제왕이 바로 지금의 계빈녕 비구이고, 그때의 많은 신하가 바로 지금의 18,000의 비구이니라."

그때 모든 비구는 부처님의 말씀을 듣고 기뻐하면서 받들어 행하였다.

89

비구가 된 석가족 왕 발제

부처님께서 사위국 기수급고독원에 계실 때였다.

여래께서 6년 동안 고행하고 비로소 정각正覺을 이룩하신 지 만 20년 되던 해에 1,200명의 비구를 거느리고 가비라위국迦毘羅衛國으로 돌아가려 하면서 생각하셨다.

'내가 이제 본국으로 돌아가지만 계속 함께 살지는 않으리라. 그곳의 석가족들은 교만한 마음이 많으니, 비구들 모두 각자 신통 변화를 나타내 그곳으로 가게 하리라.'

그래서 곧 1,250비구에게 분부하셨다.

"내가 이제 본국으로 돌아가고자 한다. 너희들은 각자 신통 변화를 나타내 모든 석가족이 정성을 다해 귀의하며 믿고 복종하게 하라."

그리고 세존께서는 큰 광명을 놓아 비구들과 함께 허공을 날아서 가비라위국으로 가셨다. 그때 정반왕淨飯王은 부처님께서 오셨다는 소식을 듣고 모든 석가족에게 명령하여 길을 평탄하게 닦고 더러운 오물 따위를 제거하고, 당기·번기를 세우고 온갖 보배 방울을 달고, 향수를 바닥에 뿌리고 여러 가지 아름다운 꽃을 흩뿌리고 온갖 음악을 연주하면서 세존을 맞이하였다. 그리고 부처님께 예배하며 궁으로 들어와 왕의 공양을 받아달라고 청하였다.

이때 정반왕이 부처님을 따르는 사람들을 보고 생각하였다.

'저들이 비록 신통력은 있지만, 용모가 너무 누추해 마음에 들지 않는다. 내가 이제 석가족 발제跋提 등 용모가 단정한 사람 500명을 골라 세존을 따르며 모시게 하리라.'

이렇게 생각하고, 곧 500명을 선발해 부처님께 데려가자, 부처님께서 우바리優波離에게 그들의 수염과 머리카락을 깎아주게 하셨다.

머리를 깎던 우바리의 눈에서 눈물이 흘러 그 눈물이 석가족 왕 발제의 머리 위에 떨어지자, 발제가 물었다.

"너는 무엇 때문에 그렇게 눈물을 흘리는가?"

우바리가 대답하였다.

"왕께서는 모든 석가속 중 존귀하신 분이신데, 하루아침에 갑자기 초라한 모습이 되어 거친 음식을 먹고 더러운 옷을 입게 되었습니다. 왕의 이런 모습을 보니, 제 눈에서 저절로 눈물이 흐릅니다."

석가족 발제는 이 말을 듣고 마음이 서글펐지만, 그래도 교만은 여전했다. 발제는 수염과 머리카락을 깎은 뒤 옷과 발우를 갖추고 구족계具足戒를 받기 위해 대중 스님이 모인 곳으로 들어갔다. 그리고 차례로 예배하다가 우바리 앞에 이르렀다. 그때 발제가 우두커니 서서 예배하지 않자, 부처님께서 그 이유를 물으셨다.

"그대는 왜 우바리에게만은 예배하지 않는가?"

석가족 발제가 대답하였다.

"저 사람은 천한 자이고 저는 귀한 몸입니다. 그래서 예배하지 않았습니다."

부처님께서 말씀하셨다.

"나의 법에는 귀한 자도 천한 자도 없다. 이 몸은 허깨비와 같아 그 안위를 보장하기 어려우니라."

석가족 발제가 말하였다.

"저 사람은 저의 노예입니다. 차마 예배할 수 없습니다."

부처님께서 다시 말씀하셨다.

"노예와 일꾼, 빈부와 귀천, 그 무엇이 되었건 은혜와 사랑에서 벗어난다면 무슨 차별이 있겠느냐?"

이때 석가족 발제가 부처님의 말씀을 듣고는 곧 몸을 굽혀 우바리에게 예배하였다. 그러자 대지가 진동하고 하늘에서 신들이 전에 없던 일이라며 찬탄하였다.

"석가족 왕 발제가 도를 구하기 위해 저 천한 사람에게 허리를 굽히고 무릎을 꿇어 예배하니, 아만我慢의 깃발이 무너지겠구나."

이때 석가족 발제가 구족계를 받은 다음 한쪽에 물러나 앉아 부처님 설법을 듣고는, 마음이 열리고 뜻을 이해하게 되어 아라한과를 얻었다.

어느 날 발제는 발우를 들고 걸식을 하며 무덤 사이로 찾아가 나무 아래에서 밤을 지새웠다. 그런데도 마음이 태연하고 아무런 두려움이 없었다. 그래서 스스로 이렇게 말하였다.

"나는 예전 왕궁에 있을 때, 건장한 사나이들을 모집해 무기와 몽둥이를 들고 좌우에서 지키게 하였다. 그런데도 늘 불안하고 두려웠다. 하지만 출가하여 도에 들어온 지금의 나는 무덤 사이에서 지내도 전혀 두려움이 없으니, 상쾌하기가 말할 수 없구나."

그때 아난이, 석가족 발제가 하는 말을 듣고 부처님 앞에 나아가 아뢰었다.

"세존이시여, 저 석가족 발제 비구는 전생에 무슨 복을 심었기에 훌륭한 가문에서 태어났으며, 출가한 지 얼마 되지도 않아 곧 아라한과를 얻은 것입니까?"

부처님께서 아난에게 말씀하셨다.

"너는 자세히 들어라. 내가 이제 너를 위해 자세히 분별하여 해설하리라.

아득히 먼 옛날, 바라나국에 어떤 벽지불이 있었다. 그가 발우를 들고 걸식하러 다닐 때였다. 한 가난한 사람이 굶주린 몸으로 길을 가고 있었는데, 그가 가진 것이라고는 작은 떡 조각뿐이었다. 그가 그것을 먹으려다가, 차분히 섬세한 위의로 거리를 다니며 걸식하는 벽지불을 보게 되었다. 그는 환희심을 품고 곧 그 떡을 벽지불에게 보시하였다.

벽지불은 그 떡을 받고 나서 허공으로 솟아올라 열여덟 가지 신통 변화를 나타냈으니, 동쪽에서 솟아올라 서쪽으로 사라지기도 하고, 남쪽에서 솟아올라 북쪽으로 사라지기도 하고, 몸에서 물과 불을 뿜는 등 열여덟 가지 신통 변화를 일으켰다.

떡을 보시한 사람은 이 신통 변화를 보고 깊은 신심과 존경심을 품고는 곧 발원하고 떠났다. 그는 이 공덕으로 한량없는 세월에 지옥·축생·아귀 세계에 떨어지지 않고 하늘나라와 인간세계에서 존귀하고 영화로운 존재로 항상 쾌락을 누렸으며, 지금 또 나를 만나 출가하고 도를 얻게 된 것이니라."

부처님께서 아난에게 말씀하셨다.

"알아 두라. 그때 그 떡을 보시했던 사람이 바로 지금의 석가족 왕 발제 비구니라."

부처님께서 이 인연을 말씀하셨을 때, 그 말씀을 듣고 어떤 사람은 수다원과를 얻었고, 혹은 사다함과, 혹은 아나함과, 혹은 아라한과를 얻었으며, 혹은 벽지불이 되겠노라는 마음을 일으킨 자도 있었고, 혹은 위없는 깨달음을 얻겠노라는 마음을 일으킨 자도 있었다.

그때 모든 비구는 부처님의 말씀을 듣고 기뻐하면서 받들어 행하였다.

90
호국 왕자를 제도하여 출가시킨 부처님

부처님께서 구비라국拘毘羅國의 토라吐羅 나무 아래 계시면서 이렇게 생각하셨다.

'내가 이제 저 왕자 호국護國에게 찾아가 그를 제도하여 출가시키리라.'

이렇게 생각하신 다음 비구들을 거느리고 성문에 이르러 문지방을 밟으셨다. 그러자 대지가 여섯 가지로 진동하고, 하늘나라 온갖 꽃들이 비처럼 쏟아졌다. 부처님께서 또 큰 광명을 놓아 그 성을 비추시자, 소경이 눈을 뜨고 귀머거리가 소리를 듣고 벙어리가 말을 하고 절름발이가 걸을 수 있게 되었다.

그때 호국 왕자가 이 광명을 보고는 전에 없던 일이라 찬탄하며 곧 부처님께 찾아갔다. 왕자는, 32상 80종호를 갖춰 백천 개의 태양이 뜬 것처럼 휘황찬란하게 빛나고 위의가 차분하고 섬세해 너무나 사랑스럽고 즐거운 부처님 세존을 뵙고는 마음속으로 기뻐하며 부처님 앞에 엎드려 예배하였다. 그리고 한쪽에 물러나 앉자, 부처님께서 곧 그를 위해 4제의 법을 설해주셨다. 그러자 그는 마음이 열리고 뜻을 이해하게 되어 수다원과를 얻었다.

왕자는 집으로 돌아와 부처님 공덕을 찬탄하였다.

'저분이 만약 그대로 집에 계셨다면 전륜성왕轉輪聖王이 되어 4천하를 관장하고, 일곱 가지 보배가 저절로 따라와 천하를 자유자재로 노니셨을 것이다. 그런데도 저분은 그것을 버리고 떠나 출가하여 도에 들어가셨다. 하물며 내가 이제 저분을 따라서 출가하지 못할 이유가 있을까?'

이렇게 생각하고서 부왕에게 말씀드렸다.

"대왕이시여, 부디 자비로 가엾이 여기셔서 제가 출가하여 세존을 따르도록 허락해 주소서."

이때 수제왕須提王은 태자의 이 말을 듣고 막으면서 허락하지 않았다. 태자는 마음이 답답하고 괴로워 음식을 끊고 먹지 않았다. 하루, 이틀, 드디어 엿새째가 되었다. 신하들이 태자가 엿새 동안 먹지 않는 것을 보고 왕 앞에 꿇어앉아 진언하였다.

"태자가 이제 음식을 끊은 지 엿새가 지났으니 생명을 보전하지 못할까 염려되옵니다. 부디 대왕께서 만나 보시고 출가를 허락하소서."

이에 수제왕은 신하들의 말을 듣고 출가하도록 허락하였다. 태자가 곧 부처님께 찾아가 출가하기를 원하자, 부처님께서 말씀하셨다.

"잘 왔구나, 비구여."

그러자 수염과 머리카락이 저절로 떨어지고 법복이 몸에 입혀져 곧 사문의 모습이 되었다. 그는 정성을 다해 부지런히 닦고 익혀 아라한과를 얻었고, 3명·6통·8해탈을 구족하여 모든 하늘나라 신들과 사람들의 존경을 받았다.

이때 비구들이 이 사실을 알고 부처님께 나아가 여쭈었다.

"세존이시여, 저 왕태자 호국 비구는 전생에 무슨 복을 심었기에 왕가에 태어났으며, 또 무슨 인연으로 출가한 지 얼마 되지도 않아 곧 도과를 얻은 것입니까?"

부처님께서 비구들에게 말씀하셨다.

"너희들은 자세히 들어라. 내가 이제 너희들을 위해 자세히 분별하여 해설하리라.

아득히 먼 옛날, 바라나국에 수제須提라는 왕이 있었다. 그가 군사를 일으켜 이웃 나라와 교전하다가, 이웃 나라 국왕에게 패배하여 군사들을 거느리고 도주하게 되었다. 그러다 어느 넓은 벌판에 이르렀는데, 혹독한 더위에 물도 풀도 구할 수 없어 굶주림과 목마름으로 거의 죽을 지경이 되었다. 그때 어떤 벽지불을 찾아갔더니, 그가 곧 왕에게 물과 풀이 있는 곳을 알려주었다. 덕분에 왕은 기갈을 면해 군사를 이끌고 길을 나서 무사히 본국으로 돌아올 수 있었다. 이에 왕이 기쁨을 이기지 못하며 이렇게 말하였다.

'우리가 이제 기갈의 고통을 벗어난 것은 다 저 벽지불의 은덕을 입었기 때문이다. 이제 마땅히 공양을 베풀어 저 벽지불을 초청해야 하리라."

왕은 곧 명령을 내려 온갖 맛있는 음식을 준비하고, 벽지불을 초청해 궁중으로 맞이하고 공양을 올렸다. 벽지불이 공양을 받은 뒤 곧 열반에 들자, 수제왕을 비롯한 모든 신하와 후비·궁녀들은 눈물을 흘리면서 슬퍼하고 괴로워하였으며, 벽지불의 사리를 거두어 네 개의 보배 탑을 세우고 공양하였다.

그들은 이 공덕으로 한량없는 세월 동안 지옥·축생·아귀 세계에 떨어지지 않고 하늘나라와 인간세계에서 존귀하고 영화로운 존재로 태어나 하늘나라의 쾌락을 누렸으며, 이제 또 나를 만나 출가하고 도를 얻게 된 것이니라."

부처님께서 비구들에게 말씀하셨다.

"알아 두라. 그때 벽지불에게 공양했던 그 국왕이 바로 지금의 호국 비구니라. 그는 벽지불에게 공양한 공덕으로 지금 나를 만나 출가하고 도를 얻게 된 것이니라."

그때 모든 비구는 부처님의 말씀을 듣고 기뻐하면서 받들어 행하였다.

찬집백연경
제10권

여러 가지 인연 이야기
(諸緣品)

91

성질이 포악했던 수보리

세존께서 처음 성불하셨을 무렵이었다. 세존께서 문득 용왕들을 교화하고 싶어 곧 수미산須彌山 아래로 찾아가 비구의 모습을 보이고 단정히 앉아 사유하셨다.

그때 금시조왕金翅鳥王이 큰 바다에 들어가 작은 용 한 마리를 잡아서 수미산 꼭대기로 돌아와 막 잡아먹으려던 참이었다. 아직 목숨이 끊어지지 않았던 작은 용은, 단정히 앉아 생각에 잠긴 비구를 멀리서 보고 지극한 마음으로 애설하다가 곧 죽고 말았다. 그 용은 사위국의 부리負梨라는 바라문 집안에 태어났는데, 이 세상에서 보기 드물 만큼 용모가 단정하고 매우 아름다웠다. 그래서 이름을 수보리須菩提라 하였다.

차츰 성장한 그 아이는 누구도 따를 수 없을 정도로 지혜롭고 총명하였다. 하지만 성품이 포악하여 사람이건 축생이건 눈에 띄기만 하면 버럭 화를 내며 욕을 퍼부었다. 그런 짓을 멈추지 않자,

부모와 친척들이 다들 보기 싫어하였다. 결국, 아이는 집을 버리고 숲속으로 들어갔다. 하지만 새를 보건 동물을 보건 심지어 풀이나 나무가 바람에 조금만 흔들려도 역시 화를 벌컥 내면서 조금도 기뻐하지 않았다.

이때 산신山神이 수보리에게 말하였다.

"그대는 지금 무엇 때문에 집을 버리고 이 숲으로 왔는가? 선한 업을 닦지 않으면 아무런 이익이 없으니, 괜한 헛고생만 하는 것이다. 지금 세존께서 기원정사에 계시니, 그분은 큰 복덕이 있어 중생들에게 선한 업을 닦고 악한 업을 끊도록 가르치신다. 이제 그분께 찾아간다면 분명 그대의 그 진심과 포악한 성품을 제거할 수 있으리라."

수보리는 산신의 말을 듣고, 곧 환희심을 일으켜 산신에게 물었다.

"세존께서는 지금 어느 곳에 계십니까?"

산신이 대답하였다.

"그대는 눈을 감고만 있어라. 내가 그대를 세존의 처소까지 데려다주겠다."

수보리가 산신의 말에 따라 눈을 감자, 잠깐 사이에 자신도 모르게 곧 기원정사에 도착하였다. 수보리는 32상 80종호를 갖춰 백천 개의 태양이 뜬 것처럼 휘황찬란하게 빛나는 부처님 세존을 뵙고, 마음속으로 기뻐하며 부처님 앞에 엎드려 예배하였다. 그가 한쪽에 물러나 앉자, 부처님께서 곧 그를 위해 말씀하셨다.

"분노라는 악과 어리석음이라는 번뇌는 선근을 소멸하고 온갖

악을 늘어나게 한다. 또 다음 생에 그 과보를 받아 지옥에 떨어져 헤아릴 수 없는 고통을 빠짐없이 받게 된다. 또 설령 지옥에서 벗어나더라도 용이나 뱀·나찰·귀신 따위로 태어나 항상 악독한 마음을 품고 서로를 죽이고 해치게 되느니라."

이때 수보리가 부처님의 이 말씀을 듣고는 깜짝 놀라 털이 곤두섰다. 수보리는 곧 스스로 자책하고, 부처님 앞에서 자신의 잘못을 참회하였다. 그 순간 마음이 활짝 열리면서 수다원과를 얻었다. 수보리가 마음속으로 기뻐하며 도에 들어가기를 원하자, 부처님께서 곧 허락하셨다.

"잘 왔구나, 비구여."

그러자 수염과 머리카락이 저절로 떨어지고 법복이 몸에 입혀져 곧 사문의 모습이 되었다. 수보리는 정성을 다해 부지런히 닦고 익혀 아라한과를 얻었고, 3명·6통·8해탈을 구족하여 모든 하늘나라 신들과 사람들의 존경을 받았다.

이때 비구들이 이 사실을 알고 부처님께 여쭈었다.

"세존이시여, 저 수보리 비구는 전생에 무슨 업을 지었기에 사람으로 태어나긴 했지만, 잠시도 쉬지 않고 항상 분노를 품은 것입니까? 또 무슨 인연으로 이제 부처님을 만나 출가하고 도를 얻게 된 것입니까?"

이때 세존께서 비구들에게 말씀하셨다.

"너희들은 자세히 들어라. 내가 이제 너희들을 위해 자세히 분별하여 해설하리라.

이 현겁에 바라나국에서 가섭 부처님께서 출현하신 적이 있느

니라. 그 부처님 법을 따르던 한 비구가 항상 사람들에게 보시를 권유하여 1만 년 동안 비구들을 데리고 다니면서 곳곳에서 공양을 시켰다. 그 뒤 어느 날 한 비구가 사정이 있어 대중을 따라오지 못하자, 그 비구가 곧 추악한 욕설을 퍼부었다.

'너희들은 거칠고 제멋대로인 것이 꼭 독룡毒龍 같구나.'

그는 이렇게 말하고 나서 곧 떠나버렸다. 이 업연으로 그는 500생애 동안 독룡의 몸을 받아 항상 악독한 마음을 품고 중생들을 괴롭혔다. 지금 비록 사람의 몸을 받기는 했지만, 전생의 습성을 제거하지 못했기 때문에 여전히 분노를 일으켰던 것이니라."

부처님께서 비구들에게 말씀하셨다.

"알아 두라. 그때 그 욕설을 퍼부었던 비구가 바로 지금의 수보리 비구이다. 그는 당시 스님들께 공양을 올렸기 때문에 이제 또 나를 만나 출가하고 도를 얻게 된 것이니라."

그때 모든 비구는 부처님의 말씀을 듣고 기뻐하면서 받들어 행하였다.

92

모태에서 60년을 보낸 장로 비구

부처님께서 왕사성 가란타 죽림에 계실 때였다.

그때 그 성에 한량없고 헤아릴 수 없는 재물과 보물을 지닌 한 장자가 있었다. 그는 좋은 집안의 딸을 선택해 아내로 맞이하여 온갖 음악을 즐기면서 살았다. 그러다 그의 아내가 임신하여 열 달 만에 아이를 낳으려 하였는데, 아이가 나오려 하질 않았다. 그런 상태로 얼마 후 다시 임신이 되었고, 열 달 만에 아들 하나를 낳았다. 그때 먼저 임신한 아이는 오른쪽 옆구리에 그대로 남아있었다. 이렇게 차례로 아홉 명의 아들을 임신하여 각각 열 달 만에 낳았지만, 처음 임신한 그 아이는 여전히 모태에서 나오지 않았다.

그의 어머니가 너무 아파 온갖 약으로 치료해 보았지만 아무런 효과가 없었다. 그의 어머니는 가족들에게 부탁하였다.

"내 뱃속 아이가 죽지 않고 살아 있습니다. 이제 만약 내가 죽거든 반드시 제 배를 갈라 아이를 꺼내 잘 기르십시오."

그리고 어머니는 병이 낫지 않아 곧 죽고 말았다. 이때 가족들이 시체를 들것에 실어 무덤 사이로 옮기고, 유명한 의사 기바耆婆를 초청하여 배를 해부하고 살펴보았더니, 과연 조그마한 아이가 있었다. 그 아이는 이미 늙은 모습이었으니, 수염과 머리카락이 하얗게 세어 있었다. 아이가 구부정한 몸으로 걸으면서 사방을 둘러보고 친척들에게 말하였다.

"여러분, 아셔야 합니다. 저는 전생에 스님들께 추악한 욕설을 퍼부은 까닭에 어머니의 소장과 대장 사이에서 60년 동안 견디기 힘든 고뇌를 겪었습니다."

아이의 말을 들은 친척들은 슬피 울기만 할 뿐 대답할 말이 없었습니다. 그때 세존께서 이 아이의 선근이 이미 성숙했음을 멀리서 아시고, 대중과 함께 시체가 있는 곳으로 오셨다. 그리고 아이에게 물으셨다.

"네가 그 장로長老 비구인가?"

아이가 대답하였다.

"네, 그렇습니다."

이렇게 두 번 세 번 거듭 물으셨고, 아이 역시 똑같이 대답하였다. 그때 대중이 조그마한 아이와 부처님께서 문답하는 것을 보고 다들 이상하게 여겨 부처님 앞에 나아가 여쭈었다.

"저 늙은 아이는 전생에 무슨 업을 지었기에 모태 속에서 머리카락이 하얗게 세어 구부정한 허리로 걸어 다니게 되었으며, 이제 또 무슨 인연으로 부처님을 만나 서로 문답하게 되었습니까?"

세존께서 비구들에게 말씀하셨다.

"너희들은 자세히 들어라. 내가 이제 너희들을 위해 자세히 분별하여 해설하리라.

이 현겁에 바라나국에서 가섭 부처님께서 출현하신 적이 있느니라. 그 부처님께서 비구들과 함께 여름 안거에 들어가셨을 때였다. 대중 스님들은 화합하여 가장 나이가 많은 한 비구를 유나維那로 뽑고 함께 규약을 정하였다.

'이 여름 안거 동안에 도를 얻는 자는 자자自恣 모임에 참석하는 것을 허락하지만, 도를 얻지 못한 자는 자자에 참여를 허락하지 않는다.'

그런데 그 유나 혼자만 도를 얻지 못했다. 그래서 대중은 규약에 따라 포살布薩과 자자自恣에 참여를 허락하지 않았다. 그러자 유나가 마음속으로 괴로워하며 이렇게 말하였다.

'너희들이 편안하게 도를 닦으라고 여태 나 혼자서 대중 스님들의 일을 도맡아 처리하였다. 그런데 이제 도리어 나에게 자자와 포살·갈마羯磨까지 허락하지 않는구나.'

유나는 곧 분노하며 대중 스님들에게 욕설을 퍼부었다. 대중이 그를 붙잡아 방에 가두고 문을 잠가 버리자, 그가 소리쳤다.

'지금 나를 캄캄한 방구석에 처박았듯이, 너희를 캄캄한 어둠 속에서 영원히 빛을 보지 못하게 하리라.'

이렇게 말하고 자신의 목숨을 스스로 끊었다. 그는 곧 지옥에 떨어져 큰 고뇌를 받았고, 지금 비로소 지옥을 벗어나게 되었지만 역시 모태 속에서 이런 고뇌를 겪게 된 것이니라."

이때 그 자리에 모인 대중은 부처님의 말씀을 듣고 각자 몸·

입·뜻의 업을 스스로 잘 보호하면서 생사를 싫어하게 되었으며, 그 가운데 어떤 사람은 수다원과를 얻었고, 혹은 사다함과, 혹은 아나함과, 혹은 아라한과를 얻었으며, 혹은 벽지불을 얻겠노라는 마음을 일으킨 자도 있었고, 혹은 위없는 깨달음을 얻겠노라는 마음을 일으킨 자도 있었다.

한편 친척들은 그 늙은 아이를 데리고 집으로 돌아가 잘 길렀고, 아이가 차츰 성장하자 놓아주어 출가시켰다. 그는 정성을 다해 부지런히 도를 닦아 아라한과를 얻었다.

그때 비구들이 이 사실을 알고 부처님께 여쭈었다.

"세존이시여, 늙은 모습으로 태어났던 이 비구는 전생에 무슨 복을 심었기에 출가한 지 얼마 되지도 않아 아라한과를 얻은 것입니까?"

부처님께서 비구들에게 말씀하셨다.

"과거세에 대중 스님들께 공양하고, 또 유나가 되어 승방의 일을 경영하였기 때문에 이제 또 나를 만나 출가하고 도를 얻게 된 것이니라."

그때 모든 비구는 부처님의 말씀을 듣고 기뻐하면서 받들어 행하였다.

조막손으로 태어난 비구

부처님께서 사위국 기수급고독원에 계실 때였다.

그때 그 성에 한량없고 헤아릴 수 없는 재물과 보물을 지닌 한 장자가 있었다. 그는 좋은 집안의 딸을 선택해 아내로 맞이하여 온갖 음악을 즐기면서 살았다. 그러다 그의 아내가 임신하여 열 달 만에 아들을 하나 낳았는데, 아이는 손이 뭉툭하고 없었다. 그 아이가 태어나자마자 곧 말을 하였다.

"이 손이란 매우 얻기 어려운 것이니 소중히 여기고 아끼십시오."

부모가 이상하게 여기고 점술사를 불러 아이의 상을 보게 하자, 점술사가 살펴보고 나서 부모에게 물었다.

"이 아이가 태어날 때 무슨 상서로운 일이 있었습니까?"

부모가 대답하였다.

"이 아이가 태어나자마자 '이 손이란 매우 얻기 어려운 것입니다.'라고 소리쳤습니다."

그래서 아이의 이름을 올수兀手라고 하였다.

차츰 성장한 그 아이는 성품이 유순하고 총명하며 지혜로웠다. 어느 날 아이는 친구들과 함께 여기저기 다니며 구경하다가 기원정사에 이르게 되었다. 아이는 32상 80종호를 갖춰 백천 개의 태양이 뜬 것처럼 휘황찬란하게 빛나는 부처님 세존을 뵙고, 마음속으로 기뻐하며 부처님 앞에 엎드려 예배하였다.

그가 한쪽에 물러나 앉자, 부처님께서 곧 그를 위해 갖가지 법을 설해주셨다. 아이는 곧 마음이 열리고 뜻을 이해하게 되어 수다원과를 얻었다.

아이는 집으로 돌아와 부모님에게 이별을 고하고 출가하여 도에 들어갈 뜻을 밝혔다. 부모님은 아이를 사랑하고 아꼈기에 거절할 수 없었다. 부모님이 아이를 데리고 부처님께 찾아가 출가시키기를 원하자, 부처님께서 말씀하셨다.

"잘 왔구나, 비구여."

그러자 수염과 머리카락이 저절로 떨어지고 법복이 몸에 입혀져 곧 사문의 모습이 되었다. 그는 정성을 다해 부지런히 닦고 익혀 아라한과를 얻었고, 3명·6통·8해탈을 구족하여 모든 하늘나라 신들과 사람들의 존경을 받았다.

이때 비구들이 이 사실을 알고 부처님께 여쭈었다.

"저 올수 비구는 전생에 무슨 업을 지었기에 태어나자마자 말을 할 수 있었으나 뭉툭하게 손이 없었으며, 또 무슨 인연으로 이제 세존을 만나 도의 자취를 얻게 된 것입니까?"

이때 세존께서 비구들에게 말씀하셨다.

"너희들은 자세히 들어라. 내가 이제 너희들을 위해 자세히 분별하여 해설하리라.

이 현겁賢劫에 바라나국에서 가섭 부처님께서 출현하신 적이 있느니라. 그때 두 비구가 있었으니, 한 사람은 나한羅漢이고, 또 한 사람은 범부로서 설법하는 법사였다. 그때 백성들이 서로 앞 다투어 나한을 초청하였는데, 나한은 항상 법사를 데리고 가서 시주들의 초청을 받았다. 그러던 어느 날, 법사가 자리에 없어 나한은 다른 비구를 데리고 초청에 응하여 시주 집으로 갔다. 그러자 법사 비구가 분노하며 욕설을 퍼부었다.

'내가 항상 당신을 위해 발우를 씻고 물을 길어왔는데, 이제 도리어 다른 사람을 데리고 공양하러 갔단 말인가? 지금 이후로 내가 다시 너의 심부름을 한다면 내 손을 없애 버리리라.'

이렇게 말하고 각자 헤어져 함께 다니지 않았다. 이 업연으로 법사 비구는 500생애 동안 그 과보를 받았다. 그래서 '이 손은 매우 얻기 어렵다.'라고 소리친 것이다."

부처님께서 비구들에게 말씀하셨다.

"알아 두라. 그때 나한 비구를 저주하며 맹세했던 그 법사 비구가 바로 지금의 올수 비구이다. 그러나 그때 성인聖人인 나한 비구에게 공양한 공덕으로 이제 또 나를 만나 출가하고 도를 얻게 된 것이니라."

부처님께서 이 올수 비구의 인연을 말씀하셨을 때, 비구들은 각자 몸·입·뜻의 업을 스스로 잘 보호하며 생사를 싫어하게 되었으며, 그 가운데 어떤 이는 수다원과를 얻었고, 혹은 사다함과, 혹은 아나함과, 혹은 아라한과를 얻었으며, 혹은 벽지불을 얻겠노라는 마음을 일으킨 자도 있었고, 혹은 위없는 깨달음을 얻겠노라는 마음을 일으킨 자도 있었다.

그때 모든 비구는 부처님의 말씀을 듣고 기뻐하면서 받들어 행하였다.

94
늘 굶주림에 허덕인 리군지 비구

부처님께서 사위국 기수급고독원에 계실 때였다.

그때 그 성의 한 바라문의 아내가 임신하여 열 달 만에 아들 하나를 낳았다. 그 아이는 용모가 추악하고 몸에서 악취가 풍기고 더러웠으며, 어머니의 젖을 빨면 그 젖꼭지를 헐게 하고 다른 이의 젖을 빨아도 모두 헐게 하였다. 부모는 달리 방법이 없자 소와 꿀을 손가락에 찍어 핥아먹게 하여 겨우 아이의 목숨을 살렸다. 그래서 아이의 이름을 리군지梨軍支라 하였다.

차츰 성장한 아이는 갈수록 더욱 박복하여 아무리 음식을 구해도 배불리 먹은 적이 없었다. 그러다 사문들이 위의를 갖추고 질서 있는 모습으로 발우를 들고 성에 들어가 걸식하고는 발우 가득 음식을 담아 돌아오는 것을 보게 되었다. 이를 본 리군지는 기뻐하며 이렇게 생각하였다.

'내가 이제 부처님 세존께 찾아가 사문이 된다면 혹시 배부르게

먹을 수도 있겠지?'

이렇게 생각하고 나서, 곧 기원정사로 찾아가 부처님께 출가하기를 원하였다. 그러자 부처님께서 말씀하셨다.

"잘 왔구나, 비구여."

리군지는 수염과 머리카락이 저절로 떨어지고 법복이 몸에 입혀져 곧 사문의 모습이 되었다. 그는 정성을 다해 부지런히 닦고 익혀 아라한과를 얻었다. 하지만 걸식하러 다녀도 음식을 얻지 못하기는 마찬가지였다. 그는 곧 스스로 후회하고 자책하였다. 그러다 어느 날 탑에 들어가 약간의 오물을 보고 깨끗이 청소하였는데, 그다음부터는 걸식할 때마다 음식을 풍족하게 얻게 되었다. 리군지 비구는 마음속으로 기뻐하며 대중 스님들에게 요청하였다.

"이제부터 대중 스님들은 탑사의 청소를 저에게 맡겨 주십시오. 왜냐하면, 청소를 한 까닭에 음식을 배부르게 얻어먹을 수 있었기 때문입니다."

대중 스님들은 곧 허락하고, 항상 그에게 청소를 맡겼다. 그러던 어느 날, 그만 깜빡하고 잠에 빠져 미처 탑을 제시간에 청소하지 못했다. 그때 사리불이 500명의 제자를 거느리고 다른 나라에서 와 세존께 안부를 여쭙고 나서, 불탑에 약간의 먼지가 묻은 것을 발견하고는 곧 청소하였다. 그때야 리군지 비구는 잠에서 깨어났다. 리군지 비구는 사리불이 이미 탑을 청소한 것을 보고 원망스러운 마음으로 사리불에게 말하였다.

"내가 할 청소를 당신이 하는 바람에 오늘 하루 굶게 생겼소."

사리불이 이 말을 듣고, 곧 그에게 말하였다.

"제가 이제 당신과 함께 성에 들어가 시주의 초청을 받겠습니다. 그러면 배부르게 먹을 수 있으니, 당신은 너무 걱정하지 마십시오."

리군지는 이 말을 듣고 마음이 편안해졌다. 초청을 받은 시간이 되자, 리군지는 사리불과 함께 초청을 받으러 성으로 들어갔다. 그런데 공교롭게도 시주 부부가 다투는 바람에 결국 음식을 얻지 못하고 굶은 채로 돌아왔다. 사리불이 이튿날 다시 말하였다.

"제가 오늘 아침 장자의 초청을 받았습니다. 당신도 데려가 든든히 잡수게 하겠습니다."

시간이 되자, 사리불은 리군지 비구를 데리고 장자의 집으로 찾아갔다. 그때 위아래의 모든 스님이 음식을 얻었는데, 딱 한 사람 리군지만 음식을 얻지 못했다. 리군지가 큰소리로 "저는 아직 음식을 받지 못했습니다."라고 외쳤지만, 주인은 도무지 들은 체도 하지 않았다. 리군지는 결국 쫄쫄 굶은 채로 돌아왔다.

아난은 이런 일이 있었다는 소식을 듣고 그가 너무나 가여웠다.

사흘째 되는 날, 아난이 리군지에게 말하였다.

"제가 오늘 아침 부처님을 따라 초청을 받게 되었습니다. 당신을 위해 음식을 가져와서 반드시 든든하게 잡수도록 하겠습니다."

하지만 여래의 8만 4천 법문을 기억해 한 마디도 잊어본 적 없는 그 아난도 이날은 리군지 비구를 위해 음식을 가져가야 한다는 것을 깜빡 잊고 빈 발우로 돌아왔다.

나흘째 되는 날, 아난은 다시 리군지 비구를 위해 음식을 얻었다. 하지만 처소로 돌아오던 길에 사나운 개를 만나 음식이 더럽혀지는 바람에 어쩔 수 없이 음식을 땅에 버리고 또 빈 발우로 돌아왔다. 그래서 그는 그날도 음식을 먹지 못했다.

닷새째 되는 날, 이번에는 목건련이 또 그를 위해 음식을 얻었다. 하지만 처소로 돌아오던 길에 금시조왕金翅鳥王이 보고 발우까지 몽땅 채어 큰 바다로 가져가는 바람에 그는 또 음식을 먹을 수 없었다.

엿새째 되는 날, 사리불이 다시 그를 위해 음식을 가져와 그의 방문 앞까지 왔는데 문이 저절로 닫혀버렸다. 사리불이 다시 신통력을 부려 방으로 들어가 리군지 앞에서 솟아올랐다. 그러다 그만 발우를 놓쳤는데, 그 발우가 저 땅 밑 단단한 금강金剛까지 떨어졌다. 사리불이 다시 신통력으로 팔을 뻗어서 발우를 잡긴 했지만, 이번에는 리군지 비구의 입이 딱 붙어버려 결국 음식을 먹을 수 없었다. 그 입은 식사 시간이 다 지난 뒤에야 비로소 열렸다.

이레째 되는 날에도 음식을 먹지 못하자, 리군지 비구는 극도의 부끄러움을 느낀 나머지 사부대중 앞에서 모래를 입에 넣고 물을 마신 다음 곧 열반에 들었다.

비구들이 이 사실을 알고 그 까닭이 이상해 부처님께 여쭈었다.

"저 리군지 비구는 전생에 무슨 업을 지었기에 태어나면서부터 굶주리기 시작해 단 한 번도 풍족하게 먹질 못한 것입니까? 또 무슨 인연으로 출가하여 도를 얻게 된 것입니까?"

세존께서 비구들에게 말씀하셨다.

"너희들은 자세히 들어라. 내가 이제 너희들을 위해 자세히 분별하여 해설하리라.

아득히 먼 옛날, 바라나국에서 제당帝幢 부처님께서 출현하신 적이 있느니라. 그 부처님께서 비구들을 거느리고 여러 곳을 다니며 교화하실 때였다. 구미瞿彌라는 장자가 부처님과 스님들을 보고는 깊은 신심과 존경심을 일으켜 날마다 초청하여 공양하기를 게을리 하지 않았다.

그러다 얼마 뒤 그가 죽자, 그의 아내가 남편의 뒤를 이어 예전처럼 보시하였다. 하지만 그의 아들은 매우 인색하여 어머니를 가로막으며 보시를 허락하지 않았다. 게다가 어머니에게까지 일정량의 음식만 주었다. 어머니는 그 음식을 덜어 부처님과 스님들께 보시하였다. 이 사실을 안 아들은 화가 나서 곧 어머니를 빈방에 가두고 열쇠로 문을 잠가버리고는 떠나버렸다.

이레째 되던 날, 어머니가 너무 배가 고파 아들에게 음식을 달라고 하자, 아들이 어머니에게 이렇게 말하였다.

'모래를 씹어 먹고 물만 마셔도 충분히 사실 분이 지금 왜 저에게 음식을 달라고 하십니까?'

이렇게 말하고는 그대로 떠나버렸다. 어머니는 결국 음식을 먹지 못해 세상을 뜨고 말았다. 그 아들은 그 후 목숨이 끝나는 즉시 아비지옥阿鼻地獄에 떨어졌다. 그곳에서 온갖 고통을 다 겪고 나서 이제 다시 인간으로 태어나긴 했지만, 그래서 이렇게 굶주림에 시달린 것이다."

부처님께서 비구들에게 말씀하셨다.

"알아 두라. 그때 어머니에게 음식을 주지 않았던 자가 바로 지금의 리군지 비구이다. 하지만 그 전생에 부처님께 공양한 공덕으로 지금 또 나를 만나 출가하고 도를 얻게 된 것이니라."

그때 모든 비구는 부처님의 말씀을 듣고 기뻐하면서 받들어 행하였다.

95

생사는 너무나 괴롭다고 외친 생사 비구

부처님께서 사위국 기수급고독원에 계실 때였다.

그때 그 성에 한량없고 헤아릴 수 없는 재물과 보물을 지닌 한 장자가 있었다. 그는 선량하고 현명한 여인을 아내로 선택해 음악을 즐기면서 살았다. 그러다 그의 아내가 임신하여 열 달 만에 아들 하나를 낳았다. 그 아이는 전생을 스스로 기억해 태어나자마자 소리쳤다.

"돌고 도는 삶과 죽음은 너무나 괴롭구나."

그래서 그의 이름을 생사고生死苦라 하였다.

차츰 성장한 아이는 사람만 보면 "삶과 죽음은 너무나 괴로운 것이다."라고 외쳤다. 하지만 부모님과 스승, 스님과 나이 많고 덕 있는 분들에게는 자비로운 마음으로 받들고 순종하면서 항상 웃으며 말하고 절대로 거친 말을 하지 않았다.

그러던 어느 날, 친구들과 성을 나가 이곳저곳 구경하다가 어느덧 기원정사까지 오게 되었다. 아이는 32상 80종호를 갖춰 백천 개의 태양이 뜬 것처럼 휘황찬란하게 빛나는 부처님 세존을 뵙고, 마음속으로 기뻐하며 부처님 앞에 엎드려 예배하였다. 그가 한쪽에 물러나 앉자, 부처님께서 곧 그를 위해 4제의 법을 설해주셨다. 아이는 곧 마음이 열리고 뜻을 이해하게 되어 수다원과를 얻었다.

아이는 집으로 돌아와 부모님에게 이별을 고하고 출가하여 도에 들어갈 뜻을 밝혔다. 부모님은 아이를 사랑하고 아꼈기에 거절할 수 없었다. 부모님이 아이를 데리고 부처님께 찾아가 출가시키기를 원하자, 부처님께서 말씀하셨다.

"잘 왔구나, 비구여."

그러자 수염과 머리카락이 저절로 떨어지고 법복이 몸에 입혀져 곧 사문의 모습이 되었다. 그는 정성을 다해 부지런히 닦고 익혀 아라한과를 얻었고, 3명·6통·8해탈을 구족하여 모든 하늘나라 신들과 사람들의 존경을 받았다.

비구들이 이 사실을 알고 부처님께 여쭈었다.

"세존이시여, 지금 저 생사生死 비구는 전생에 무슨 복을 심었기에 태어나자마자 스스로 전생을 기억해 말을 하고, 또 무슨 인연으로 여래를 만나 출가하고 도를 얻게 된 것입니까?"

세존께서 비구들에게 말씀하셨다.

"너희들은 잘 들어라. 내가 이제 너희들을 위해 자세히 분별하여 해설하리라.

이 현겁에 사람의 수명이 2만 세이던 시절, 바라나국에서 가섭 부처님께서 출현하신 적이 있느니라. 그때 그 부처님 법에 출가하여 화상和尙을 받들어 섬기던 사미沙彌가 하나 있었다.

마침 그 성에서 큰 명절 모임을 열었다. 이때 사미가 화상에게 말씀드렸다.

'오늘은 명절 모임이 있는 날입니다. 조금 일찍 걸식하면 분명 음식을 얻을 것입니다'

화상이 대답하였다.

'아직 시간이 이르니, 좀 더 좌선을 하여라.'

사미가 화상에게 두 번 세 번 거듭 말씀드렸지만, 스승은 그래도 허락하지 않았다. 그러자 사미가 화를 내면서 추악한 욕설을 퍼부었다.

'차라리 방구석에서 콱 죽어버려라.'

이렇게 말하고, 곧 성에 들어가 걸식하였다. 하지만 사미는 그러고 나서 처소로 돌아와 스승에게 참회하였다. 사미는 이 업을 인연으로 500생애 동안 지옥에 떨어져 온갖 고통을 겪다가 이제 겨우 벗어났다. 그래서 '생사는 너무나 괴로운 것이다.'라고 외친 것이다."

부처님께서 비구들에게 말씀하셨다.

"알아 두라. 그때 스승에게 욕설을 퍼부었던 사미가 바로 지금의 생사 비구이니라."

그때 모든 비구는 부처님의 말씀을 듣고 기뻐하면서 받들어 행하였다.

96

악창으로 고생했던 신호 비구

부처님께서 사위국 기수급고독원에 계실 때였다.

그때 그 성에 한량없고 헤아릴 수 없는 재물과 보물을 지닌 한 장자가 있었다. 그는 좋은 집안의 딸을 선택해 아내로 맞이하여 온갖 음악을 즐기면서 살았다. 그러다 그의 아내가 임신하여 열 달 만에 아들 하나를 낳았다. 그 아이는 온몸에 악창이 있어 그 고통이 심하여 잠시도 쉬지 않고 고래고래 소리 질렀다. 아이는 악창이 다 문드러져 피고름이 줄줄 흐르고 항상 통증으로 아파했다. 그래서 아이의 이름을 신호呻號라 하였다.

부모가 가엾이 여겨 온갖 약을 써서 치료해 보았지만 악창은 낫지 않았다. 아이는 차츰 성장하였고, 어느 날 사람들이 하는 이런 말을 듣게 되었다.

"기원정사에 모든 병을 잘 치료해 없애 주는 훌륭한 의사가 계신다."

곧 기원정사로 찾아간 아이는 32상 80종호를 갖춰 백천 개의 태양이 뜬 것처럼 휘황찬란하게 빛나는 부처님 세존을 뵙고 마음속으로 기뻐하며 부처님 앞에 엎드려 예배하였다. 그가 한쪽에 물러나 앉자, 부처님께서 곧 그를 위해 말씀하셨다.

"왕성한 5음陰은 고통이니 이것이 종기요, 이것이 악창이다. 마치 독화살이 심장에 박혀 사람을 죽이듯, 이것이 모든 병의 근본이다."

이때 신호는 부처님의 말씀을 듣고 깊이 자책하고 부처님 세존께 죄를 참회하였다. 그러자 악창이 곧 사라졌다. 신호가 마음속으로 기뻐하며 출가하기를 원하자, 부처님께서 말씀하셨다.

"잘 왔구나, 비구여."

그러자 수염과 머리카락이 저절로 떨어지고 법복이 몸에 입혀져 곧 사문의 모습이 되었다. 그는 정성을 다해 부지런히 도를 닦아 아라한과를 얻었다.

비구들이 이 사실을 알고 부처님께 여쭈었다.

"세존이시여, 저 신호 비구는 전생에 무슨 업을 지었기에 태어날 때부터 온몸의 악창으로 피고름이 줄줄 흘러 보기 싫을 정도였으며, 또 무슨 인연으로 출가하여 도를 얻게 된 것입니까?"

부처님께서 비구들에게 말씀하셨다.

"너희들은 자세히 들어라. 내가 이제 너희들을 위해 자세히 분별하여 해설하리라.

아득히 먼 옛날, 바라나국에 많은 재물과 보물을 지닌 두 장자가 있었는데 그들이 서로 다투게 되었다. 그러자 한 장자가 국왕에게 값진 보물을 갖다 바치고 다른 장자를 모함했다.

'저 사람이 악심을 품고 항상 간사한 꾀를 부려 저를 해치려 합니다. 대왕이시여, 부디 제가 저 장자의 죄를 다스리도록 일임해 주소서.'

왕이 곧 허락하자, 그는 곧 장자의 집으로 가서 장자를 묶어 놓고 매를 때렸다. 그로 인해 장자가 한량없는 고통을 겪었으니, 온몸이 상처투성이에 피고름이 줄줄 흘러 고통이 이루 말할 수 없었다.

그 장자는 죽을 고비를 겨우 넘기고 깊이 스스로 생각해보았다.

〈이 몸이 있는 한 고통은 피할 수 없다. 이 몸은 온갖 악이 모이고 온갖 재앙이 일어나는 곳이니, 싫어할 만한 골칫거리이다. 내가 저 사람에게 큰 원수가 될 만한 짓을 한 것도 아닌데 까닭 없이 상해를 입고 이렇게까지 되었을까?〉

이렇게 생각한 장자는 곧 숲으로 들어갔다. 그리고 만들어진 것은 모두 덧없다(無常)는 것을 관찰하고 '공空'의 이치를 깊이 깨달아 벽지불이 되었다. 원수건 친구이건 다 평등한 마음으로 보게 된 그는 이렇게 생각했다.

〈저 장자는 나에게 악행을 가한 인연으로 미래세에 지옥에 떨어져 큰 고통을 받게 되리라. 내가 이제 그에게 찾아가 신통 변화를 보여 주고 그를 깨우쳐 주리라.〉

이렇게 생각하고는 곧 장자를 찾아가 그의 앞에서 몸을 허공으로 솟구쳐 열여덟 가지 신통 변화를 보여 주었다.

이때 악행을 저질렀던 장자는 이 신통 변화를 보고 간절히 우러르는 마음으로 신심과 존경심을 배나 일으켰다. 악행을 저지른 장자는 곧 벽지불을 자리에 앉으시도록 청하고 갖가지 맛있는 음식을 풍성하게 마련하여 벽지불에게, 앞서 자신이 지은 죄를 참회하였느니라."

부처님께서 비구들에게 말씀하셨다.

"알아 두라. 그때 국왕에게 참소하여 다른 장자를 고문하고 때렸던 자가 바로 지금의 신호 비구이니라."

그때 모든 비구는 부처님의 말씀을 듣고 기뻐하면서 받들어 행하였다.

97 너무 못생겼던 추루 비구

부처님께서 사위국 기수급고독원에 계실 때였다.

그때 그 성에 어떤 장자가 좋은 집안의 딸을 선택해 아내로 맞이하여 온갖 음악을 즐기면서 살았다. 그러다 그의 아내가 임신하여 열 달 만에 아들 하나를 낳았다. 그 아이는 생김새가 악귀惡鬼처럼 극도로 추악해 보는 사람마다 피하고 떠났다.

아이가 차츰 성장하자, 부모도 그를 골칫거리로 여겨 멀리 쫓아버렸다. 짐승들마저도 그의 추악한 모습을 보면 다들 놀라고 겁낼 정도였으니, 하물며 사람은 어떠했겠는가?

그러던 어느 날, 아이는 숲으로 가 꽃과 열매를 따 먹으면서 살아갔다. 새도 짐승도 그를 보기만 하면 두려워하여 그 숲에 발길을 끊고 감히 머물려는 자가 없었다.

그 무렵 세존께서는 낮이건 밤이건 중생들을 관찰하시다가 제도할 만한 자가 있으면 찾아가 제도해 주셨다. 세존께서는 그 추악한 아이의 선근이 이미 성숙했다는 것을 아시고, 그를 제도하기 위해 비구들에게 분부하셨다.

"우리 이제 함께 저 숲으로 가서 밉게 생겼다고 하는 아이를 교화하자."

세존께서 비구들을 거느리고 숲에 도착하시자, 못생기고 누추한 아이가 부처님 세존을 보고는 곧 도망치려 하였다. 그러자 부처님께서 신통력으로 도망치지 못하게 하고, 비구들에게 각각 나무 아래에서 결가부좌를 하고 정신을 집중하게 하였다.

그리고 세존께서는 곧 그 아이처럼 못생기고 누추한 사람으로 변해 음식이 가득 담긴 발우를 들고 못생기고 누추한 아이에게 천천히 다가갔다.

못생기고 누추한 아이는 자기와 비슷한 모습을 보고는 마음속으로 기뻐하면서 '이 사람이야말로 나의 참된 벗이로구나.' 하고는, 곧 다가와 말을 주고받으며 발우의 음식을 같이 먹었다. 그 음식은 향도 맛도 감미로웠다. 음식을 다 먹고 나자 화인化人의 추악한 얼굴이 홀연히 다시 단정한 모습으로 변했다. 저 못생기고 누추하게 생긴 아이가 물었다.

"당신은 지금 어떻게 해서 갑자기 얼굴이 단정하게 변한 것입니까?"

화인이 대답하였다.

"나는 이 음식을 먹으면서 아울러 선한 마음으로 저 나무 아래 좌선하는 비구들을 바라보았습니다. 그랬더니 제 얼굴이 이렇게 단정해졌습니다."

추악한 아이는 이 말을 듣고, 자신도 그를 본받아 곧 선한 마음으로 좌선하는 비구들을 바라보았다. 그러자 곧 자신도 단정한 얼굴로 변했다. 아이는 마음속으로 기뻐하며 곧 화인에게 깊은 신심과 이해를 일으켰다. 이때 그 화인이 본래 부처님 모습으로 돌아왔다.

얼굴이 추악했던 그 아이는 32상 80종호를 갖춰 백천 개의 태양이 뜬 것처럼 휘황찬란하게 빛나는 부처님 세존을 뵙고, 부처님 앞에 엎드려 예배하였다. 그가 한쪽에 물러나 앉자, 부처님께서 곧 그를 위해 갖가지 법을 설해주셨다. 그는 마음이 열리고 뜻을 이해하게 되어 수다원과를 얻었다. 그가 곧 부처님께 출가의 뜻을 밝히자, 부처님께서 말씀하셨다.

"잘 왔구나, 비구여."

그러자 수염과 머리카락이 저절로 떨어지고 법복이 몸에 입혀져 곧 사문의 모습이 되었다. 그는 정성을 다해 부지런히 도를 닦아 아라한과를 얻었다.

이때 비구들이 이 사실을 알고 부처님께 여쭈었다.

"세존이시여, 저 추루 비구는 전생에 무슨 업을 지었기에 사람의 몸을 받고도 어찌 그렇게 추하고 비루했으며, 또 무슨 인연으로 부처님을 만나 출가하고 도를 얻게 된 것입니까?"

부처님께서 비구들에게 말씀하셨다.

"너희들은 자세히 들어라. 내가 이제 너희들을 위해 자세히 분별하여 해설하리라.

아득히 먼 옛날, 바라나국에서 비사弗沙 부처님께서 출현하신 적이 있느니라. 그 부처님께서 어떤 나무 아래 결가부좌하고 계실 때였다. 당시 보살이었던 나와 미륵彌勒은 그 부처님께 찾아가 갖가지 공양을 올리고, 한쪽 발을 들고서 이레 동안 게송을 읊으며 부처님을 찬탄하였다.

하늘나라에도 이 세상에도 부처님만 한 분 없고
시방세계 어디에도 부처님만 한 분 없네.
이 세상에 존재한 모든 것 샅샅이 살펴봐도
그 누구도 부처님만 한 분 없네.

그때 보살이 이 게송을 읊고 나자, 그 산에 살던 한 귀신이 추악한 모습으로 찾아와 나를 무섭게 하였다. 나는 신통력으로 그 귀신이 다니는 길에 아찔한 절벽을 만들어 지나가지 못하게 하였다. 그때 산신은 곧 생각하였다.

'내가 나쁜 마음으로 저 사람을 겁주었기 때문에 저 사람이 이제 내가 다니는 길에 험난한 절벽을 만들어 지나가지 못하게 하는구나. 이제 저 사람에게 찾아가 앞서 저지른 죄를 참회해야겠다.'

이렇게 생각하고 곧 나에게 찾아와 참회한 다음 발원하고 떠났느니라."

부처님께서 비구들에게 말씀하셨다.

"알아 두라. 그때 나를 겁주었던 산신이 바로 지금 아라한과를 얻은 이 추루 비구이다. 그는 나를 겁주었기 때문에 500생애 동안 추악한 얼굴로 태어나서 보는 사람마다 놀라 달아나게 하였느니

라. 그러나 그 당시 자신이 저지른 죄를 참회했기 때문에 또 나를 만나 출가하고 도를 얻게 된 것이니라."

그때 모든 비구는 부처님의 말씀을 듣고 기뻐하면서 받들어 행하였다.

98

아무리 죽으려 해도 죽지 않았던 궁가달

부처님께서 바라나국의 녹야원에 계실 때였다.

그때 그 나라의 어떤 재상이 재산이 많은 큰 부자였는데 아들이 없었다. 당시 갠지스강 가에 온 국민이 모두 받들며 공경하던 마니발타摩尼跋陀 천신의 사당이 있었다. 이때 그 재상이 그 사당으로 찾아가 신에게 맹세하였다.

"제가 자식이 없습니다. 천신께서는 큰 공덕이 있어 중생을 구호하고 소원을 들어주신다고 들었습니다. 제가 이제 정성을 다해 귀의하오니, 천신께서 저의 소원대로 아들 하나를 낳게 해 주십시오. 그러신다면 제가 금과 은으로 당신의 몸을 아름답게 장식하고 이름난 향을 사당에 바르겠습니다. 하지만 영험이 없다면 이 사당을 헐어버리고 당신의 몸에 똥칠을 하겠습니다."

천신이 이 말을 듣고 생각하였다.

'저 사람은 부호이고 또 세력이 강한 사람이니, 평범한 아들을 원하는 게 아닐 것이다. 나는 힘이 약해 저 사람의 소원을 들어줄 수 없다. 소원을 성취하지 못하면 분명히 이 사당을 부수고 나를 모욕하겠지.'

재상이 또 사당으로 찾아와 마니발타 천신에게 소원을 빌자, 마니발타는 자신의 힘으로 해결할 수 없어 곧 비사문왕毘沙門王을 찾아가 사정을 고하였다. 그러자 비사문왕이 대답했다.

"내 힘으로도 그에게 그런 자식을 줄 수 없다. 제석천을 찾아뵙고 부탁해 보겠다."

비사문왕은 즉시 하늘로 올라가 제석천에게 사정을 고하였다.

"제 신하 중 하나인 마니발타가 근래 저에게 찾아와 이렇게 말하였습니다.

'바라나국의 어떤 재상이 아들을 얻게 해 달라며 단단히 맹세하기를, 소원을 성취하면 배로 공양하고 소원을 이루지 못하면 제 사당을 파괴하고 온갖 모욕을 주겠다고 하였습니다. 그 사람은 부호이고 흉악하기에 반드시 그렇게 할 것입니다.'

천왕이시여, 부디 그 재상이 아들을 얻게 해 주소서."

제석천이 대답했다.

"그것은 매우 어려운 일이다. 마땅히 어떤 인연이 있는지 살펴보아야 하리라."

그때 마침 한 천자天子가 하늘나라 신들의 다섯 가지 덕이 몸에서 사라지면서 곧 목숨이 끝나려 하였다. 제석이 그에게 말하였다.

"당신은 이제 목숨이 끝나가고 있소. 저 재상의 집에 태어나는 것이 어떻겠소?"

천자가 대답하였다.

"저는 출가하여 바른 행을 받들어 닦을 생각입니다. 만약 존귀하고도 영화로운 집에 태어나면 욕심을 여의기 어렵습니다. 평범한 집에 태어나 저의 소원을 이루길 바랍니다."

제석천이 다시 말하였다.

"일단 그 집에 태어나시오. 만약 도를 배우려고 한다면 그때 내가 당신을 돕겠소."

천자는 목숨이 끝나는 대로 세간에 내려와 재상의 집에 용모가 단정한 아이로 태어났다. 부모가 곧 점술사를 불러 아이의 이름을 짓게 하자, 점술사가 물었다.

"어디서 정성을 들이고 이 아이를 얻었습니까?"

재상은 대답하였다.

"예전에 갠지스강의 천신에게 소원을 빌었습니다."

그래서 아이의 이름을 긍가달恒伽達이라 하였다.

차츰 성장한 아이는 어느 날 문득 부모님에게 출가할 뜻을 밝혔다.

부모님은 타일렀다.

"우리는 부유하고 귀한 집안이며 하는 사업 또한 광범위하다. 너는 외아들로서 마땅히 가문을 이어야 하지 않겠느냐? 내가 살아 있는 동안엔 결코 네가 출가하여 도에 들어가는 것을 허락하지 않으리라."

아이는 자기 뜻대로 되지 않는 것을 슬퍼한 끝에 곧 스스로 생각하였다.

'이 몸을 버리고 다시 평범한 집안에 태어나고 싶구나. 그런 집에 태어나면 분명 쉽게 출가할 수 있으리라.'

그래서 아이는 아무도 몰래 집을 나와 산꼭대기에서 스스로 몸을 던졌다. 하지만 땅에 떨어지고 다친 곳이 어디도 없었다.

다시 강가로 가 강물에 몸을 던졌지만, 곧 물이 그를 밖으로 밀어내 역시나 아무런 고통이 없었다. 아이는 다시 독약을 구해 삼켰다. 하지만 그 독약도 효험이 없어 죽음에 이르지 않았다.

아이는 다시 생각하였다.

'국법을 어겨서 왕의 손에 죽어야겠다.'

그러다 마침 왕의 부인과 궁녀들이 성을 나와 동산 연못에서 목욕하면서 옷을 벗어 숲속에 둔 것을 보게 되었다. 긍가달은 몰래 숲속으로 들어가 그 옷과 장신구를 훔쳐 끌어안고 도망쳤다. 그러다 문지기에게 발각되었다. 문지기는 곧 그를 끌고 가 아사세왕에게 보고하였다. 왕은 그 사실을 보고 받고 분노가 치밀어 곧 활을 잡고 직접 화살을 쏘았다. 그러나 그 화살은 도로 왕에게 돌아왔다. 이렇게 세 번을 되풀이했지만 그를 맞출 수 없었다. 왕이 두려워하며 활을 던지고 그에게 물었다.

"그대는 천신인가, 용인가, 아니면 귀신인가?"

긍가달이 말했다.

"제 소원 하나를 들어주신다면 감히 말씀드리겠습니다."

왕이 말했다.

"좋다. 들어주겠다."

긍가달이 말했다.

"저는 천신도 아니고 용도 귀신도 아니고, 이 사위국 재상의 아들입니다. 제가 출가하려 했으나 부모님께서 허락해 주지를 않으셨습니다. 그래서 자살해 다른 곳에 태어날 목적으로 높은 바위에서 떨어지기도 하고, 깊은 물속에 뛰어들기도 하고, 독약을 먹어 보기도 했지만 죽지 않았습니다. 그래서 일부러 국법을 범해 이 생명을 버려야겠다고 마음먹었습니다. 하지만 이제 왕께서 아무리 활을 쏘아도 그 화살마저 맞지 않으니, 이 딱한 사정을 어쩌면 좋습니까? 부디 왕께서 가엾이 여기셔서 저의 출가를 허락해 주소서."

왕이 말했다.

"그대가 출가하도록 허락한다."

왕은 아이를 데리고 부처님께 찾아가 세존께 이제까지의 사실을 말씀드렸다. 이때 여래께서 사문이 될 것을 허락하시자, 법복이 몸에 입혀지면서 비구의 모습이 되었다. 부처님께서 법을 설해주시자, 그는 마음이 열리고 뜻을 이해하게 되어 아라한과를 얻고 3명·6통·8해탈을 구족하였다.

이때 아사세왕이 부처님께 여쭈었다.

"세존이시여, 이 궁가달은 전생에 어떤 선근을 심었기에 산꼭대기에서 떨어져도 죽지 않고, 물속에 뛰어들어도 빠져 죽지 않고, 독약을 먹어도 고통이 없고, 활을 쏘아도 화살에 맞지 않았던 것입니까? 또 무슨 인연으로 부처님을 만나 생사를 벗어나게 된 것입니까?"

부처님께서 왕에게 말씀하셨다.

"아득히 먼 옛날, 바라나국에 범마달다梵摩達多라는 왕이 있었습니다. 그 왕이 궁인宮人들을 데리고 숲에서 유희하다가 궁녀들에게 소리 높여 노래를 부르게 하였습니다. 그때 숲 밖에 있던 한 사람이 큰소리로 그 노래에 화음을 넣었습니다. 왕이 그 소리를 듣고 곧 화가 나고 질투심이 치솟았습니다. 왕은 사람을 보내 그를 잡아 와 죽이게 하였습니다. 그때 마침 어떤 대신이 외부에서 돌아왔다가 왕에게 붙잡힌 그 사람을 보게 되었습니다. 대신이 까닭을 묻자, 그 옆에 있던 사람들이 그가 잡혀 온 사정을 자세히 알려주었습니다.

대신이 말하였습니다.

'일단 멈추고, 내가 왕을 뵐 때까지 기다리시오.'

대신은 안으로 들어가 왕에게 간언하였습니다.

'저 사람의 죄는 그다지 중대하지도 않은데 무엇 때문에 죽이려 하십니까? 비록 노랫소리에 화음을 넣긴 했지만, 궁녀들의 얼굴을 보지 않았고 간통한 것도 아닙니다. 부디 가엾이 여겨 목숨을 살려주소서.'

왕은 대신의 말을 거절할 수 없어 형벌을 가하지 않고 그를 풀어주었습니다. 그렇게 풀려난 그는 정성을 다해 부지런히 대신을 받들었습니다. 이렇게 변함없이 여러 해를 섬기다가 곧 스스로 생각하였습니다.

'음욕이 사람에게 주는 상처는 날카로운 칼보다 더하다. 내가 곤욕을 치른 것도 다 음욕 때문이다.'

그는 곧 대신에게 말하였습니다.

'제가 출가하여 도업道業을 닦도록 허락해 주소서.'

대신은 대답하였습니다.

'어찌 거부하겠소. 열심히 배워 도를 성취하거든 돌아와 다시 만납시다.'

그는 곧 산과 늪으로 들어가 이치대로 오로지 사유하였고, 정신이 열리고 깨달아 벽지불을 성취하였습니다. 그가 약속대로 성읍城邑으로 돌아와 대신의 집으로 찾아가자, 대신은 그를 보고 매우 기뻐하며 그를 공양에 초청하였습니다. 대신은 맛있는 음식을 비롯해 네 가지 공양을 모자람 없이 공양하였습니다.

이때 벽지불이 허공으로 솟아올라 신통 변화를 나타내 몸에서 물과 불을 뿜어내고 큰 광명을 놓았습니다. 대신이 이것을 보고 한량없이 기뻐하며 곧 서원을 세웠습니다.

'저의 은혜로 생명이 보전되었다면, 제가 세세생생 부귀를 누리고 수명이 장구해 지금보다 천만 배나 더 훌륭하고 기특하게 하시며, 또 제가 당신과 똑같은 지혜와 공덕을 얻게 하소서.'"

부처님께서 대왕에게 말씀하셨다.

"그때 한 사람의 생명을 구호해 죽음에서 벗어나게 힌 그 대신이 바로 지금의 궁가달 비구입니다. 그는 그 인연으로 태어나는 곳마다 중간에 요절하지 않았고, 지금 또 나를 만나 아라한이 된 것입니다."

부처님께서 이렇게 말씀하시자, 모임에 있던 모든 이가 믿고 존경하고 기뻐하면서 받들어 행하였다.

99

손톱을 깎지 않았던 장조 범지

부처님께서는 왕사성 죽림에 계실 때였다.

그때 그 성에 질사蛭駛라는 범지가 있었다. 그가 아들딸 두 남매를 두었으니, 아들의 이름은 장조長爪이고, 딸의 이름은 사리舍利였다.

아들인 장조는 총명하고도 박식하며 의론에 밝아 그의 누이 사리舍利와 논란할 때면 항상 누이보다 뛰어났다. 그런데 누이가 임신하고부터는 함께 논란하면 누이에게 밀렸다.

아우인 장조가 생각하였다.

'나의 누님이 예전에는 나와 논의를 벌이면 항상 나만 못했다. 그런데 누님이 임신하고부터는 논의하는 것이 나보다 낫다. 이는 틀림없이 누님의 뱃속에 있는 아이의 복덕의 힘 때문이다. 저 아이가 태어나면 그 의론이 분명 나보다 뛰어날 것이다. 나는 이제 사방을 널리 다니면서 네 가지 베다의 경전을 비롯한 열여덟 종류

의 술법을 모두 배우리라. 그런 뒤 고향으로 돌아와 조카와 논쟁하리라.'

이렇게 생각하고 나서 곧 남방 천축으로 가서 모든 이론을 배우면서 서원을 세웠다.

'모든 이론을 통달해 으뜸가는 스승이 되기 전에는 맹세코 손톱을 깎지 않겠습니다.'

한편 그의 누이는 열 달 만에 아들 하나를 낳아 이름을 사리불舍利弗이라 하였다. 아이는 용모가 단정하고 뛰어났으며, 총명하고 지혜로워 모든 경론을 널리 통달해 대적할 상대가 없었다.

이때 왕사성의 모든 범지가 큰 쇠북을 쳐서 18억 군중을 논장論場에 불러 모으고, 네 개의 높은 자리를 깔았다. 그때 겨우 여덟 살 동자인 사리불이 논장에 참석해 사람들에게 물었다.

"저 네 개의 높은 자리는 누구를 위해 깔아 둔 것입니까?"

사람들이 대답하였다.

"첫째는 국왕을 위해, 둘째는 태자를 위해, 셋째는 대신을 위해, 넷째는 논사論士를 위해 깔아 둔 것이다."

사리불은 이 말을 듣고 곧 논사가 앉을 높은 자리에 올라앉았다. 그때 덕망 있고 나이 많은 범지들을 비롯해 그 자리에 모인 모든 사람들이 다들 놀라고 이상하게 여기면서 이렇게 말하였다.

'우리 논사들이 저 조그마한 아이와 논란하여 이긴들 무슨 영광이 되겠는가? 게다가 만약 이기지 못한다면 이 얼마나 수치스러운 일인가?'

바라문들은 곧 가장 아랫자리의 말단 바라문을 보내 사리불과 대충 문답하며 논쟁하게 하였다. 그런데 말단 바라문은 물론 다른 바라문들까지 말이 막히고 이치에 굴복해 차츰차츰 물러나다가 결국 상좌上坐까지 이르게 되었다. 하지만 그도 불과 몇 마디 논의에 굴복하고 말았다.

사리불이 논쟁에서 승리하자 그의 명성이 멀리 열여섯 큰 나라까지 퍼졌고, 지혜와 통달한 학식이 독보적으로 뛰어나 짝할 사람이 없었다.

그 후 어느 날이었다. 사리불이 왕사성 높은 누각 위에 올라 사방을 둘러보다가 성 사람들의 왁자지껄한 명절 모임을 보고 곧 스스로 생각하였다.

'저 꿈틀거리는 사람들도 100년 뒤에는 모조리 사라지겠지.'

이렇게 생각하고 나서 곧 높은 누각에서 내려와 외도의 법을 따라 출가하고 도를 구하였다. 이때는 세존께서 막 성불하신 무렵이라 열여섯 큰 나라에 아직 알려지지 않았다.

여래께서는 크신 자비로 중생을 교화하시고자 아비阿毘 비구를 왕사성으로 보내 날마다 걸식하게 하셨다. 그때 사리불이 차분하고 섬세하여 매우 보기 좋은 아비 비구의 위의威儀를 보고, 이렇게 생각하였다.

'이 사람은 누구기에 복덕이 이렇게 훌륭하단 말인가? 나는 여태까지 이런 비구는 본 적이 없다.'

이렇게 생각하고 나서 곧 그에게 다가가 물었다.

"당신은 어떤 스승을 섬기기에 법도가 이렇게 훌륭합니까?"

그러자 아비 비구가 게송을 읊어 답하였다.

나의 스승은 하늘 가운데 하늘
삼계에서 더없이 높으신 분
아름다운 상호에 1장 6척의 몸
신통력으로 허공을 노니시는 분.

아비 비구가 이 게송을 읊고 아무 말 없이 서 있자, 사리불이 아비에게 물었다.
"그대 스승의 용모와 신통력은 제가 이미 들은 지 오래입니다. 무슨 도를 깨달았기에 이렇게 거룩하십니까?"
아비 비구가 다시 게송을 읊어 대답하였다.

다섯 가지 쌓임(五陰)을 제거하고
열두 가지 요소(十二根)를 뽑아버려
하늘나라와 세간의 향락 탐내지 않고
청정한 마음으로 법의 문을 여시네.

사리불이 아비 비구에게 다시 물었다.
"당신은 스승의 말씀을 몇 년이나 배우고, 또 어떤 법을 배웠습니까?"
아비 비구가 다시 게송을 읊어 대답하였다.

저의 나이 아직은 어리고
법을 배운 지도 얼마 되지 않으니

여래의 넓고도 위대한 가르침을
어찌 바르고 참되게 알릴 수 있겠습니까?

그러자 사리불이 아비 비구에게 거듭 물었다.
"당신 스승께서 하신 말씀을 부디 일러 주십시오."
아비 비구가 다시 게송을 읊어 대답하였다.

인연 따라 생긴 모든 법
공하여 주체가 없나니
마음 쉬고 근원을 통달하면
그 이름을 사문이라 한답니다.

사리불은 이 게송을 듣고 곧 마음이 열리고 깨달아 수다원과를 얻었다. 그때 목련이 사리불의 얼굴에 기쁨이 넘치는 것을 물었다.
"내가 예전에 그대와 맹세하기를, 누구라도 먼저 감로甘露의 법을 얻으면 반드시 서로에게 알려 주자고 하였다. 내가 이제 그대를 보니 뭔가 얻어서 기쁨이 넘치는 얼굴빛이다."
이때 사리불이 곧 아비 비구에게 들은 게송을 목련에게 세 번 들려주었다. 목련도 이 게송을 듣고 마음이 열리고 뜻을 이해하게 되어 수다원과를 얻었다.
사리불과 목련은 각자 도의 자취를 얻고 기쁜 마음으로 자기를 따르던 무리에게 돌아가 있었던 일을 자세히 들려주었다. 그리고 그들에게 말했다.

"나는 이제 부처님을 찾아가 출가할 생각이다. 너희는 어떻게 하겠느냐?"

제자들은 각각 그 스승에게 대답하였다.

"스승님께서 이제 구담瞿曇의 법을 배우시겠다면 저희 제자들 역시 따르겠습니다."

사리불과 목련은 이 말을 듣고 각자 250명의 제자를 거느리고 아비 비구를 따라 죽림으로 찾아갔다. 그들은 32상 80종호를 갖춰 백천 개의 태양이 뜬 것처럼 휘황찬란하게 빛나는 부처님 세존을 뵙고 마음속으로 기뻐하면서 부처님 앞에 엎드려 예배하고 출가하기를 원하였다. 부처님께서 곧 허락하셨다.

"잘 왔구나, 비구여."

그러자 수염과 머리카락이 저절로 떨어지고 법복이 몸에 입혀져 곧 사문의 모습이 되었다. 그들은 정성을 다해 부지런히 닦고 익혀 아라한과를 얻었고, 3명·6통·8해탈을 구족하여 모든 하늘나라 신들과 사람들의 존경을 받았다.

한편 장조長爪 범지는 사리불이 출가하여 도에 들어갔다는 소식을 듣고 화를 내면서 괴로워하였다.

'나의 조카 사리불은 타고난 성품이 총명하고 모든 서적을 통달하여 열여섯 나라의 나이 많고 덕망 높은 논사들이 다 그에게 복종하는 인물이다. 그런데 왜 갑자기 이런 높은 명성을 버리고 구담을 받들어 섬길까?'

범지는 곧 천축국 남방에서 출발해 부처님께 찾아와 부처님과 논쟁을 벌였다. 그때 세존께서 장조 범지에게 말씀하셨다.

"지금 그대의 소견은 참된 열반의 길이 아니다."

범지는 이 말씀을 듣고 묵묵히 대답하지 않았다. 이렇게 세 번을 거듭 말씀하셨지만, 그는 침묵할 뿐이었다. 그때 허공에서 금강밀적金剛密迹이 금강저金剛杵를 들고 범지의 정수리를 겨누면서 호령하였다.

"네가 끝내 대답하지 않는다면, 내가 이 금강저로 너를 박살내리라."

범지는 겁나고 두려워 때가 꼬질꼬질한 땀을 흘리면서 어쩔 줄 몰라 하였다. 스스로 패배를 인정하고 얼굴을 들지 못하던 범지는 곧 부처님 앞에서 마음속으로 존경하고 복종하면서 출가해 부처님 제자가 되기를 원하였다. 그러자 부처님께서 곧 허락하셨다.

"잘 왔구나, 비구여."

장조 범지는 수염과 머리카락이 저절로 떨어지고 법복이 몸에 입혀져 곧 사문의 모습이 되었다. 그는 정성을 다해 부지런히 도를 닦아 아라한과를 얻었다.

비구들이 이 사실을 알고 부처님께 여쭈었다.

"세존이시여, 지금 저 범지 비구는 전생에 무슨 복을 심었기에 삿된 길을 버리고 바른 법에 들어왔으며, 또 무슨 인연으로 부처님을 만나 출가하고 도를 얻게 된 것입니까?"

이때 세존께서 비구들에게 말씀하셨다.

"너희들은 자세히 들어라. 내가 이제 너희들을 위해 자세히 분별하여 해설하리라.

아득히 먼 옛날 바라나국에, 숲속에서 좌선하고 사유하던 어떤 벽지불이 있었다. 그때 500명의 도둑이 남의 물건을 탈취한 다음 그 숲에 숨으려고 하였다. 도둑들의 두목은 먼저 한 사람을 보내 숲속에 사람이 있는지 살펴보게 하였다. 그는 나무 아래에 단정히 앉아 사유하던 벽지불을 발견하고는 곧 달려들어 붙잡고 온몸을 꽁꽁 묶었다. 그는 벽지불을 도둑 두목에게 데려가 함께 죽일 생각이었다. 그때 벽지불이 이렇게 생각하였다.

'내가 만약 말없이 저 도둑들에게 죽임을 당한다면, 저들은 죄업 罪業을 더해 지옥에 떨어져 고통을 벗어날 기약이 없으리라. 내가 이제 신통 변화를 나타내 저들이 믿고 굴복하게 하리라.'

이렇게 생각하고는 곧 허공으로 올라가 동쪽에서 솟았다가 서쪽으로 사라지기도 하고, 남쪽에서 솟았다가 북쪽으로 사라지기도 하고, 몸에서 물과 불을 뿜어내기도 하고, 온 허공을 가득 채울 만큼 큰 몸을 나타내기도 하고, 다시 조그마한 몸을 나타내기도 하며, 이렇게 차례차례 열여덟 가지 신통 변화를 일으켰다.

도둑들은 이 신통 변화를 보고는 너무나 놀랍고 겁이 나서 곧 제각기 온몸을 땅에 엎드려 진심으로 참회하였다. 그때 벽지불이 그들의 참회를 받아들이자, 그들은 맛있는 음식을 풍성히 차려 벽지불에게 공양을 올렸다. 그리고 발원하고 떠났다.

그들은 이 공덕으로 한량없는 세월 동안 지옥·축생·아귀 세계에 떨어지지 않고 하늘나라와 인간세계에 태어나 하늘나라의 쾌락을 누렸으며, 이제 또 나를 만나 출가하고 도를 얻게 된 것이니라."

부처님께서 비구들에게 말씀하셨다.

"알아 두라. 그때 그 도둑들의 두목이 바로 지금 이 장조 비구이니라."

　그때 모든 비구는 부처님의 말씀을 듣고 기뻐하면서 받들어 행하였다.

100

너무나도 잘생긴 손타리 비구

부처님께서 왕사성의 가란타 죽림에 계실 때였다.

그때 파사닉왕의 부인이 임신하여 열 달 만에 아들 하나 낳았다. 그 아이는 이 세상에서 견줄 자가 없을 만큼 용모가 단정하였으며, 두 눈이 구나라拘那羅 새처럼 맑고 깨끗했다. 그래서 왕이 아이의 이름을 '구나라'라고 하였다.

왕은 아이에게 최고로 좋은 옷을 입히고 온갖 영락으로 장식한 다음, 신하를 시켜 그 아이를 안고 모든 마을을 다니면서 사람들에게 물어보게 하였다.

"이 세상에 내 아들만큼 잘생긴 아이가 또 있을까?"

그때 어떤 마을의 상인들이 대왕에게 말했다.

"왕이시여, 어떤 말을 해도 용서하고 저희를 벌하지 않으신다면 감히 말씀드리겠습니다."

왕이 곧 대답하였다.

"조금도 겁내지 말고 일단 말해 봐라."
그러자 상인들이 대왕에게 말했다.
"제가 사는 마을에 손타리孫陀利라는 작은 아이가 있습니다. 하늘나라 신처럼 단정하고 매우 아름다운 그 아이의 용모는 왕자님보다 백천만 배가 뛰어나 비교도 할 수 없습니다. 또 그 아이가 태어나던 날 그 집에 저절로 샘 하나가 솟았는데, 그 물은 향기롭고 시원하고 맛있었으며 온갖 값진 보물이 그 안에 가득했습니다."
파사닉왕은 상인들의 말을 듣고 곧 사신을 파견해 그 마을 사람들에게 명령하였다.
"내가 직접 가서 손타리라는 아이를 보겠노라."
이때 그 마을의 촌장은, 왕이 손타리를 보러 직접 온다는 소식을 듣고 곧 마을 사람들과 의논하였다.
"이제 국왕께서 오신다면 우리가 무엇으로 대접하겠는가? 우리가 먼저 이 아이를 국왕에게 보내는 것이 나을 것이다."
이렇게 의논을 모은 끝에 곧 손타리에게 좋은 옷을 입히고 온갖 영락을 걸쳐 아름답게 꾸미고 왕에게 보냈다.
왕이 손타리를 보니, 단정하고 뛰어나며 미묘한 용모가 이 세상에서 견줄 자가 없었다. 왕은 매우 이상하게 여기는 한편 전에 없었던 일이라며 감탄하였다. 왕은 손타리가 이런 몸을 받게 된 까닭을 묻고자 곧 아이를 데리고 부처님께 찾아갔다.
아이는 32상 80종호를 갖춰 백천 개의 태양이 뜬 것처럼 휘황찬란하게 빛나는 부처님 세존을 뵙고 마음속으로 기뻐하면서 부처님 앞에 엎드려 예배하였다. 그런 다음 한쪽에 물러나 앉자, 부처님께서 그를 위해 4제의 법을 설해주셨다.

아이는 곧 마음이 열리고 뜻을 이해하게 되어 수다원과를 얻었다. 아이가 출가하기를 원하자, 부처님께서 말씀하셨다.

"잘 왔구나, 비구여."

그러자 수염과 머리카락이 저절로 떨어지고 법복이 몸에 입혀져 곧 사문의 모습이 되었다. 그는 정성을 다해 부지런히 닦고 익혀 오래지 않아 아라한과를 얻었다.

이때 파사닉왕이 이 사실을 알고 부처님께 여쭈었다.

"세존이시여, 이 손타리 비구는 전생에 무슨 복을 심었기에 태어나던 날 저절로 샘물이 솟고 그 속에 온갖 값진 보물이 가득했던 것이며, 또 무슨 인연으로 이제 부처님을 만나 출가하고 도를 얻게 된 것입니까?"

세존께서 파사닉왕에게 말씀하셨다.

"이제 잘 들으십시오. 제가 이제 당신을 위해 자세히 분별하여 해설하겠습니다.

이 현겁에 바라나국에서 가섭 부처님이 출현하신 적이 있습니다. 그 부처님께서 18,000의 비구를 데리고 숲속에 머물며 자선하고 경행하실 때였습니다. 그때 어떤 장자가 길을 가다가 이 광경을 보고 마음속으로 환희심을 일으켰습니다. 장자는 곧 집으로 돌아가 향수를 준비하여 스님들을 목욕시켜 드리고, 맛있는 음식을 풍성하게 준비하여 공양을 올렸습니다. 그리고 다시 값진 보물을 물 항아리에 넣어 대중 스님들께 받들어 올린 다음 발원하고 떠났습니다. 장자는 그 공덕으로 나쁜 세계에 떨어지지 않고 하늘나라와 인간세계에서 항상 온갖 보배가 가득한 샘과 함께 태어났습니다."
세존께서 대왕에게 말씀하셨다.
"알아 두십시오. 그때 대중 스님들을 목욕시키고 공양을 올린 공덕으로 세세생생 단정한 몸을 받은 장자가 바로 지금 이 손타리 비구입니다."
그때 대왕은 부처님의 말씀을 듣고 기뻐하면서 받들어 행하였다.

백 가지 인연 이야기 – 찬집백연경

2024년 8월 26일 초판 1쇄 인쇄
2024년 9월 2일 초판 1쇄 발행

옮긴이 동국역경원 역경위원회
원문교감 및 윤문 성재헌

발행인 박기련
발행처 동국역경원

출판등록 제1964-000001호
주소 04626 서울시 중구 퇴계로36길2 신관1층 105호
전화 02-2264-4714
팩스 02-2268-7851
Homepage http://dgpress.dongguk.edu
E-mail abook@jeongjincorp.com

편집디자인 나라연
인쇄처 네오프린텍(주)

ISBN 978-89-5590-993-7 03220

값 22,000원

이 책의 무단 전재나 복제 행위는 저작권법 제98조에 따라 처벌받게 됩니다.